谈判是一种相互说服
相互影响
相互让步的艺术

新律师
New Lawyer

商务律师的成功法则
WIN IN NEGOTIATIONS
（第二版）

阮子文 | 著

图书在版编目(CIP)数据

赢在谈判:商务律师的成功法则/阮子文著.—2版.—北京:北京大学出版社,2018.10

(新律师)

ISBN 978-7-301-29835-0

Ⅰ.①赢… Ⅱ.①阮… Ⅲ.①商务谈判 Ⅳ.①F715.4

中国版本图书馆 CIP 数据核字(2018)第 193956 号

书　　　名	赢在谈判——商务律师的成功法则(第二版) YING ZAI TANPAN——SHANGWU LÜSHI DE CHENGGONG FAZE(DI-ER BAN)
著作责任者	阮子文　著
策 划 编 辑	陆建华
责 任 编 辑	王丽环　陆建华
标 准 书 号	ISBN 978-7-301-29835-0
出 版 发 行	北京大学出版社
地　　　址	北京市海淀区成府路 205 号　100871
网　　　址	http://www.pup.cn　http://www.yandayuanzhao.com
电 子 信 箱	yandayuanzhao@163.com
新 浪 微 博	@北京大学出版社　@北大出版社燕大元照法律图书
电　　　话	邮购部 010-62752015　发行部 010-62750672 编辑部 010-62117788
印 刷 者	三河市北燕印装有限公司
经 销 者	新华书店
	965 毫米×1300 毫米　16 开本　20 印张　251 千字 2010 年 12 月第 1 版 2018 年 10 月第 2 版　2020 年 11 月第 2 次印刷
定　　　价	49.00 元

未经许可,不得以任何方式复制或抄袭本书之部分或全部内容。

版权所有,侵权必究

举报电话:010-62752024　电子信箱:fd@pup.pku.edu.cn

图书如有印装质量问题,请与出版部联系,电话:010-62756370

第二版修订说明

我是一个勤奋的人,但在重新修订本书的过程中,显得过于慵懒。2010年12月,本书第一版出版,至今已有8年。原因可能是,我没有找到一种更好的文字表达形式,来全面解构我的业务实践与专业感悟。实际上,真正动笔修订本书,利用早上与晚上的零碎时间,前后只花了3个月,但动笔之前,已经思考了8年。

这是一次颠覆性的修改,若不是考虑书籍的体系与连贯性,这本书完全可以独立出版,成为我的第四本专著,也可能是我律师执业生涯的最后一本专著。

本书第一版交稿时有16万余字,被本书策划编辑——建华修改、删减了近2万字。本次修订,总计近20万字(第一版内容纳入第二版体系的只有三章,采用字数不足3万字),建华基本上未作删节或较大改动。我的理解是:我的文字表达与专业内容,可能已经不低于这位资深的法律实务图书编辑的要求了。

8年的积累与思考,8年的实践与研究,我营运的这家律师事务所,以无数个失败或成功的案例,重新定义了律师商务谈判的价值。

8年前,我独资设立了这家个人所,营业收入未超过20万元;8年后,本所在政府业务与企业风控领域,已建立了属于自己的业务体系,并获得了稳定的市场占有量。我们用行动诠释了商务谈判这门技能如何在专业实务中决胜千里。

我确信,本书的重新修订,不但彻底改变了第一版的思考视角,而且为新形势下的律师商务谈判技能提供了一种新的思维方式与思考空间。

从这个意义上而言，本书，值得你阅读。

阮子文

2018年6月18日端午节于南宁五象湖畔

律师与谈判:一种从技术到艺术的修炼(代序)

从未想过为不认识的作者写序,只因为唯恐无法领会作者的真实思考与深刻内涵。但是,因为本书作者是一位律师,我很高兴地,不由自主地破例了。

对我来讲,只要是有益于律师的事,我自然将其视为自己的事。尽管我已经离开律师界四年了,但我还是自觉不自觉地将自己的身份由律师业的打工者变成了志愿者,而为律师的著书立说写序或发表评论,则是其中一项有意义的志愿行为。

本书编辑陆建华深知我对律师职业的情有独钟乃至一往情深,所以就盛情动员我再做一回志愿者。他知道我不会拒绝,我也知道自己不便拒绝。于是,一本事关律师与谈判的书稿就摆到了我的面前。

实际上,这是一部由新锐编辑策划、新锐律师写作共同完成的书稿。应当说,策划是成功的,写作是出色的。因为他们将律师与谈判的关系,做了一回精美的演绎与解剖。

尽管我与本书作者阮子文律师至今尚未谋面,但我通过阅读本书,已经实实在在地感悟到,这是一位执业不算长但思维却不简单、资历不算深但经历却不平凡、名气不算大但业绩却不一般的律师。因为本书作者在书中,通过自己的执业经历和感悟,对谈判业务与律师的技能进行了深入而全面的分析和研究,并将谈判业务置于律师业务发展的最高境界。

作者从谈判的理念入手,分析谈判应当进行的准备,结合谈判中的双向沟通与问题设计，总结出谈判的目标把控与说明技巧，针对性地提出谈判中的拒绝处理方法，最后勾画出谈判中的促成之关键所在。其中，对谈判的成功与失败也做了客观的分析并提出了应对之策。

显然，这是一部能够让律师同行有所收获，使法律学子有所思考的实用之作。诚如作者所说："也许这本书可以改变你几天，如果改变这几天你会得到快乐，这个改变就会延续，并让你成为最终的受益者。"本书正是一部介绍律师了解商务谈判、学习商务谈判、参与商务谈判、活用商务谈判、提升商务谈判技能、总结商务谈判经验、最后赢得商务谈判、实现当事人利益最大化的实用之作。

当然，本书最重要的还是由此提出了一个特别关键的命题：律师与谈判，究竟应该是一种什么样的关系？

在本书作者看来，要给谈判下一个准确的定义的确很难。但一般认为，谈判是一种相互说服、相互影响、相互让步的艺术。可以说，这是一个极具普遍性、生活性和社会性的定义。但是，通过本书的分析与介绍，我们可以看到，对律师来说，谈判又给我们带来了一种新的理解与内涵。

首先，谈判是一种技术，是一种"说"的技术，是一种怎么"说"、"说"什么、为什么"说"的技术。

其次，谈判又是一种战术。既然是战术，就需要知道什么时候该说什么时候不说，就需要知道什么是会说什么是能说，就需要知道什么时候多说什么时候少说。因为知道该说时会说，是一种水平；知道不该说时不说，是一种聪明；知道何时该说何时不该说，是一种高明。

最后，谈判则是一种艺术。所谓艺术，就是兼顾过程与结果的出神入化，就是考虑方式与目标的有机统一，就是协调让步与执着的相得益彰，就是实现策略与谋略的叹为观止。

于是，律师与谈判之间就演绎成了一种相互需要、相互促进、相得益彰的关系。在我个人看来,谈判之于律师,既是一项必须具备与重视的基础本领,也是一门必须完备与讲究的执业技巧,更是一种从技术过渡到战术并发展到艺术的专业修炼。

作为受命于危难忧烦之际,效力于是非曲直之间的法律职业人士,律师实际上就是一种不断变复杂为简单,变被动为主动,化腐朽为神奇,挽狂澜于既倒的职业。既然如此,谈判就是帮助当事人实现上述目标的专业本领与技巧。但是,现实又往往令我们尴尬和郁闷。无论是签约谈判还是项目谈判,无论是有关诉讼还是非诉讼的代理谈判,无论是面对法人还是自然人的商务谈判,无论是代表国际企业还是国内企业的涉外谈判,无论是有关国家利益还是个人利益的政策谈判,我们不知道究竟有多少律师参与其中,有多少人会重视律师的谈判作用,律师的谈判技能发挥得如何。诸如此类,不一而足。对此,我们需要分析与研究,更需要提升技能与发挥作用。

关于律师如何参与谈判,怎样赢得谈判,本书都是一部读之有益而有效的实用之作。

刘桂明

2010年11月于北京兵马司

自序

也许这本书可以改变你几天,如果改变这几天你会得到快乐,这个改变就会延续,并让你成为最终的受益者。

当我们把谈判定义为"一种相互说服、相互影响、相互让步的艺术"的时候,谈判的普遍性、生活性和重要性已经无可争议地凸显出来。可是,在当下:

究竟有多少商务谈判是有律师参与的呢?

究竟有多少商务谈判是律师在发挥作用呢?

究竟有多少自然人、企业、政府机关认识到律师在商务谈判中的重要作用呢?

究竟有多少律师认识到商务谈判技能对打造律师完美职业生涯的重要作用呢?

究竟……

答案其实我们都知道:

没有多少人和企业会认为律师参与商务谈判很重要;

没有多少律师会认为商务谈判能力的提升会对一个律师职业生涯产生多么积极的影响。

关于前者,我将我的一个诉讼客户的经历告诉你:

D先生在20世纪90年代后期靠承接G市国际机场建设的一些分支工程成为千万富翁。随后帮助T集团垫资建设一个农机批发市场,市场建成后,T集团无力支付D先生的工程款,且T集团旗下另外一个子公司涉嫌非法集资被勒令停业,T集团董事长也因为一笔银行不良贷款卷入刑事案件程序,之后 T 集团董事长外逃加拿大。T 集团陷入破产的边缘。D 先生根据合同约定,开始了长达 8 年的诉讼之路。

在第 8 年的时候,D 先生找到了我,我发现了这样一些事实:

8 年来,D 先生换了 5 位代理律师,产生了 6 份判决,走了两级法院 4 次程序,和 T 集团高管甚至外逃董事长都有过数次谈判。

我将成为他的第 6 任代理律师。

我问他诉讼程序为什么走得那么艰难,他回答说"关系"搞不过对方。

我继续问他为什么有些生效判决竟然是诉讼请求错误导致驳回,他回答说是"律师瞎掰"。

我再问他数次和解谈判中,一些有利的条件为什么不提,一些比诉讼更好的和解谈判方案为什么不操作?

他回答我说"晓不得","没高人指点"。

我最后有气无力地问他为什么不让律师参与和解谈判。

他理直气壮地回答我:律师不懂这些的!

知道他为什么输得那么凄惨了吧!

就是因为他那种"律师不懂这些的"固执观念,让他从一个 20 世纪 90 年代开广本轿车的千万富翁沦落成现在骑单车到我办公室和我谈委托事项的"贫民"。

如果他能意识到律师参与谈判的重要性,不固执地认为只有诉讼才是维护他权益的唯一途径的话,我想,他的结果不会那么坏,至少不会把广本车卖了拿钱去"搞关系"……

关于后者,美国潜能激励大师戴尔·卡耐基是这样说的:"一个人事业上的成功,只有 15% 是靠他的专业技能,其余 85% 都要靠他的人际交往和处世能力。"我对他的话是这样理解的:一个律师的事业要取得成功,15% 要靠他的法律专业技能,85% 要靠他的人际交往和处世能力。而律师卓越的谈判能力,正是来源于其法律专业技能与人际交往能力、处世能力的完美结合。

既然如此,作为职业律师的我们,应当有必要在商务谈判方面多做些功课吧。

在目前的中国企业里,企业家利用律师参与谈判的情况还没有形成共识,企业家的法律意识还有待提高。有的企业家认为,很多时候没有律师参与的项目也照样可以拿下,甚至可以更轻松地拿下,觉得没必要另外支付一笔不菲的律师谈判费。另外,中国的企业家不善于使用律师,尽管他可能有法律顾问,也有自己的项目律师,但是如何将律师的作用发挥到最大,其实很多中国企业家是没有经验的。更多的时候,是企业家接受法律顾问的建议,然后自己再对顾问律师的建议进行消化,按照他自己的意思进行理解和包装后(有时候甚至是错误的理解),在谈判中使用出来。这样做产生的效果其实是大打折扣的。

"路漫漫其修远兮,吾将上下而求索。"企业家没有使用、善用律师的意识,你要有创造自己价值的意识,并不断地做这个动作。永远相信自己可以给委托人带去实质性的帮助,并不断拿出让委托人看得见的成绩和劳动,用你的思维去影响委托人的思维,让你的律师作用在商务谈判中得以最大限度的发挥。

我们应能理解这样一个事实:在目前的中国商务环境中,律师要在商务谈判中有用武之地,靠律师单方面的努力是远远不够的,他还需要商务环境的更多改善,需要更多有识之士的共同努力,甚至于需要整个国家的法治体系更健全和人们的法治意识不断提高。在商务活动中,当人们意识到必须有律师的参与,商务谈判才更容易的时候,律师的商务谈判作用才能得以最大地发挥。

五年的执业经验,对律师的整个职业生涯而言,实在是微不足道的。我所做的,只不过是将自己的一些执业感悟尽量理论和系统化而已,而这些感悟或者称之为经验的东西,也正在被我不断地重复实践并取得了一些成绩。我始终认为，谈判是一项综合工程，那些认为把纯粹的技能提升后就可以成为一名商务谈判高手的想法，不见得是正确的。谈判是为人处世的一种修炼，当把"做人"这个亘古不变的道理参透了，"做事"也就水到渠成了。

人对了，世界就对了。

阮子文
2010年8月

目录

第1章 谈判在律师实务中的作用

第1节 律师谈判在实务中的表现 　002

一、谈判首先是一种语言表达 　002

二、谈判也可以是一种文字表达 　003

三、谈判贯穿律师实务全过程 　003

第2节 良好的谈判技能是提高专业影响力的有效途径 　004

一、良好谈判技能包括哪些特征 　005

二、如何提高谈判技能 　009

三、谈判技能在提高专业影响力方面的表现 　010

第3节 掌握综合谈判策略是实现谈判目标的保障 　012

一、综合谈判策略包括哪些内容 　012

二、如何掌控综合谈判策略 　013

　　例1-1 某国营水厂改制签单谈判 　014

三、学会细化与分解谈判目标 　017

第4节　娴熟的谈判流程能提升客户体验　　019
一、制定切实可行的谈判流程　　019
　　例1-2　股权收购项目谈判流程图　　020
二、根据谈判各方的动态需求调整谈判流程　　020
三、与谈判各方保持良性互动　　020

第5节　谈判实务展示有助扩散品牌效应　　021
一、如何表现我们的热情与得体　　022
二、逻辑清晰是良好谈吐的基础　　023
三、通过专业技能掌控局面　　023
四、品牌传播的首要对象是律师事务所　　024

第2章　律师谈判前的准备

第1节　掌握谈判需求　　028
一、需求的种类　　030
　　例2-1　观其言行、投其所好　　032
二、真假需求在谈判中的运用　　033
　　例2-2　以"聋"促销　　034
　　例2-3　警惕中介公司的"瞒天过海"　　035
三、从谈判目标中确认需求　　036
　　例2-4　H公司与Y公司股权收购的谈判需求　　036
四、在谈判过程中寻找需求　　038
　　例2-5　退股纠纷中的需求分析　　038

目录

第 2 节　设计谈判方案　　042
一、方案设计中的事实认定　　042
　　例 2-6　南沙选矿厂被强制搬迁的事实清单　　043
二、方案设计中的证据识别　　045
　　例 2-7　收费站债务纠纷谈判方案的证据识别与搜集　　046
三、方案设计中的法律适用　　048
四、方案设计的构思与组合　　049
　　例 2-8　要求合同继续履行的谈判方案设计　　050

第 3 节　谈判前的专业准备　　052
一、熟悉和掌握谈判项目的综合情况　　053
二、掌握谈判时间、地点、参与人员的基本情况　　053
三、参与谈判的仪式准备　　054

第 4 节　把最坏的结果想透彻　　058
一、最坏结果有哪些　　060
二、记得打开心里的那扇窗　　061

第 5 节　谈判中的人性表现　　062
一、不善于发问　　063
二、客户其实知道自己想要什么　　063
三、速度是体现差异化的一个关键　　063
四、能引导客户顺着我们的思路走　　063
五、客户不是傻子　　064
六、建立自己的职业个性　　064
七、客户都是对的　　064
八、少承诺　　065
九、不要让别人拆你的台　　065

第3章 律师谈判中的策略设计

第1节 谈判中的几种策略运用 068
一、谈判中的语言运用 069
二、谈判中的事实与证据把握 070
　例 3-1 我们如何签下某边远贫困县政府常年法律顾问 071
三、谈判中的"让"策略 073
　例 3-2 丝绸项目合作一波三折的退让之路 074

第2节 谈判防线的构建 076
一、学会层层递进 077
二、始终抓住主题 078
三、善用兜底思维 079
　例 3-3 我用兜底策略说服客户正确面对诉讼案件 080

第3节 谈判策略设计的注意事项 083
一、围绕谈判目标设计策略 083
二、注意掌控时间成本 083
三、设计精巧的发问提纲 084

第4节 将"一起赢"的意识贯穿谈判全程 094
一、学会建立同理心 095
　例 3-4 同理心突破"出嫁女"谈判僵局 096
二、学会在谈判中成长 099

第4章 律师谈判中的说明技巧

第1节 说明技巧在谈判中的作用 106
一、能让我们围绕关切，抓住谈判重点 106
二、能让我们将复杂问题简单化 107
三、能帮助各方做决定 107
四、有利于促成谈判目标 108
五、是构建谈判体系的需要 108

第2节 说明技巧有哪些 109
一、通过案例与引用进行说明 109
　例4-1　案例与引用在谈判中的运用 109
二、通过比较与比方进行说明 114
三、通过可视化进行说明（图表与数字） 116
　例4-2　可视化展示与说明 116
　例4-3　赵匡胤兵不血刃的项目展示技巧 126
四、用比喻法进行说明 127
五、直接剖析后果法说明技巧 128
　例4-4　是起诉，还是彻底放弃主张债权的机会？ 128
六、靠近期望值法说明技巧 129
七、确定"他想要"的说明技巧 130
八、不给对方下定义的说明技巧 130

第3节 说明技巧的实务应用 131
一、在复杂事实中提炼谈判观点时使用 131

二、在谈判焦点偏离轨道时使用 　　　　　　　　　　134

三、在突围或促成过程中使用 　　　　　　　　　　　135

四、在出现谈判僵局时使用 　　　　　　　　　　　　136

　　例 4-5　板门店谈判的僵局与解局 　　　　　　　137

第5章　律师谈判中的拒绝处理

第1节　谈判需要解决的核心问题 　　　　　　　　141

一、为什么会拒绝 　　　　　　　　　　　　　　　　142

　　例 5-1　《孙子兵法》第十六计——"欲擒故纵"的运用　144

二、如何减少对抗和抵制 　　　　　　　　　　　　　145

三、"釜底抽薪"的运用 　　　　　　　　　　　　　147

　　例 5-2　《孙子兵法》第十九计——"釜底抽薪"的运用　148

四、期望越大，失望越大 　　　　　　　　　　　　　148

五、一起吃个便饭吧 　　　　　　　　　　　　　　　149

六、不要害怕争论 　　　　　　　　　　　　　　　　150

　　例 5-3　对事不对人 　　　　　　　　　　　　　151

七、边说边写的秘密 　　　　　　　　　　　　　　　151

第2节　处理拒绝的几个原则 　　　　　　　　　　152

一、听出对方反对的真正理由 　　　　　　　　　　　152

二、确定那是对方拒绝的唯一理由 　　　　　　　　　152

三、提出能够完全解决拒绝问题的反问句 　　　　　　153

四、回归客户的需求分析 　　　　　　　　　　　　　153

五、避免问题分散 　　　　　　　　　　　　　　　　153

六、确认回答 153

第3节 拒绝处理的三段论模式 154

第4节 如何处理律师实务中经常出现的拒绝 155

一、准客户签约阶段的拒绝处理 155

二、处理拒绝的关键是促成 160

第6章 律师谈判的实务介绍

第1节 律师与准客户的签约谈判 164

一、报价与服务方案结合 164

　　例6-1 关于P县铝城大道翻新工程项目专项合同审改

　　　　　法律服务方案 165

　　例6-2 重大决策后评估法律服务报价方案 167

二、不在电话里报价 172

三、重视准客户的尽职调查 172

四、不签约客户的几个特征 173

五、解决准客户痛点 174

六、促成要大气 176

七、签约环节要流畅 178

八、准确丈量签约后付费前这段距离 178

九、人品展示比专业更重要 179

十、目光要看得更远 180

第2节 律师代理诉讼的谈判 181

一、制订正确的诉讼方案 182

例 6-3　XJ 二级公路 A 段债务诉讼方案　　　　　　182
二、全面研究谈判要点　　　　　　　　　　　　　　186
三、让解决问题的谈判贯穿诉讼全程　　　　　　　　186
　　例 6-4　说服行政案件撤诉贯穿诉讼全阶段　　　　186

第 3 节　律师在法律顾问服务中的谈判　　　　　　　189
一、如何推动准顾问客户签约　　　　　　　　　　　189
　　例 6-5　苏秦如何通过尽职调查结果激发客户需求　191
二、如何有效提供顾问服务　　　　　　　　　　　　192

第 4 节　律师在非讼专项项目中的谈判　　　　　　　194
一、常见的非讼专项项目有哪些　　　　　　　　　　195
二、如何展开专项项目谈判　　　　　　　　　　　　197
　　例 6-6　关于编制《C 区房管所行政执法综合指导手册》
　　　　　　法律服务方案　　　　　　　　　　　　198

第 7 章　律师谈判的经验指引

第 1 节　规则的应用　　　　　　　　　　　　　　　202
一、规则是什么　　　　　　　　　　　　　　　　　202
二、规则应用的几个原则　　　　　　　　　　　　　204

第 2 节　理论与实务的衔接　　　　　　　　　　　　206
一、如何识别理论与实务的"衔接点"　　　　　　　208
二、衔接点的应用　　　　　　　　　　　　　　　　209
　　例 7-1　在理论与实务之间寻找衔接点　　　　　　210

第 3 节　标准化流程的应用　　213

一、标准化流程应如何制定　　214

　　例 7-2　张生起诉 A 政府及多家媒体侵犯著作权的诉前调解流程方案　　214

二、标准应如何落地执行　　220

第 4 节　人对了，世界就对了　　223

一、认清自己　　223

二、对与错的相对性　　225

第 8 章　律师谈判的法律 + 商业的综合应用

第 1 节　研究法律在谈判中的落脚点　　232

一、法律适用在实务中如何体现　　232

二、法律适用如何为实务需求服务　　235

　　例 8-1　解除水库租赁合同的法律适用与需求衔接　　235

三、法律适用以解决问题为导向　　237

第 2 节　研究商业机会在谈判中的表现形式　　238

一、如何识别谈判中的商业机会　　238

二、商业机会在谈判中有哪些表现形式　　240

第 3 节　研究法律 + 商业模式的应用　　245

一、债转股的应用　　245

二、引进第三方资源的应用　　247

三、项目打包出售的应用　　250

第 4 节　商业模式的落地与执行　251
一、商业模式落地的几个关键要素　251
二、商业模式执行中应注意哪些问题　252
　例 8-2　阳光餐饮的方案步骤　256

第 9 章　律师谈判的复盘研究

第 1 节　复盘的目的是什么　266
第 2 节　复盘的内容有哪些　269
一、复盘的步骤　269
二、复盘的基本要求　271
第 3 节　复盘后的重启与执行　273
一、复盘的重启　273
　例 9-1　2017 年 10 月 20 日关于业务流程优化的复盘归档　276
二、复盘后的执行　278
第 4 节　复盘后的知识管理　280
一、知识管理的本质　280
二、知识管理的步骤　282

想放弃时,先问问自己当初为何要开始(代后记)　285

第1章

谈判在律师实务中的作用

1. 谈判传递给相对方的是一种"微妙或有潜在影响力"的心理暗示,它是一门相互说服、相互影响、相互让步的艺术。

2. 做顾问律师,仅仅告诉客户"这样做不行"还远远不够,还得告诉客户"怎么做才行"。

3. 需求,是谈判的起点,也是谈判的终点。

4. 作为专业的法律工作者,一定要学会用通俗易懂的语言表达复杂的专业问题。

5. 只有自己足够强大,才有选择的能力与机会,才能形成自己的圈子与圈子文化。

6. 如果我们无法准确识别谈判各方的需求,就永远找不到解决问题的钥匙。

7. 只有让参与谈判"交易链"的各方当事人的利益"正收益"平衡,谈判才容易获得各方满意的效果。

8. 哪怕分歧严重,也应相互理解与尊重。

第1节　律师谈判在实务中的表现

在律师实务中,要给谈判(negotiations)下一个准确的定义,并不是件容易的事情。人们对律师的工作理解或认识并不完全相同,或者说,谈判在律师工作实务中扮演什么样的角色,起到什么样的作用,人们的认识并不统一。一种观点认为,律师应以专业技能作为开展工作的核心,谈判不是提供法律服务的必备技能。另一种观点认为,谈判是口才的代名词,作为执业律师,一定要口才好,会谈判,能口吐莲花,这才是人们心目中合格的律师。其实,这两种理解,都有些极端。

谈判可以高雅脱俗,不动声色;也可以庄重严肃,刀光剑影;可以粗鄙随意,直来直去;也可以亲切自然,润物无声。

谈判传递给相对方的是一种"微妙或有潜在影响力"的心理暗示,它是一门相互说服、相互影响、相互让步的艺术。

因而,在律师实务中,谈判通常表现为,通过语言或文字向相对方传递某种观点或信息,表达某种主张或见解,并希望这样的表达获得相对方的接受或认同,进而影响或改变相对方的想法,最终实现自己的谈判目标。

显然,谈判是一个动态、系统、综合的过程,它更多时候强调技术性与技巧性的衔接;强调专业性与逻辑性的融合;强调语言表达与文字表达的融洽;强调情商与智商的圆润;强调理论与实务的共鸣。它的确是一门技术,更是一门艺术。

一、谈判首先是一种语言表达

在律师实务中,谈判最直接的表现形式应该是语言表达。这种表达可以是为了阐述某种主张或抗辩,也可以是传递某个观点或想法,还可以是达成某个合意或合作。因而,什么时候,以什么语气,如何表达,以及表达的尺度,成了问题的关键,或者说成了谈判的核心。说,是一种能力,不说,是一种智慧。而**谈判的语言表达,就是在说与不说之间拿捏分寸,适时表达主张,准确回应观点,客观分析现状,独立提出见解**。将何时说,怎么说,说什么以及说到什么程度精巧结合,谈判的良好预期才可能达到。

二、谈判也可以是一种文字表达

以文字方式展开谈判,在律师实务中,比较常见。我们经常会通过法律意见书、风险研判意见书、律师函、代理词、商务信函等书面文件,表达我们的观点与想法,驳斥相对方的主张与诉求,将说服与让步、影响与规劝通过文字论证与文字张力尽情展示,从而实现谈判目标。一份论据翔实、论证严密、论点鲜明、逻辑布局合理、观点错落有致、表达恰当、张弛有度的法律谈判文件,能将我们的谈判诉求传递得体、扣人心弦,能让相对方读后即便无法接受我们的观点或主张,起码也能搭建友善的谈判气场,奠定进一步洽谈的良好基础。

我曾在不同场合表达这样的观点:文字表达是谈判的一种重要表现形式,文字的逻辑性、持久性、表达美感与张力,是语言表达无法比拟的。在未来很长一段时间内,我们如果不能将文字表达这门"执业武器"使用到位,我们的专业表现将可能会受到严重影响。

三、谈判贯穿律师实务全过程

无论我们是否愿意相信,也无论我们是否能给律师谈判作出准确定义,都不影响"谈判"这门技术与艺术在律师实务中的作用与影响力,它客观存在于我们执业的全过程。

从与准客户见面谈签单,到代表客户开展相关委托工作;从与第三方短兵相接,到代表客户在法庭上唇枪舌剑;从督促客户按时支付律师费,到从"战场"上铩羽或凯旋而归。任何一个法律服务环节,都有谈判的特征或影响蕴含其中。沟通与说服、接受与改变、让步与相互影响,贯穿律师工作的全部。我们必须正视它、重视它、研究它、学会它,让谈判在我们的律师执业生涯中,充分发挥其作用。

谈判这门技能历史悠久,较早的优秀谈判专家,当数战国时期那些合纵连横家。凭借三寸不烂之舌四处游说,可谓"一口倾国",这其中较著名的人物应属主张"连横"的张仪。据《战国策》记载,张仪受秦惠王赏识,封为相国,后张仪出使各国,凭三寸之舌戏弄天下诸侯,"拔三川之地,西并巴蜀,北收上郡,南取汉中,包九夷,制鄢、郢;东据成皋之险,割膏腴之壤,遂散六国之从,使之西面事秦,功施到今"。他成功破除楚国和齐国的大国联盟,说服各国诸侯"连横"亲秦。最后六国"合纵"联盟终于被张仪拆散。张仪的连横之术成为后来秦灭六国、统一天下的基本战略。

第2节 良好的谈判技能是提高专业影响力的有效途径

律师需要通过专业技能对参与各方形成积极、正面的影响,以获得客户的信任,获得委托和支持,也有助于获得参与各方的认可、尊重和理解。这种专业技能的影响具有综合性和多面性的特点。可能是我们的为人处世打动了他,可能是我们的敬业勤奋触动了他,也可能是我们的业绩或履历征服了他,又或者是我们的谈吐与气质赢得了对方的好感。在这里,需要强调的是,良好的谈判技能,在提高我们的专业影响力方面,具有不可替代的作用,因为这种在实践一线表现出来的业务技能,能迅速影响相对方,获得信任,建立职业气场,进而树立良好口碑。久而久之,会形成良性循环与持续传播的效果。

一、良好谈判技能包括哪些特征

1. 需要建立职业自信与气场

律师的职业自信不是一两天就能建立起来的,我们肚子里有没有料,开口不到三分钟,对方就能形成基本判断。这种职业自信,既来源于我们对人情世故的通透与圆润,也包括我们在理论与实践方面的无缝衔接,还有在具体业务工作中的临场发挥与随机应变。因此,我们讨论职业自信,应该从这几个方面思考。

建立职业自信应学会建立"小目标"。任何一种职业自信,都是在不断成长与探索中逐渐建立起来的,不可能一蹴而就。所以,应有计划,有针对性,有"预谋"地建立自己的小目标,通过逐渐实现、调整、修正自己的小目标,进而不断完善与提高自己。比如,针对某个具体专业问题,花一段时间做些理论方面的功课;针对一些逻辑表达与沟通的落差,做一些有技巧性的训练,在准确识别自己的一些短板后,作出有效的学习提升计划,并坚持下去。

任何职业自信的建立与训练,一定是建立在良善的基础上。 时下比较流行的说法叫"正能量"。这种良善是一种态度,一种格局,一种导向,甚至在我们坚持不下去的时候,给我们提供无穷的内在激励。律师这个职业,首先它只是一份工作;其次,才可能是实现价值与追求的平台;最后才可能讨论齐家、治国、平天下。因此,我们的职业自信应以什么为基础,真的需要慎重思考。大把钞票收入,进出开豪车,住豪宅,也许可以成为我们自信建立的基础。在我们这个行业,拥有这些,一定程度上说明你业务做得不错。但是,我认为自信的基础若是仅仅如此,未免太脆弱。我与我的伙伴们在研究律师事务所使命的时候,是这样表达的:"我们的工作,是为了让法律的正确适用增进绝大多数人的幸福。"我把这理解为良善,理解为建立职业自信的内在基础。

建立职业自信,还应当具备正确的成长心态与合适的心理预期。既不妄自菲薄,也要耐得住寂寞,沉得住气。我经常和新入职的伙伴谈一个观点:你在这个行业才做了多久?别人做了多久?如果你刚入行一年,就想像那些做了八年、十年的律师那样娴熟与老道,那么,"上帝是公平的"这句"鸡汤",就不会有那么大影响力与传播力。所以,你不如别人做得好,并没什么不对劲。正确对待这种差距,并努力缩小这种差距,才是我们应该具备的正确心态。遗憾的是,在现实中,我们的很多年轻律师做不到,或者说做得不够好。

职业自信与气场,是相辅相成的。我们的职业自信,能让我们的职业气场与表达气场与众不同。**我们强大的职业气场,需要我们的职业自信支撑,而强大职业气场的建立,又是我们职业自信的体现。**当我们可以从容掌控整个局面,当我们能准确预判某个事情的走势或在解决具体事务过程中胸有成竹、从容不迫的时候,那种"会当凌绝顶,一览众山小"的职业自信与气场,自然会如影相随。

2. 要掌握解决问题的技巧

四年前,一位企业家让我们就担任他公司的法律顾问报价。我在与这位老总的交谈中获悉,担任他公司法律顾问的律师刚到期没有续签,就随口问了一句:"张总,为何没有续签啊?"张总淡然一笑:"唉!我的这位顾问律师呀,其实很专业,留美博士,但是每次遇到涉法问题,他总是告诉我,这样做不行,那样做也不行,但很少告诉我怎么做才行。按他的顾问意见,我每年的投资项目至少有 70% 推不下去……"

这个事情给我触动很大。它在一定程度上反映了这样一个事实:**做顾问律师,仅仅告诉客户"这样做不行"还远远不够,还得告诉客户"怎么做才行"**。进而我们发现,这实质上提出了这样一个命题:律师在执业过程中,必须拥有解决实际问题的能力或技能,这可能从另外一个角度诠释了那句法谚:"法律的生命不在于逻辑,而在于经验。"

所以，想要拥有良好的谈判技能，我们首先得拥有解决问题的能力与技能。否则，在谈判实务中，我们很容易沦入纸上谈兵、坐而论道的困境。而解决问题，一靠对案件事实、证据与法律的理解与把握，二靠准确寻找突破口与切入点，三靠实务操作方法与拟解决问题的顺畅联通。没有可操作性的方案或思路，在实践面前，最终会落荒而逃，因为解决不了问题。我曾经在一次所内业务例会上提出这样的观点：我们所有的成长、挫折与困惑，都应该放到业务一线去体会、体验、锻炼与实践，坐而论道式的讨论与假设，如果没有实践的洗礼，很多东西都可能会变成无用的口号。

3. 理论与实务方面的专业表现要到位

理论与实务，应理解为一枚硬币的两面，很难评价哪面更重要。但可以肯定的是，这两者之间，互为前提与支撑，缺少任何一面，未免都有遗憾或缺陷。掌握深厚的理论功底，可以指导我们的实践，让我们少走弯路；而丰富的实践经验，能让我们的理论落到实处，生根发芽，推动事情向拟定的方向发展。只不过，在拿捏这两者之间的分寸时，我们或者理论研究不够，或者实践经验不足，或者两者结合得不到位，所以经常会发生错位。把两者真正完美结合，需要时间的沉淀与成全，需要自我反思与感悟，需要有意识的训练与磨合。

4. 要有良好的谈吐与得体的礼仪

谈吐良好与否，与我们的学识修养有关，与我们的专业掌握深度有关，与我们的沟通能力和逻辑表达能力有关，还与我们的性格和成长经历有关。 基于此，我认为这样几个细节需要注意：

第一，谈吐要言之有物，言之有理。不说则已，一说就应该有内容与干货，有角度与思考，有创新与针对性。

第二，谈吐要真诚。没有什么比真诚更有说服力，没有什么比真诚更能打动人。所以，谈吐切忌夸夸其谈，华而不实，不知所云。

第三，谈吐讲究轻重缓急，讲究先说什么后说什么的层次感与递进感,讲究说与不说,说到什么程度的技巧。

良好的谈吐,得体的礼仪,会让我们整个人的精、气、神与众不同。礼仪得体与否,我认为应以合适为判断标准,无论是穿着打扮,还是待人接物,都要考虑合适。何为合适,则需要看场合,在应该穿西装的场合,就不要穿衬衫,在应该穿休闲装的场合,就不应该西装革履。在应该狼吞虎咽的场合,就不应该文质彬彬,我们称之为"入流"。一定要考虑与整个场合的和谐、合适,不能有太明显的违和感。

5. 具有流畅的沟通与表达能力

沟通讲究表达的流畅与逻辑,但更强调沟通的有效性。我们是否注意到,在生活与工作中,我们做了太多无效的沟通与表达,彼此不在同一频道上交流与沟通,彼此都站在自己的立场自说自话。甚至有时候,我们说了一堆正确的废话,发现领会错了对方的意思,或者自己表达了很多,但是对方并没有听进去,听懂的内容很少,我们将这称之为无效沟通。因而在这样的语境下,我们需要具备能听懂对方表达的意思的能力,不要作出错误解读,准确领会对方表达的观点和意思,才能做出有针对性的表达,才能展开有效沟通。

在某金融机构业务员拓展培训上,培训老师带领学员做了一个小游戏:八个人站成一排,老师告诉第一位学员一段话,要求将这段话按顺序逐一转述给下一位学员,当这段话经过七个人的转述至最后一位学员的时候,这段话的意思与最开始第一位学员表达的意思已经大相径庭。这个小游戏形象地告诉我们:即便是我们亲耳听见,也未必是最初真实的意思表示,因为可能这其中产生了误解。因此,听懂别人的话,是流畅沟通与表达的基础。

流畅的沟通与表达还要求我们的表达准确、精炼、到位。既不要词不达意,说半截话,让别人去猜测;也不要滔滔不绝,顾左右而言他。说不到重点,说不到关键点,说不清楚问题的核心,都是流畅表达与沟通的大忌。

二、如何提高谈判技能

谈判技能可以训练与提高,但我们需要强调一个前提,任何"器"的东西,都要有"道"作为支撑,所谓"形而上者谓之道,形而下者谓之器"。我认为,提高谈判技能的方法可理解为"器",为"术",而这种方法或技能应包含内在的道,才具有生命力与影响力。这里的"道",应指事物的规律与本质。只有遵循事物的发展规律,认清事物的本质特征,才有可能让技术或方法获得"器"的提升,进而让"器"与"道"相辅相成,互为表里,共生共荣。

律师谈判之道,应抓住问题的本质,抓住主要矛盾与矛盾的主要方面,并通过谈判的"器"与"术"对症下药,展开有效谈判。这种道的训练与养成,需要业务积累与历练,需要对社会的深刻认知与对生活的丰富理解,更需要出世的通透与入世的清醒。而对于提高谈判之器,有以下观点,可供参考。

1. 养成独立思考的习惯

社会资讯的发达,缩短了我们与这个世界很多方面的距离,我们的工作状态、生活状态与社交状态,都处于"短、平、快"的环境中。这本来也没什么不好,但却容易让我们充满惰性,怠于思考,疏于思考或拒绝思考。直接拿来主义,这应该引起我们法律工作者的警惕。**不盲从、不迷信权威,应该成为法律工作者的基本品质**。这需要养成独立思考的习惯,具备独立思考的品质,形成独立思考的情怀。当然,另一种情形同样值得警惕,我们的思考是否过于简单,缺少对事物认知的深度或广度;我们的思考是否容易陷入浅尝辄止的困境,困于其中,不得要领;我们的思考是否在自觉或不自觉中回避了问题的本质或矛盾,无法做到了然于胸,高屋建瓴。

在独立思考越来越成为一种稀缺品的当下,在独立判断越来越受到外界影响与误导的当下,我们需要研究独立思考的方法,需要研独立思考的路径,需要掌握独立思考后的表达。

2. 善于把握相对方的需求

需求,是谈判的起点,也是谈判的终点。我们基于各自的需求展开交流与沟通,展开说服与博弈。最终,无论各自的需求是否得到满足,落脚点与思考点终归还是要回到各自的需求进行评价。所以,**准确识别对方需求,灵活引导对方需求,有效满足对方需求,果断阐述自己的需求,显然成了提高谈判技能无法绕开的重点之一。**

3. 适时回应对方的关切

谈判是双方围绕需求展开说服的过程,如果我们无视对方的关切,忽视对方的具体诉求,拒绝回应对方的关切与诉求,或者回应对方关切不及时、不到位,这样的谈判模式,结局可想而知。懂得回应与善于回应,及时回应与适时回应对方的关切与诉求,是律师谈判必须掌握的技能。

4. 具备临危不惧的勇敢

有过四面楚歌的遭遇吗?有过走投无路的绝望吗?这些都是我们谈判中可能遇到的问题。唯有勇敢,可以伴随我们度过所有黑暗的夜;唯有勇敢,可以让我们迎来转机或胜利的曙光;唯有勇敢,可以让我们与客户共度时艰。**让勇敢,成为我们谈判技能中的必备武器,它可以让我们在任何时候,都保持激情与希望。**

5. 拥有随机应变的能力

谈判的多变,让我们很难保持一种稳定的预知能力掌控一切,所以才有"人算不如天算""计划不如变化快"之说。很多时候,我们需要随时应对来自"变"的压力,需要应对"变"的挑战。因而,这种随机应变的能力,我们需要持续训练与提高。

三、谈判技能在提高专业影响力方面的表现

将我们的专业优势以相对方能够感知、容易感知的方式展示出来,这很重要。为何要强调"能够"与"容易"？因为很多时候,我们的专业展示过于"专业",相对方其实听不懂我们在说什么,或者似懂非懂,这都不是好事。永远记住,**作为专业的法律工作者,一定要学会用通俗易懂的语言表达复杂的专业问题**。这本身就是判断谈判技能优劣的标准之一,我们的专业影响力需要这样的谈判技能来提升。

1. 良好的谈判技能可以迅速展示个人魅力

每个人都有属于自己的个人魅力,端看我们如何展示出来,并获得别人的认可。如果有一种方法可以让我们迅速展示自己的个人魅力,那一定是表达能力、沟通能力、逻辑思考能力的综合展示。这种综合展示,我们理解为谈判的一种技能。

2. 良好的谈判技能可以建立双方互信

当下,人与人之间的信任,的确遇到一些困惑,熟人之间有时尚难建立互信,遑论陌生人之间。因此,有时候,我们要想迅速建立与别人的互信,其实需要多方面的努力与推动。而我总是固执地认为,良好的谈判技能可以迅速建立这样的互信机制。因为我们可以在相对较短的时间内,通过我们的表达与沟通,将对方希望看到的一面展示出来,获得信任与认可。当然,这需要能力。

3. 良好的谈判技能可以让自己迅速成为焦点

在很多场合,我们想成为众人关注的焦点并不容易,此刻,唯有有的放矢、言之有物甚至掷地有声的表达,才可能让我们迅速成为别人关注的焦点,成为谈判的核心,成为推动事情朝着预定方向发展的重要人物。

4. 良好的谈判技能可以有效地建立自己的朋友圈

说到底,我们都需要建立自己不同的圈子,有时候,圈子的好与坏,圈子的档次与层面,决定了我们的人生规划与事业的发展,决定了我们可以预见的未来。决定我们进入、拥有什么样的圈子的,不是"拼爹",不是"拼人民币",而是我们自身的综合素质,我们自身的性格与心态,我们自身的努力与经营方式,即我们自身强大与否。**只有自己足够强大,才有选择的能力与机会,才能形成自己的圈子与圈子文化。**良好的谈判技能,可以成全我们对朋友圈的大部分期望。

第3节　掌握综合谈判策略是实现谈判目标的保障

我们的谈判工作,多是基于实现客户的委托目标或某方面需求而展开。在实现谈判目标的过程中,很难说通过一种或几种谈判策略就能完成任务。多数时候,需要我们根据情势变更,不断改变、调整我们的谈判策略,以适应谈判需要。因而,掌握综合谈判策略,显得尤为重要,它能较好地实现我们的委托目标。

一、综合谈判策略包括哪些内容

谈判前,需要熟悉具体谈判地点,掌握准确谈判时间,摸清参与谈判的人数及职务等基本情况,我们才能对己方谈判团队的组建做出有针对性的配置,包括但不限于着装打扮,出发时间确定,到达时间预判,参与谈判人员组合互补等。

然后,我们需要了解谈判的具体内容有哪些,进而准确掌握谈判目标与各方诉求。将目标与诉求导入谈判事实去评价,哪些目标或诉求有实现的可能,如何实现;哪些目标或诉求可能存在实现的困难,有无可行的解决措施,需要补充或了解哪些谈判事实。

并且,我们需要根据谈判内容、谈判目标及各方诉求,结合掌握的事实作出法律判断。因为,所有的谈判走势与结果,最终需要在法律框架下进行评价。所以,要对谈判内容可能涉及的法律评价进行法律检索,包括但不限于广义上的法律法规、部委规章与条例、地方规范性文件或政策等。只有充分掌握法律的规定,我们的谈判才能得到基本保障。

就在写本节内容的前一天,我代表客户洽谈一个居间报酬项目。客户要求居间报酬按总合同价款的 1% 计算,居间合同相对方则不同意,认为这样的费用不受法律保护,坚持要求我的客户占项目 15% 干股,认为这才受法律保护,且强调是为我的客户着想。之前双方已经接洽谈判多次,未果。我参与后,居间合同相对方继续坚持占干股的观点,我直接从法律规定切入沟通,我说:居间行为在合同法上有明确规定,我的客户促成合同签署后,有权利获取居间报酬,且报酬多少法律并不禁止。即便今后贵司认为居间费用过高,显失公平,可以协商降低费用或通过诉讼方式要求下调,但不是绝对、完全无效。至于占15% 干股的主张,我说:首先,双方的合作不符合占干股的条件;其次,占股后我的客户将承担相应的义务,包括但不限于投资风险与承担债务的风险;最后,我的客户要实现占干股的收益,需要该项目获利之后才能评价,而该项目的获利需要不短的时间成本。因此,贵司如果真的需要我的客户促成该合同的签署,就应该客观考虑我们的诉求……经过反复沟通谈判,最终促成了该居间合同的签署。我举这个例子,是想说明,对法律的娴熟掌握,是谈判目标或诉求能否实现的基本保障。在该案例中,对方为何要白送 15% 干股而不愿意接受我的客户只要合同价款 1% 的居间报酬(500 万元左右),其中蹊跷,后文另叙。

二、如何掌控综合谈判策略

1. 要对事实有全面掌握

只有对谈判事实有充分了解,并能准确区分客观事实、法律事实与待证事实,才能在这些事实之间来回穿梭,寻找可以支撑的证据或证据补强,并通过事实与证据寻找正确的法律依据,进而综合研究与推演,设计可靠的谈判观点或谈判理由。

2. 要掌控谈判需求与分歧

如果我们无法准确识别谈判各方的需求，就永远找不到解决问题的钥匙，因为所有的谈判工作归根结底是为谈判目标或需求服务的。当谈判分歧出现时，我们需要客观评价这种分歧发生的原因、分歧所依赖的基础，以及分歧得到妥善解决的可能性。如果无视客观存在的分歧，自说自话，不顾对方的关切，或者只考虑自身诉求，不从问题本身寻找解决的共性，不研究展开对话与让步的可行性，那么，会让谈判陷入僵局，难以达成合意，最终导致谈判失败。

3. 要掌握多视角谈判策略

所谓多视角谈判策略，更多是指根据各方具体诉求，从不同角度设计说服对方、迫使对方让步的方案、谈判步骤或策略。为更好地说明这个观点，我以下述例子予以详细阐述。

例 1-1

某国营水厂改制签单谈判

某市全民所有制国营水厂拟改制为股份制有限责任公司。市政府已同意改制，并下发了原则性指导意见，随后水厂组建了改制领导小组。在推进具体改制过程中，既缺乏制作改制书面材料的合适人员，也缺乏程序上的专业指导。厂领导决定聘请律师参与改制。洽谈了当地几家律师事务所后，均被改制小组否决，否决的原因是认为其不够专业，对已存在的问题无法结合改制工作的需要，给出满意的解决方案。后本所被引荐，我与厂长见了面，洽谈参与改制事宜。我从厂长口中了解到以下情况：

第一，厂里的改制涉法预算在 5 万元左右，认为需要律师代做一个改制方案和出具一份法律意见书即可，且相当部分的工作，他们已经完成，比如资产评估与审计。

第二，厂长是由市工信局局长调任，对改制程序及与改制有关的

第 1 章 谈判在律师实务中的作用

政策法规相当熟悉。

第三,厂里有争议地,争议地上有违规且未完成的在建工程。

第四,厂里由职工代持股份另行成立水务工程安装公司和矿泉饮用水公司。

第五,市领导明确指示,不能单纯为换身份而改制,一定要关注公司治理架构,改出成效,推行公司化管理后,要增大收益。

第六,公司无负债,盈利不菲,不需要安置员工,全部平行转换身份即可。

我从上述掌握的情况得出几点判断:

第一,改制律师费预算只有5万元,并非厂里无力支付,而是受前律所报价和工作量判断所致。

第二,厂长本身熟悉改制流程,需要律师参与,是因为没有适合做材料的人,且需要出具法律意见书规避风险。

第三,水厂存在的现实情况是,不懂如何纳入具体改制方案评价,设计改制方案显得尤为重要。

第四,市领导的要求如何通过制度设计获得保障。

第五,改制领导小组由相关部门正职领导组成,他们的意见很重要。

据此我设计了"四步走"签单谈判思路:

第一步,通过询问与沟通,锁定厂长真实诉求。

第二步,寻找说服改制小组的方案。

第三步,设计综合性法律服务方案。

第四步,报价谈判,并力争一次性促成。

确定该思路后,我进一步与厂长进行了单独沟通,挖掘出厂长的诉求是:一方面,没人干活,尤其是改制材料整理的专业活;另一方面,他自己也不想做太多,担心做多错多,希望由专业人士完成相应工作;再一方面,希望完成市领导的嘱托,至少从制度上予以保障。

根据他的诉求，我说了三句话：

第一，改制后，你是不是该公司的董事长两说。

第二，改制的工作量与方案、制度设计，不是5万元律师费可以实现的，至少本所不能。

第三，目前厂里的一些问题不能在改制方案中进行妥善处理，很难实现改制各方的初衷。

我基于前述观点逐一阐述了理由，厂长沉吟良久称，律师费可以谈，并喊来厂党委书记，希望我就律师费与他俩进一步讨论。我说："讨论律师费多少没必要，因为律师费不是我们讨论的重点，贵厂并非没有支付能力，只要我们的报价与工作量以及专业表现能够满足贵厂的改制需求，律师费我认为可以达成一致。"厂长与书记均表示认可。我进一步表示："改制的整体思路与顶层设计很重要，如果可以，我想见你们的改制小组成员……"经各方时间整合与预约，一周后，我和所里知识管理专员见到了改制领导小组的全体成员。我的专员根据前期掌握的情况，设计了改制步骤、程序、工作量细化、法规检索，并制作成PPT，进行了可视化演示。随后，我提出了两个问题：

第一，如何实现改制后的企业法人治理与营业增收？

第二，如何对水厂存在的一些不利于改制方案设计的事由进行技术处理，以避免改制不彻底的追责风险？

众人面面相觑，因为第一个问题属于市领导的硬性要求；第二个问题关乎改制领导小组各人的切身利益。在长达两个小时的讨论、质疑、驳斥与释惑后，改制小组一致同意由我所参与改制涉法事务。整个过程中，我绝口不谈律师费，最后还是厂长憋不住了，问我："大家基本没什么意见，都同意由思贝所参与处理改制涉法事务，下面请阮主任谈谈律师费，看多少合适？"我说："关于律师费多少合适，我现在无法回答各位，因为无法客观测算工作量与时间成本。我回去后，安排相关部门制作整套法律服务方案和报价方案，发回厂里，各位再组织讨论可好?"大伙认为有道理,厂长也未再坚持。

我做出这个决定的理由是:经过充分讨论,我以我的专业表达,说服了改制小组成员,且让厂长确信只有我们可以考虑到他的切身利益,那么当着我的面讨论律师费,双方未免都放不开,也很难现场得出结论,而通过书面方案与报价,给大家一个回旋与思考的余地,不见得是坏事。且我认为,决定律师费多寡的不是改制小组,而是厂长和厂党委书记。不过两日,我所知识管理部制作了详细的法律服务方案和两套报价方案:第一套报价方案设计了改制服务、改制成功后三年法律顾问服务及上新三板辅导服务,服务费用接近200万元。第二套方案仅仅针对改制工作量及时间成本报价。两个报价方案都紧扣各方核心关切,且与详细法律服务方案挂钩。但我们这样报价的目的,是迫使水厂选择第二套方案(第一套方案是"陪练",第二套方案设计了给厂里议价和打折的权力)。厂里看过方案后,经过几轮电话沟通与讨论,最终在我们让出折扣后,以高出原来5万元预算数倍的价格,成功签约该厂改制项目。

4. 实现参与各方利益平衡

这个社会,有人的地方就有位置,有位置的地方就有江湖,有江湖的地方就有争议,有争议的地方就有利益。作为参与其中的谈判各方,如果不能实现各自利益诉求,最终各方追求的谈判结果未必遂人愿。**只有让参与谈判"交易链"的各方当事人的利益"正收益"平衡,谈判才容易获得各方满意的效果**,因为参与者在这个"交易链"上都在做"加法",都是"正收益"。

要做到这样的平衡:一要学会根据谈判目标客观取舍,二要学会换位思考与建立同理心,三要学会做出前瞻性让步或妥协。

三、学会细化与分解谈判目标

大抵一个谈判目标,都是由多个可以细化的小目标或可以分开评价的诉求组合而成。有时候,只有完成第一步诉求,才有可能走到第二步、第三步,进而全面实现谈判目标。所以,学会分解与细化谈判目标,对促进我们的谈判,具有较高的实务价值。

可以从工作内容上细化与分解。根据谈判目标所展示出来的工作内容,有先后之区分,有详略之识别,有轻重缓急之拿捏。通过科学合理的细化与分解,我们能够较容易地接近或实现谈判目标。

可以从时间成本上细化与分解。时间成本是律师这个职业最大的成本,很多时候,我们花费在谈判目标上的时间成本无法估量,这需要我们客观评估工作进度、工作难度与工作强度。在这个前提下,从时间成本角度,将达成谈判目标过程中需要完成的工作量,进行恰当细化与分解,能有效缓解谈判目标的压力。

可以从事物发展规律上细化与分解。任何一个谈判目标的背后,反映的一定是事物发展的客观规律,我们不但不能违背这样的客观规律,还应该掌握这样的客观规律。从事物的客观存在、逻辑起点、事物之间的联系、事物内含的矛盾或矛盾的主要方面,寻找切实可行的方法与途径,解决谈判过程中存在的困难,消除谈判过程中的障碍,最终实现谈判目标。

可以从工作流程、工作步骤上细化与分解。律师谈判是一项专业性要求很高的工作,不仅仅是谈判本身需要技能与经验,谈判所指向的目标、涉及的事项,都对参与各方提出了很多的专业要求。所以在推动谈判进程中,有必要制定切实可行的工作流程,并娴熟掌握相关工作步骤,根据谈判需要,随时调整与切换工作流程或步骤,做到心中有数,从容自如。

可以从工作内在逻辑与结构上细化与分解。在实现谈判目标的过程中,很多环节具有内在逻辑与结构特征,如果不能有效地处理或掌控每个环节之间的内在逻辑,并对这类逻辑所展示出来的客观情况从实务角度设计可行的思路,那么在谈判过程中难免顾此失彼,手忙脚乱,最终影响谈判目标的进程与实现。所以这方面的细化与分解,既需要对事物的内在逻辑有准确的掌握,也要求我们立足现实,从实务角度细化与分解,以便更好地为实现谈判目标服务。

第4节　娴熟的谈判流程能提升客户体验

在谈判中,我们很难通过既定的程序化、标准化流程按部就班地展开谈判,进而实现谈判目标。根据谈判需要,我们可能需要随时调整与改变谈判步骤,随时变更与修正谈判路径,随时补充与增加谈判环节。**若能娴熟掌握谈判流程与标准,我们就能临危不惧,从容不迫,处变不惊。这将极大地提升客户(用户)体验**,这样的体验,会让我们与客户之间形成有效互动与良性循环,进而提升我们的专业影响与品牌效应。

一、制定切实可行的谈判流程

获得谈判委托,熟悉谈判目标后,首先要做的就是制定谈判流程,然后将流程以合适的方式通报委托方(如果有必要或可行,也可以同时通报谈判相对方),或者以电子邮件形式发给委托方,或者口头讲解与沟通,或者以书面形式送呈委托方,或者通过 PPT 进行可视化展示。目的是让委托方熟悉我们的流程,并对我们的流程提出修改建议或其他可行性意见,进而,让委托方在谈判过程中给予恰当的、必要的配合。例 1-2 是本所某个项目的谈判流程简约版。

例 1-2

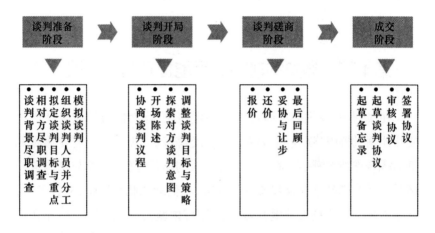

股权收购项目谈判流程图

二、根据谈判各方的动态需求调整谈判流程

谈判过程中，参与各方的需求是动态变化的，这种变化或因突发情形引起，或因谈判需要发生变化，或因事先策划而变化。我们应根据这种变化，调整与改变事先制定的谈判流程，以满足谈判需要，适应谈判节奏，解决谈判中出现的问题，为实现谈判目标服务。如果不熟悉谈判流程，我们可能会被这样的变化弄得手忙脚乱，很难给客户带去良好体验。

三、与谈判各方保持良性互动

与谈判各方保持良性互动，是一个技术活，甚至是一个体力活。这种互动包括谈判前后整个系统过程的有序掌控，而且还应形成良性沟通，达成较好共识。**哪怕分歧严重，也应相互理解与尊重。这既考验我们的智商，更考验我们的情商。**所以这类互动，应轻重得当，把握有序，不卑不亢，不疾不徐。尤其在谈判目标未达成前，更应该主动沟通与交流,适时掌握各方动态与诉求,调整谈判思路,为最终促成谈判奠定良好基础。

我曾代表客户去柬埔寨参与一个矿山转让项目的谈判,谈判合作方是常驻柬埔寨的福建商会企业,我们需要该商会企业利用在柬埔寨拥有的政商人脉资源,为矿山的正常开采提供便利。双方的分歧最终卡在1.8万美元每餐的应酬费上。我的客户认为,这类应酬费用应该由福建商会企业承担,不然,没有尺度与约束的应酬,会增加我们的负担。福建商会企业认为,这类应酬是基于接待柬埔寨部长级以上官员的费用,应该由我们承担,他们对这类高昂的应酬接待无法消化。彼时,我无法判断哪边说得更在理,但我需要思考的关键问题是,这类应酬数量在实现我们谈判目标过程中大概会发生多少次,每次的应酬是否为工作之必需,进而我要为客户估算大概的接待成本。然而福建商会企业也说不出所以然,他强调国情不同,不好估算。于是谈判搁置,我们留在了柬埔寨。随后的几天内,我有意无意地与福建商会企业负责人接触与交流,了解他来柬埔寨的创业经历,在福建老家的情况,相互讨论不同地域与省份的中国人在柬埔寨经商的优劣,尤其是广西人与福建人在柬埔寨的商业表现。我们形成很多共同话题,我也坦诚告知此行任务,并就国内律师行业的一些情况作了介绍,双方因为这样的交流与互动,建立了良好的互信关系。最后进一步讨论合作时,福建商会企业做出了让步,在推动矿山正常开采过程中,接待柬埔寨部级官员以上的应酬费用,80万元人民币以内由我们承担,超过部分由福建商会企业承担,双方最终达成了合作。

第5节 谈判实务展示有助扩散品牌效应

谈判实务展示,通常指的是我们在具体谈判工作中,所展示出来的热情与得体、谈吐与逻辑、专业表现与掌控局面的综合能力,以及通过优异的情商表现,为具体谈判工作服务的体验。这些是委托方判断我们是否专业、敬业、勤勉以及负责的一些基本特征。

一、如何表现我们的热情与得体

热情与得体以合适为前提,大概是比较妥当的。太热情,可能会让人不适应,都知道"无事献殷勤"的后半句,虽有些极端,但一定程度反映了人们对热情的接受有一个过程。展示我们的热情与得体,很多时候是展示我们为人处世的原则,展示我们与人相处的性格特征,展示我们对谈判事项以及参加谈判人员的认识与了解。进而把握,在什么时候、以什么方式、与什么样的人,展示何种程度的热情,以及这种热情应以何种得体方式表现。

谈判实务中传递的热情,应以善良为基础,以真诚为前提,以实现彼此共好为目标,忌过于功利,忌过于目的明显,忌过于投其所好。随便回忆一个生活工作中的画面,我们就能发现这种热情的差异带去的违和感:与领导握手,笑容满面、低头弯腰。与领导吃饭,主动夹菜、盛汤、敬酒,一脸虔诚与恭敬。但实际上,你可能知道,我们原本不是这样的人,你也可能知道,我们无法对参与其中的每个人都表现出这种热情与主动。所以,作为律师,在谈判实务中,热情的得体展示,何其重要,它能瞬间将我们人性中一些本源的东西不动声色地暴露出来。

前不久,我应某市法制办主任的邀请以法律顾问的身份,参与了该市一个矿产企业劳资纠纷座谈会,就企业对数百工人用工劳资风险展开分析与座谈。企业总经理来到现场后,与每个参会的领导谈笑风生,热情有加,唯独对我点头颔首而已,不咸不淡。座谈会开始企业介绍情况后,主持会议的工信局领导先让法制办发言,法制办发言后强调这个实务研究与操作应由市里的法律顾问主导。我结合该企业的情况,谈了整改措施与建议,谈了面临的风险如何防控,谈了完善企业劳资制度的可操作性与需要承担的成本。会后,该企业总经理忙不迭地过来与我寒暄、握手、要电话。回想他会前对我不冷不热甚至视而不见的表现,我突然有一种很不适应的感觉:这样的热情,的确有"非奸即盗"的不良感受。作为律师,我也常常警惕这样的热情,甚至拒绝这样的客户。

二、逻辑清晰是良好谈吐的基础

律师清晰的逻辑思维与逻辑表达,是展示良好谈吐的前提。没有这个前提,我们在谈判中很难有出色的谈吐表现。这是因为,我们的谈吐与表达是为谈判目标服务,因而必须强调表达的核心与重点,强调事实阐述的先后与轻重,强调解决问题的顺序与措施。要实现这些,需要谈吐者在逻辑思维与逻辑表达上的娴熟应用。无论是直击要害,重点突破,还是避重就轻,以点带面;无论是层层推进,深思熟虑,还是含而不发,以静制动,这背后,都靠我们的逻辑思维支撑。这种逻辑思维,既考验我们的专业知识,也测试我们对事物的认知与熟悉程度,还能判断我们在发现问题、解决问题方面的能力表现。

三、通过专业技能掌控局面

掌控局面的方式有很多种,或者以气势与优势震慑全场,或者以实力与话语权主导一切,或者以真诚与互利打开局面,或者以置之死地而后生的勇气决定事物的发展走势。无论何种情形,我认为,这些形式后面的核心,还在于我们的专业表现。只有专业技能,才能给我们提供源源不断的动力;只有专业技能,才能让我们掌控局面,得心应手;只有专业技能,才能让我们在谈判实务中,不至于本末倒置。所以,如何通过专业表现掌控局面,值得我们研究与思考。一方面,专业技能要为解决问题服务;另一方面,解决问题必须在专业中寻找答案;再一方面,专业技能应以恰当的方式展示出来。

我们在业务分析会或团队建设中，可能会因为某个问题各持己见，争得热火朝天，谁也说服不了谁。此时，如果有人站出来，把其他人的观点全部推翻，在推翻过程中阐述自己的理由，我们就理解为专业，或者提出一个解决争议的办法，这个办法可能是唯一正确可行的思路，我们就叫专业。仔细想想，这样的场景在我们的工作中比比皆是，所以，专业技能的掌握，我们需要持之以恒地修炼。

四、品牌传播的首要对象是律师事务所

一种观点认为，律师执业的个性化特征显著，委托人通常是基于某个律师的个人能力决定委托与否，所以讨论品牌首先是针对律师个人而言，这的确没有错。进一步讨论，我们会发现，律师在工作中的表现专业与否，参与各方首先会对律师个人有一个直观或客观的认识，这种认识的表现形式最终会转换为对律师个人口碑与品牌的肯定与认可，这也没有错。

我们讨论品牌传播对象究竟是个人优先还是律师事务所优先的时候，核心在于讨论这种传播方法，哪种更合适，哪种更符合传播规律。

我们的执业前提与依托是基于所服务的律师事务所。人们在讨论某某律师的个人口碑或品牌的时候，多数时候，潜意识会首先表达，他是某某律师事务所的某某律师……仔细对比这种细微差别，我们会发现，在律师个人与律师事务所口碑传播规律方面，两者联系紧密，互为补充，个人口碑的好坏对推动律师事务所口碑建设具有基础性作用，而良好的律师事务所口碑，能为律师个人口碑的传播锦上添花。所以，我们有必要重新思考品牌传播的规律。

那么，我们需要传播律师事务所的什么内容，这是研究重点。我的一些经历，可以较好地阐述个人品牌传播与律师事务所品牌传播的联系与区别。经常有人问我从事哪方面律师业务，在哪个律师事务所执业,我通常"答非所问":"整个律师事务所的主要业务是政府与企业的风险控制。"问的人显然不满意这样的回答,有时候还一脸迷茫与懵懂,我继续解释:"我们律师事务所是底薪计点制的团队化与标准化营运模式,这个模式与传统律师事务所挂靠模式的区别是,每个业务有很多人参与进来提供服务。"问的人有了一点概念:"哇,敢情这样好啊,人多力量大嘛。"我继续传播:"是的,所以我们这样一家十几人的小所,能够为近百家政府机构或相关企业提供全程法律服务,依赖的就是团队力量……"我坚持这样的传播口径,是因为,当你在传播律师事务所时,那种表达的得体与流畅,较之宣传介绍自己时要生动很多,自信很多,和谐很多。你会发现,**当律师事务所的品牌传播出去形成一个新的认识时,再返回来让对方认识我们自己,传播我们自己,就简单很多,往往会有事半功倍的效果**。这其中的逻辑经验与心理认知是:律师事务所都这样与众不同,你,也不会差到哪里去。

显然,在律师谈判工作中,我们有很多机会去传播我们律师事务所的价值、理念与模式,它能与个人传播完整结合,相辅相成,最终,有效提升整个谈判过程中的认同感、信任感与安全感。反之,我们专业的展示,流畅的表达,娴熟的技能,良性有效的沟通等谈判展示形式,也能有效提升我们的品牌影响力。

第2章

律师谈判前的准备

1. 准确判断相对方随时产生的需求,并就其产生的需求给予满足和激励,这才是在谈判中需要掌握的功课。

2. 谈判中的需求和谈判中产生的问题一样,有真的,也有假的。不管是真需求还是假需求,都是服务于谈判的。

3. 律师实务中的谈判,并不是凭借"好口才"就能解决问题的,如果没有扎实的事实与证据支撑我们的谈判观点或主张,所谓的谈判技能修炼,难免徒劳。

4. 对谈判要达到的目标应当清楚,对各方的需求应当确定,对拟谈判项目涉及的事实、证据与法律规范应当掌握,对拟展开谈判的方案和一些基本原则应当研究透彻。这是谈判前专业准备的重中之重。

5. 不要让领导或重要客人等我们,不要让活动主角或主要参加者等我们。

6. 在恰当的时候做最恰当的表达。

7. 当我们明白,最糟糕的结局不过如此,且能承受的时候,谈判过程中的任何挫折与困难,就都阻挡不了我们前进的步伐。

8. 别把客户当傻子,别为拔一根鸡毛,吓跑一群会下蛋的鸡。

任何一项事务的谈判，如果没有充分周密的准备，做不到知己知彼，则在谈判过程中，我们将很难把握其中的挑战与动态需求，很难面对一些挫折与困难，很难掌控谈判的局势与走向。因此，**谈判前周密细致的准备，会让我们相对从容，尽量做到心中有数，不至于手忙脚乱，毫无章法**。所以才有厉兵秣马的典故，才有养兵千日，用兵一时的广泛认同，才有赤壁之战前的蜀吴联盟，才有汉武帝征战匈奴的忍辱负重。正所谓，"兵可千日而不用，不可一日而不备"，说的都是准备的重要性。

第1节 掌握谈判需求

人类的需求伴随生命的始终，人们总是在力图满足某种需求中活着，一种需求得到满足，就会有另一种需求取而代之。大多数人的需求结构比较复杂。**准确判断相对方随时产生的需求，并就其产生的需求给予满足和激励，这才是在谈判中需要掌握的功课。**

关于需求，很早就有这样一些语句进行了描述，比如，"人心不足蛇吞象""知足常乐"。你可以"蛇吞象"，将你的需求不断扩大，你也可以"知足"就好，还能"常乐"。这大概也算是一种生活的态度。但是，在谈判中，相对方的需求可能就不是这样简单的选择题了，它需要我们根据谈判的项目属性，谈判的目标指向，以及谈判过程中不断变化的情势来动态地了解相对方的需求，从而作出处理，达成谈判目标。

你可能会认为，谈判目标就是谈判相对方最终的需求，既然谈判目标是确定的，那么需求也是确定的，满足了对方的需求，就实现了谈判目标。这样看来，这个需求还有什么研究的价值？从方向上来说，这样的判断是没有错的，但这里要讨论的是，如何在谈判中准确地把握谈判人员因为谈判行为展示出来的动态需求,并给予处理,达成谈判目标。因为,**当我们不明白对方需求的时候,很容易导致对方拒绝,当我们不知道这个拒绝根源的时候,我们的处理就很难达到效果,谈判自然也就变得艰难。**

比如,在一个人身损害赔偿的诉前谈判中,受害方的谈判目标就是希望获得一笔合适的赔偿费用,这也是受害方的谈判需求,这样的理解是正确的。然后,我们接受加害方委托出席谈判,根据法律规定作出了计算,最上限的赔偿就是10万元人民币,现在加害方同意赔偿受害方20万元人民币,结果我们可能还是谈不下来。同样作为律师的你,想必不会认为我举的这个案例是故弄玄虚的,因为我们经常会遇到这样"乌龙"的案件。为什么是这样呢?因为我们在谈判的过程中,可能没有把握好相对方的动态需求,从而作出有针对性的处理,导致谈判被拒绝。

这个案例中可能会产生这样一些动态需求:

受害人听说过其他类似的损害,得到了超过20万元的赔偿,所以他的需求也开始上浮。

我们没有给予真正可以作决定的人足够的关注和尊敬,没有满足他渴望被重视的需求。

代表谈判的"中间人"想得到一点"额外"的小费,我们没有满足他个人的物质需求……

可能还有其他需求,无论如何,如果不对这些需求作出正确处理,想通过庭外谈判的方式和解,难度就大了。

当然,我们也可以转过身去告诉委托人:让对方诉讼去吧,诉讼他可能还得不到10万元呢!我不能说这样的做法是错误的,我只能说,就本次委托谈判而言,的确是失败了。

一、需求的种类

马斯洛认为,一个国家多数人需求的层次结构,是同这个国家的经济发展水平、科技发展水平、文化和人民受教育的程度直接相关的。在不发达国家,生理需求和安全需求占主导的人数比例较大,而高级需求占主导的人数比例较小。在发达国家,则刚好相反。马斯洛的这一理论在一定程度上,反映了人类行为和心理活动的共同规律。他从人的需求出发,探索人的激励和研究人的行为,抓住了问题的关键,指出了人的需求是由低级向高级不断发展的。这一趋势基本上符合需求发展规律,这就是著名的"马斯洛理论"。该理论把需求分为五个层次,它们分别是生理需求、安全需求、社交需求、尊重需求和自我实现需求五种,依次由较低层次到较高层次排列,如图2-1所示:

图2-1 马斯洛理论中的"需求"图表

这五种需求又可概括为两类:精神性价值需求和物质性价值需求。谈判中的需求可能会有些区别,但是如果我们把谈判中所展示出来的需求按照"物质和精神"进行大类划分,大概还是正确的。按照我的经验,如下一些需求容易在谈判中体现出来。

1. 基于完成谈判目标的需要产生的新需求

比如,谈判文件录入的谈判目标是"收购采矿权项目",但展开谈判以后发现,采矿权期限马上要到期了,如果办理采矿权延期,会产生一笔不小的延期费用,还会产生多达二十几项的材料准备,而这些需要准备的材料中可能还会涉及一些行政许可关系,比如安全检查、环保复垦等。这些都会客观增加材料准备的难度,甚至还会涉及一些必须通过诉讼才能解决的合同纠纷。这样一项"不干净"的采矿权,放弃吧,舍不得,因为它确实有市场价值,不放弃吧,要处理"干净"这些东西,花费人力、物力不说,还不一定有结果。这些都是基于谈判的主目标"采矿权收购"需求产生的新需求,有时候甚至是必须处理的需求。除非你放弃本次项目的谈判,否则你就得坐下来慢慢地和对方博弈。

2. 基于第三方要求产生的需求

谈判当事方开始可能只是甲、乙双方,但谈着谈着,可能会出现一个丙方,甚至丁方。此时,这些丙方或者丁方可能会提出需求,这些需求还是我们必须解决的。是不是很窝心,但是没有办法,我们得继续坚持下去。

曾经,为盘活一份不动产资产,我接受 X 公司的委托,进行项目盘活谈判。经过甄别,我们选定了 G 集团公司进入谈判当事人目录。谈的过程相当顺利,各方对不动产价格、项目运作模式、股权结构都相当满意。准备签约的时候,G 集团公司设在 D 市的 H 公司,因为不当的国际贸易交易,损失惨重。G 集团公司不能见死不救啊,于是紧急拨付了 3 000 万元现金进入该子公司的账户。紧接着,G 集团公司在 B 市的水电项目投资,因为项目地移民安置问题,当地村民集体上访,当地政府只能叫停该水电建设项目。真是"屋漏偏逢连夜雨",G 集团公司的水电项目融资款因此全部被冻结,此时,盘活我们不动产项目的资金受到严重影响。G集团公司旗下的这两家公司中途进入了我们的谈判视野……

此时,第三方的需求很明显,或者,协助G集团将被冻结的资金解冻,或者为H公司寻找一笔利润更大的贸易业务,让G集团拨付给H公司的3 000万元现金流入我们的项目账户。不管这些需求最后能不能解决,也不管是谁去负责解决,有一点已经成为定局:我们的项目谈判被无限期迟延。

3. 基于谈判人员的个人言行产生的需求

代表政府或企业去做业务谈判的人员,谈判是他的工作职责,他一般都会尽力尽责,可是谈判之外也可能会产生一些其他需求。如果不能较好地满足他这些需求,开展得很顺利的谈判可能就莫名其妙地突然产生很多拒绝,甚至可能是彻底地失败。

君不见新闻经常报道称,某某政府商务考察团在欧洲考察啊,某企业高管组团去美国学习呀。你以为真的仅仅是去学习吗?我不相信,你也不会相信的。如果有报道称,某某集团派出了30人的谈判团队去J国参与某个铁矿石的谈判,非专业人士可当新闻看看,作为专业人士的你,不妨思考一下,这样的商务谈判有可能会产生什么样的谈判需求。

例 2-1

观其言行、投其所好

10年前,我在G市执业。G市是一个闻名全球的国际旅游城市,很多国际会议都在这个城市召开,很多商务谈判项目也不断在这个城市举行。

在我主持的一个环保项目收购谈判中,对方组织了9人的谈判团队。当我得知对方谈判人员名单的组合时,心里不禁有些诧异,一个2 000万元不到的小项目收购,值得组建这样一个豪华团?何况收购的条件都比较成熟，双方的分歧也不大。谈着谈着，我就发现了问题：其一，第一次确定的正式会谈时间推迟了一天，这个9人谈判团队先在G市城区进行了豪华一日游，看洞、观湖、购物、爬山；其二，谈判的时候，不是拍板的老总经常缺席，就是对方谈判律师制造了很多与谈判项目关系不是很大的问题。谈判持续了3天仍然毫无进展。

我和客户分析商议后，决定将谈判地点从现在的G市某五星级酒店转移到离G市80公里的一个国际豪华旅游度假山庄；谈判的方式也从原来的谈判桌上的正襟危坐、你来我往的交锋，变成在钓鱼、打高尔夫、夜间篝火晚会上的轻松交流和闲聊。在该山庄待了两天，我们顺利签署了该环保项目。

在这个案例中，我将对方谈判团队人员的言行体现出来的需求进行归类整理以后，进行了统一的处理，既满足了部分人员的游玩心态，又统一了人员的活动安排，更将正式的谈判内容融入到游玩中去，问题迎刃而解。

二、真假需求在谈判中的运用

谈判中的需求和谈判中产生的问题一样，有真的，也有假的。不管是真需求还是假需求，都是服务于谈判的。 只是真假需求很多时候是通过一种隐秘的方式表现出来。这大概可以称之为一种谈判的谋略吧。

中国人都喜欢玩弄谋略，中华民族也是一个具有谋略的民族。中国上下五千年的历史之所以那么灿烂多姿，很大程度上和那些喜欢玩弄谋略的政治家、军事家有关。

《孙子兵法》第一计谓之"瞒天过海"，该计可将真假需求完美地融入实际工作中。这一谋略已被广泛应用于现代商战，其内涵也有了更为广泛的拓展，"瞒"也不再是单纯意义上的"欺骗"。例如，巧妙借用别人的先进技术发展自己的产品,用局部的真实来掩盖不便公开的秘密,经营中以守为攻,以虚引实,明明经营欠佳,反倒要"欲购从速""预约登记"等。日本在高科技领域的"拿来主义"则更为引人注目,通常是"瞒"着外界,收集大量的经济、技术情报,而后再去开发尚未解决的关键技术,用最短的时间创造出自己的产品,这一点是近代日本经济高速发展的一个秘诀。

例 2-2

以"聋"促销

话说,美国有两兄弟开了一家服装店,他们服务很热情,每天哥哥都站在店门口招揽客人,向行人推荐他们的服装,但是这兄弟二人似乎有点耳聋,经常听错话。

一次,一位顾客想购买他们店内的一件衣服,问多少钱一套。"耳聋"的哥哥将手放到耳朵边问道:"你说什么?"顾客又高声问了一遍:"这衣服多少钱?""噢,价格吗?待我问一下老板,十分抱歉,我耳朵不好。"他转过身去向另一边的弟弟大喊,"喂,这套全毛衣服卖多少钱?"弟弟站了起来,看了顾客一眼,又看了看服装,然后回答说:"那套嘛,72 元。""多少?"哥哥回转身,微笑着对顾客说,"先生,42 元一套。"顾客一听,赶紧掏钱买下这套"便宜"的衣服走掉了。

其实他们两兄弟谁也不聋,他们是以"聋"来促销的。这对美国兄弟可谓把中国的"瞒天过海"计运用到了登峰造极的地步。

我们在商务谈判中,也经常通过不断调整真假需求的方式来达到谈判目的。其真实的内涵就是这招"瞒天过海"。

例 2-3

警惕中介公司的"瞒天过海"

王某在某中介公司的促成下,与张某签订了二手房屋买卖合同,约定王某于合同签订之日付给张某定金 2 万元。另外,中介公司承诺:该公司代王某办理房屋贷款、过户、评估等手续,事项办理完毕后,由王某支付中介费和办理前述事项代理费,合计 3 万元。

合同签订后,出卖人张某不履行过户手续,买受人王某诉至法院,要求双倍返还定金,法院调解结案。不久中介公司将王某、张某诉至法院,要求支付上述各项费用合计 3 万元,理由是他已经促成了买卖双方合同的签订,至于出卖人不愿意履行合同与其无关,根据他与王某签订的中介合同约定,要求两被告承担连带责任,支付"中介费"3万元。

L 律师接受王某委托出庭代理此案。在法庭审理过程中,发现张某的房屋根本无法过户,因为根据 Z 市地方规章、政策的规定,二手房过户要求原业主的房屋自交付之日起已满 5 年,张某的房屋还有一年半才能满 5 年。对该重要事实,在促成双方签约的时候,中介公司予以了隐瞒,最终导致买卖双方的合同根本上履行不能。经过 L 律师在法庭上的据理力争,终于迫使原告撤诉,有效维护了王某的合法权益。在这里,中介公司就采用了"瞒天过海"的手段,为了获得非法的中介费,恶意隐瞒事实真相,在明知房屋无法过户的前提下,仍然促使买卖双方签约,然后再通过"捆绑"签约的形式,作出不利于买卖双方的约定,最后一旦自己的"中介费"得不到支付,就采用诉讼的方式主张"权益"。别小看这样劣质的手段,很多城市都大量存在这样一些卑劣的中介公司,而且还屡屡得手。

谈判的核心就是满足彼此的需求。如果我们无法真正了解对方需求，无法切实满足对方需求，我们的谈判进程会比较辛苦，谈判目标很难达成。因而，谈判的过程就是了解、确认需求的过程，就是改变、调整需求的过程，就是满足、接受需求的过程。实务中，我们应该如何掌握谈判需求，以更好为谈判服务，这需要我们从实务中探索规律，发现规律，总结规律，使用规律。

三、从谈判目标中确认需求

通过谈判目标的研究，通过委托目的的诉求，通过双方的交流沟通，一般情况下，我们很容易判断与明确对方需求，并循着这种需求，制定切实可行的谈判策略，展开相应沟通与谈判。我们把这种需求理解为主动的、明确的、稳定的需求。这种需求相较于被动的、不明确的、变化的需求而言，要容易掌控许多，谈判中更容易对症下药，实现谈判目标。在一个股权收购项目中，双方的需求从始至终都是明确、具体、稳定的。

例 2-4

H 公司与 Y 公司股权收购的谈判需求

Y 公司在南宁经济开发区有 50 亩土地，其中 30 亩已完成土地流转并建设标准厂房进行租赁经营，20 亩土地属于与政府的附条件流转，尚未完成流转，Y 公司年收益在 500 万元左右。H 公司拟收购 Y 公司的土地，进行升级开发与利用。本所接受 H 公司委托，代理该项目的收购谈判。在委托前后，我们先后与 H 公司的 C 董事长有过数次沟通与接触。他的需求是如何通过风险可控的方式，以最低成本将土地收归囊中。我们在做风险分析的时候有如下推演：第一，经济开发区有不成文规定，公司股权转让超过 51% 的需要经过审批，且有年纳税最低限额，则能否获得审批，能否满足最低纳税限额，对 H 公司是挑战与压力，至于这种政策规定是否具有法律依据，在所不论。第二，Y 公司的股东是总部设在浙江的一家法人股东。该法人股东属于集团公司，主业经营保险箱，副业暂时不可知，法人股东是否有他项债务，是否会影响本次项目的收购不得而知。第三，项目土地设置了抵押担保，解押过程涉及资金进出风险能否可控，暂时不知道。第四，在项目收购过程中，我们的资金分批进入Y公司账户，如果Y公司不按约定配合完成项目收购的法律程序，我们的融资成本将因时间原因无限增大。

C董事长问我：暂时不知道的或暂时不能确认的风险，如何确定？我说：通过尽职调查逐项排除或确定。C董事长又问：假定这些风险处于可控状态，你们的收购策略是什么，如果处于不可控状态，你们的措施是什么？我回答：风险可控，只有一种方式，股权收购，将股权拿下，登记在公司名下的土地自然属于新的股东。风险不可控，有三种方式：一是设立一家或几家新的项目公司，通过化整为零的方式，在不需要审批的前提下，将公司股权逐步收回，且整个交易的公司在浙江注册完成；二是直接将土地从Y公司转到H公司名下，以完成20亩土地附带条件为前提，与管辖政府展开谈判，通过纳税及新项目的商业计划打动地方政府，获得准入资格；三是将附条件20亩土地剥离，寻找有条件的公司单独收购，Y公司则以具备条件完成流转为由，不同意第三方收购，在政府希望第三方公司获得该20亩土地而Y公司又不让步的条件下，最终以Y公司放弃20亩土地与政府同意转让股权达成收购交易。C董事长回答：无论采用哪种方式，目的都是为了拿下30亩土地，附条件的20亩土地属选择项，这个收购动机不会改变。如果改变，那我们公司就没必要做这个事。所以，贵所先启动尽职调查，根据调查结果及事情发展进度，灵活采取收购策略。后来的事实证明，无论发生什么变化，拿下30亩土地的诉求从未改变，也因为我们不断确认该诉求的稳定性，进而让我们的收购策略没有出现根本性改变。

实际上，在该项目收购中，H公司的诉求完全可以发生两次改变，仍能实现商业诉求。一是持有Y公司49%股份（不用政府审批，不用另行承诺纳税限额），双方成立新的项目公司，共同经营现有项目，共同对30亩土地进行升级优化，并共同拿下附条件的20亩土地继续进行深度开发与利用。二是找到一家符合条件的公司，将附条件20亩土地拿下，督促各方以最初政府承诺给Y公司的条件，完成20亩土地的流转（该条件优惠于市场价格5倍之多），H公司可以从中赚取为数不菲的居间佣金。所以，收购Y公司的股权，成了间接拿下土地的核心关切。我们的整个收购策略与谈判，也是围绕股权收购设计与推进的。其中关键因素，在于委托方的谈判目标与需求，从始至终都明确、稳定、没有改变，否则，我们的工作方案与思路必然随着客户需求的改变而改变。

四、在谈判过程中寻找需求

谈判目标的需求可能会随着事情的发展、变化而改变，发生调整、修改或增减。这种在谈判中动态地寻找需求、确定需求、解决需求的过程，具有难度，也有宽度，更有高度。需要我们准确掌握事物的发展规律，明确谈判处于何种阶段，精确各方的动态诉求，从而锁定所有需求，逐一解决与满足这样的需求，谈判的最终目标才有可能实现。

这种动态需求，还有可能是相对方不知道、不明确，甚至是被动的，需要我们参与分析，帮助分解，督促分化，最后展开专业的需求谈判。

例2-5

退股纠纷中的需求分析

2008年，Z公司与B国有集团公司在T县成立煤矿公司。B国有集团所辖二级子公司(A公司)以采矿证和现有生产设备作价出资,占股51%,Z公司以现金(先期出资5000万元,后续所有现金投资均由Z公司承担)出资,占股49%。公司营运到2016年的时候,Z公司的出资合计1.5亿元,B集团公司投入A公司2亿元,但煤矿公司仍然处于亏损状态,Z公司要求退股,纠纷发生。本所接受Z公司委托,代理该股权纠纷的前期谈判,Z公司的谈判需求是收回本金1.5亿元和5000万元利息。经尽职调查,我们发现以下关键事实:

第一,Z公司第一笔5000万元以借款形式进入A公司,后续1亿元以股权投资形式进入A公司。前述金额的性质,有公司股东会、董事会记录、财务记账等佐证。B国有企业投入煤矿公司的2亿元,性质上属借款,有借款合同,有转账凭证,有股东会、董事会记录。

第二,2012年,煤矿公司召开年度股东会确定,今后若盈利,盈利收益全部先行偿还Z公司1.5亿元借款及同期借款利息,然后双方再按持股比例分红。煤矿公司的章程仍然认定Z公司完成了双方约定的持股投资。

第三,双方在煤矿公司的持股,除了工商登记外,还有一份股权协议。协议约定,亏损超过5000万元的,超过部分由A公司承担,亏损在5000万元以内的,由Z公司承担。

我根据前述事实,第一次与Z公司的董事长进行了需求沟通。我说,首先,我们认为,Z公司1.5亿元的现金投入属股权投资,而不是借款。对此存在争议,表明对你可能不利。在通常情况下,若双方对该笔款项的性质无法达成一致的前提下,只有通过诉讼裁判,诉讼显然对Z公司不利。其次,即便该款项A公司和B集团公司都认可其属于借款性质,但要退还2亿元本金,B集团公司未必能通过国资委的审核。再次,一旦被国资委否决,Z公司不但拿不回本金投资,也无法顺利退股;且根据公司法规定,Z公司需要与A公司向煤矿公司承担共同的亏损责任,包括煤矿公司拖欠B集团公司的2亿元现金。最后,股权协议的部分条款和股东会的部分决议可能涉嫌无效,对Z公司没有任何法律上的优势与保护作用。基于上述,Z公司的需求不但无法满足,而且可能还会承担亏损,因此Z公司如何退股,以什么形式启动,至关重要。

Z公司的董事长沉默不语,没有给我任何回应,他能给我什么回应呢?我们的委托代理工作因无法满足Z公司的需求,处于搁置状态。3个月后,Z公司董事长再次找到我,告诉我以下新的事实:第一,经过协调与沟通,B集团口头答应退还借款本金5 000万元,另外1亿元如果国资委同意,也一并支付(B集团以借款给煤矿公司的形式支付给Z公司,因煤矿公司处于亏损状态无支付能力);第二,同意Z公司退出在煤矿公司的持股,不要求Z公司承担任何亏损责任;第三,B集团公司董事长正在晋升考核期。

我经过反复斟酌与研究,回复Z公司董事长:口头答应的事即便落到纸上,形成白纸黑字,未来都有风险,因为法律风险并未完全可控,至于国资委是否同意1亿元属于借款,答案一定是否定的。最后我尝试着问Z公司董事长,如果不需要你承担亏损而退股,但同时Z公司的投入无法收回,是否接受?他脱口拒绝,我说,无论你怎么拒绝或不认同,你必须注意一个关键点,一旦董事长晋升调走,你不但再无机会拿回任何一分钱,你可能等着被要求继续投资弥补亏损,若不按持股比例投资,你会被B集团公司新的领导残忍地踢出局外……本次沟通仍然未有实质性进展,尽管后来我们做了很多专业分析以论证我们观点的正确性。在送走Z公司董事长后,团队伙伴问我,如果双方无法就委托目的达成一致,不应该继续接受他的咨询与释疑,因为Z公司的诉求,我们的确无法满足,没有任何可行的法律渠道。我说,他又去咨询他的其他智囊团去了,等着,他还会来第三次。

半个月后,Z公司董事长第三次约我见面,没有等他开口,我先说:G董事长,我们在签署委托协议后,免费进行了两次尽职调查,根据调查结果给出了第一次全面的专业分析与风险研判，并提出了一些可行思路，但因与你需求差别太大无法开展后续工作。我知道你去找别人论证了我们的观点，并且论证结果是肯定了我们的判断，所以，你第二次来和我谈的时候，我不但没有拒绝与你见面，还进一步论证了你所获得的新事实在法律上没有任何可行性的理由，并再次给你提出了可行建议，这一次，是我最后一次接待你。如果你的需求没有任何改变与调整，我们将终止委托，因为从法律角度而言，你的需求，无论是和解谈判还是诉讼解决争议，你没有任何赢的机会。

Z公司董事长脸上掠过一丝惊诧，并迅速接话：阮主任，先向你表示歉意，我的确找了几家律师事务所论证，也找了我自己的一些圈中朋友，观点有些分歧，但最终我认为你们的观点是中肯的，是负责任的。这次来，就想最后听听你的意见，还有没有什么办法，让我减少损失，因为我的确也没能力再投钱了。我说，让Z公司不承担亏损责任和后续投资义务，直接让出所持股权，这在法律上没有问题，有谈判空间，完善法律手续即可。但你要拿回1.5亿元的本息，这在法律上没有任何可能，我们也没有开展后续工作的可能与机会。他说，5000万元的利息不要了，能拿回本金即可，我也断然拒绝：1.5亿本金拿回的可能性几乎为零。他说：你不要马上拒绝我，我同意修改委托协议，你能拿回多少算多少，你组建团队开展工作吧……

上述案例，Z公司的需求最初是明确的，拿回1.5亿元的本金和5000万元利息。转变发生在第二次，在Z公司董事长反复论证了我们的观点后，接受了我们的判断，在获得了新的事实后，需求发生了动摇与改变，并因为我那句话而彻底改变："如果B集团公司董事长晋升调离后……"这个改变是因为我给他下了兜底结论："必须在现任董事长没有调走前解决，且应放弃不切实际的幻想。"显然，Z公司董事长再次寻找他人论证了我的结论，第三次来的时候，其实，彼此心中对需求都有了答案,我也利用自己的专业优势,临门一脚,完成了最后需求的促成。让团队得以按照 Z 公司最后确定的需求开展相应工作,展开与 B 集团公司的退股谈判,并根据委托目标,站在双方角度,设计了彼此都能接受又符合法律规定的方案(也善意修改了 B 公司法律顾问出具的方案,完善了法律风险与程序瑕疵),最终获得了各方基本满意的结果(当然这个结果对 Z 公司而言仍然有较大差距)。

第 2 节　设计谈判方案

谈判正式启动前,应设计切实可行的谈判方案,如果因为掌握情况有限,无法设计得更详细与准确,框架性的方案应准备好。没有这样的准备,很难做到有的放矢,知己知彼。设计最初的谈判方案,以下内容要把握到位,才能在谈判中随时根据情势变更调整、修改谈判方案。

一、方案设计中的事实认定

拿到一个谈判项目,准备开展具体谈判工作前,首先需要做的事情,就是对谈判项目涉及的事实进行整理与认定。哪些属于客观事实,哪些属于待证事实,哪些属于有利或不利事实,都要做好整理与区别。比如,客户希望执行具体事务的律师是执业 10 年以上的律师,作为执业只有 5 年的你,这属于对你不利的事实,你需要处理好与客户的关切。在一个不动产权的项目谈判中,不动产权的权利瑕疵,属于不利事实;不动产权丧失原件,需要发证机关证明,属于待证事实。在张三与李四的离婚争议中,双方婚姻关系属于客观事实或法律事实(结婚证可知)。在这些事实认定中,注意这样一些原则:在客观事实中区分有利或不利事实,在待证事实中论证,有证据或无证据支持的

第 2 章 律师谈判前的准备

待证事实对谈判的影响,强化有利事实,弱化不利事实,在确定事实中设计进退有余的谈判方案。

例 2-6

南沙选矿厂被强制搬迁的事实清单

客观事实	待证事实	有利事实	不利事实
动产明细清单确定	动产价值不确定	厂区部分建筑获得行政审批	厂区部分建筑未获行政审批
员工安置人数确定	厂区地下管道、水电及道路硬化价值不确定	大、重型机械搬迁时间成本高	土地权属国有,未履行流转程序
年纳税额与年产值确定	停产停业损失不确定	与第三方客户订单损失确定	生产设备落后老化
安置搬迁地要求高	可预期利益不确定	属被拆企业的领头企业	部分订单没有违约损害赔偿约定

南沙选矿厂位于南宁市×区,厂区土地属广西壮族自治区棚户区改造范围,南宁市督办,×区属地执行必须搬迁的企业。搬迁时间只有 6 个月,时间紧,任务重,搬迁赔偿事宜分歧大,政府行政程序进度缓慢。本所在代表南沙选矿厂与×区政府搬迁谈判中,整理了以下事实清单:

基于以上清单,我们做出了如下事实认定:

第一,在拟被强制搬迁的 8 家企业中,南沙选矿厂产值最大,拟搬迁的物品最多,需要的搬迁时间最长,搬迁成本最高。

第二,南沙选矿厂临时安置的土地至少 50 亩以上,才能满足临时安置需求,与其他企业十几亩甚至几亩即可临时安置区别较大。

第三,南沙选矿厂地下管道铺设、水电安装、厂区道路硬化等投入接近 3 000 万元,是其他 7 家拟搬迁企业同类投入的总和。但该项投入无法直接证明,需要专业评估。

第四，南沙选矿厂停产搬迁后，订单损失和违约损失巨大，但需要证据进一步证明。

第五，部分建筑属违法建筑，获得补偿较低，甚至无法获得相应政策性补偿。

第六，土地属与×区政府租赁所得，商务合同条款的约定对南沙选矿厂不利，厂区生产设备老化落后，技术含量较低，进入同等工业园区条件有所欠缺。

基于上述事实，我们确定了南沙选矿厂的诉求：一方面，最好能进入×区所辖一级工业园区，若不能进入一级园区，应给予临时性妥善安置；另一方面，政策性补偿金额要到位，谈判性补偿金额应将利益最大化。根据该需求，我们设计了以下事实部分的谈判方案框架：

第一，根据南沙选矿厂各方都没有争议的事实，设计政策性补偿项目与单价，对应相关政策条款，属于政策性评估的项目，设计评估程序与策略。

第二，对属于对南沙选矿厂有利的事实，但不属于政策性补偿范围的项目，设计可行方案，寻找扎实证据，证明相应损失，以作为与×区政府谈判时的必要筹码，力图说服×区政府，获得谈判性补偿。

第三，南沙选矿厂正常搬迁耗时需3个月，赔偿分歧较大时，则很难在政府规定的6个月时间内搬迁完毕。基于该前提，启动一级入园谈判，只要确定进入一级工业园区，工厂可提前搬迁，赔偿分歧可后续解决，则能在政府规定的时间内完成搬迁。

第四，南沙选矿厂属拟搬迁8家企业的龙头企业，如果南沙选矿厂能在政府规定的时间内提前启动搬迁程序，则必然会对整个棚户区改造的搬迁企业起到积极带头作用，×区政府按时完成棚户区搬迁任务则具有可行性。以此作为切入点，撰写专题汇报材料，要求获得×区政府的政策性支持。

上述事实认定及之后设计的事实部分谈判方案,在执行过程中虽经几轮调整,但都属局部调整或情势变更后的删节增减,未动摇最初设定的谈判核心,让我们在整个搬迁项目谈判中,既紧扣政策规定,又合理抗争政策之外的补偿诉求,既立足南沙选矿厂的实际,又提出了能让政府可以接受的可行方案。整个项目谈判工作有序推进,最终获得了各方基本满意的结果。

二、方案设计中的证据识别

谈判如果没有证据支撑,很多主张或观点很难在实务中得到相对方的认可或接受。关键时刻,谈判能够取得质的突破,多是源于证据的全面掌控,源于在证据支撑下张弛有度的表达与主张。那么,如何在谈判方案设计中对证据作出专业识别或搜集,需要注意以下几点:

(1) 利用或搜集对谈判目标有重要影响的证据,这种影响如果对我们有利,我们要利用好,如果对我们不利,我们要控制好,做好必要应对与防控措施。

(2) 对与谈判有关的证据作出综合判断。哪些证据可以支撑或驳斥对方的主张或观点,哪些证据对实现我们的谈判目标有负面消极的影响,如何规避或防范,是否有必要搜集与获得新的证据,以驳斥或消弭这种负面影响,都需要我们在全面掌控谈判思路过程中,设计进入谈判方案的适当环节与位置。

(3) 以实现谈判目标为导向,以证据支撑为核心,紧扣事实与法律,设计环环相扣的谈判方案。每一个观点的提出或对相对方主张的驳斥或回应,都应该言之有物,都应该有的放矢,都应该客观可行,哪怕受到反对,也仍然能产生内心的共鸣或认同。

下面的案例有助于加深我们在这方面的认识与理解。

例 2-7

收费站债务纠纷谈判方案的证据识别与搜集

J教授是G市的专家顾问,某日电话告知我,G市二级路收费站被撤销,当初出资建设的投资方因投资未完全收回,将G市政府告上法庭,目前处于执行状态,很快财政资金就会被F市中级法院执行局划扣出去。明天G市市长带领相关职能部门的领导来学校商讨对策,希望我组团参加。

会上,财政局说G市拖欠的不止2000万元,投资商一并主张的本息合计约1.5亿元,现在被法院执行的2000多万元是源于十年前的一份生效判决,期间不断中止执行,目前处于恢复执行状态。

交通局说,撤销二级路收费站属自治区人民政府的决定,且有政策法规的支持,投资商前后投资了8000万元,我们先后以收费收入给付了1个多亿,早给完了,现在又执行我们财政资金,没有道理。

法院说,F市中级法院执行局执行的是十年前生效的裁判文书,期间中断了几次,今次恢复执行,程序没有问题,且执行指向的是生效判决的金钱给付义务,不会涉及其他债务纠纷,以其他观点抗辩本次执行,没有任何法律依据。如果认为给付完毕或超额给付债务,应通过诉讼途径另行解决。

G市市长最后问怎么办,各局、委、办领导又一轮七嘴八舌。J教授也综合谈了自己的观点:第一,材料掌握不全面,无法进一步作出专业判断;第二,能不能找到法定理由阻止本次执行或延期执行;第三,能不能有其他途径与投资商展开一揽子和解谈判。

之后,J教授请我发言,在查阅了有限资料后,我说:第一,原则上同意J教授的观点。第二,本次恢复执行的前提,是源于之前的一份执行和解协议,该执行和解协议的其中一条约定,如果因本次二级路收费站被撤销而获得财政厅财政补贴,则所得补贴应作为执行款支付给投资商。财政补贴是否获得(后财政局当场回应称,已获得2500万元省财政补贴),以及该约定是否属于对生效判决项的变更,形成新的权利义务,均需进一步论证(法院当场回应认为,不构成对原生效判决项的变更,不形成新的权利义务关系)。第三,该债权债务纠纷的时间跨度为15年,其中法律关系涉及债权投资与债转股、股权投资与股权转让、国有企业减持股权与退股、公司合并,这其中需要把握的是:是否涉嫌国有资产流失?是否涉嫌职务侵占犯罪?是否涉嫌国有股权减持程序违法?是否涉嫌虚假出资与空手套白狼?是否涉嫌利滚利的违规计算导致总债务增大?究竟以收费所得支付了多少债务?审计报告能否出具?如果这些问题无法回答或回答没有证据支撑,无论和解谈判还是釜底抽薪的诉讼,均无法作出客观判断,更无法设计可行的应对方案。没有人能回答我的前述问题,会议在市长的最后工作安排下草草收场。

  当然,我们全面介入该案后,对所需要了解掌握的事实、证明这些事实的证据,以及为了支撑谈判方案需要的新证据,均进行了全面的证据识别与证据搜集,提出了数个独立操作又相互呼应的方案,在市委、市政府的班子会议上获得了通过。这是后话,暂不详表。

  我想通过这个案例说明几点:第一,没有证据支持的事实,无论客户怎么作出肯定或否定回答,均不能让我们顺畅地制订谈判方案;第二,就解决问题的思路或方法而言,如果没有证据支撑的话,无论我们怎么自圆其说,最终都无法在谈判方案中设计出具有杀伤力的步骤或策略,最终导致解决问题的思路或方法错误或解决不了实质问题。因此,**律师实务中的谈判,并不是凭借"好口才"就能解决问题的,如果没有扎实的事实与证据支撑我们的谈判观点或主张,所谓的谈判技能修炼,难免徒劳**。

三、方案设计中的法律适用

没有法律依据支撑的谈判观点或主张，即便能实现谈判目标，也很难落地执行，或者说落地执行的结果并非各方所需，最后的荒唐可想而知。很难想象，拿下一个谈判，最后却发现因为违反法律的强制性或禁止性规定，导致这样的谈判结果无法在各方产生相应权利义务，或者这样的权利义务不受法律保护。这就尴尬了，所以在最初的谈判方案设计中，首先应当考虑，怎样让法律的正确适用支撑整个谈判。

法律适用需要考虑的第一层意义，在于我们的谈判观点或主张，我们的谈判需求或策略设计，要有广义上法律的支撑；没有这种支撑，要退而寻找规范性文件、政策办法或地方风俗习惯支撑；再次之，要寻找情理或道义的支持。从法律到道义，要形成错落有致的谈判思路，并将这种思路贯穿谈判始终，确保最终的谈判结果符合法律规定。在一个主张解除石油合作项目的谈判中，我说协议不解除也履行不能，对方称为何，我说这类合作需要获得特定的行政许可，否则相应的证照无法办理，最终导致合作不能。随后我出示了相关的法律依据。对方说，这个早咨询了，先把土地拿下，投资建站，后面通过关系即可获得行政许可。我说如果拿不下行政审批呢？那么之前的投资损失算谁的？对方信誓旦旦，这不可能，石油相关部门都是我的人……数日后，我们以书面咨询方式，获得了石油监管部门行政许可流程的书面答复。对方面对白纸黑字的答复与法律条款的具体规定，心里也没了底，最终解除了合作合同，退还了我方前期支付的500万元费用。我们会发现，即便就是这样一个简单谈判，支撑我们整个谈判思路的核心，仍然是法律的具体规定。

法律适用需要考虑的第二层含义，在于对谈判相对方的每个谈判观点、主张、见解、回应、驳斥等，要在脑海里迅速以法律适用进行自我检测，这些观点、主张、见解、回应、驳斥，是否具有依据。完全不符合法律规定的，应以什么方式回应驳斥；没有法律依据但有规范性文件支撑的，应如何寻找更高位阶的规定予以反击；没有规范性文件支持，但有政策办法或风俗习惯支持的，应结合谈判实际情况，如何有理有据回应，核心考虑的，都是法律规范的适用，都是政策律令的解读与适用，都需要在法律规范、政策办法与风俗习惯中穿梭、研究、辨析、适用。最终以此为依托，形成有效的谈判思路与策略。

法律适用需要考虑的第三层含义，是如何在动态谈判过程中，以法律适用为前提与基础，寻求各方的动态平衡。谈判当然不是谈法律，但谈判的内在逻辑与内在追求，离不开法律的规定，谈判追求的结果形式上与法律无关，但实质上仍然要受到法律的约束。如果在谈判中，开口闭口谈法律，显然不切合实际，甚至我们认为这不符合谈判的基本要求。因此，把法律适用不动声色地嵌入谈判的任何一个环节，掌控动态的平衡，始终让法律规定为谈判目标提供内在支持，显得至关重要。将动态平衡与法律规定以各方不易觉察的方式掌控，这种前提下的谈判技巧与谈判策略，才有实务价值。

四、方案设计的构思与组合

谈判方案的构思：一要注重逻辑结构，层层递进；二要强调优劣，突出重点与优势，弱化无关紧要的问题，弱化劣势；三要详略得当，既要抓住主要矛盾，又要抓住矛盾的主要方面；四要始终围绕谈判核心不放弃，不要偏离分歧与争议核心，既要懂得延伸谈判，又要善于及时把思路抓回来，继续围绕争议核心展开对话。这里的核心，既包括我们自己的核心关切，也包括对方的核心关切；既包括谈判目标需要解决的核心，也包括基于谈判需要延伸出来的新核心。

关于谈判方案的组合：首先，要注意兜底方案的设计，任何时候，必须考虑，最坏的结果一旦发生，能否兜底，能否支撑。其次，要注意每个组合方案能否对应相应的谈判需要,即出现此种情形,我们用这种方案应对,出现彼种情形,我们用另外方案应对。不能准确作出这样的评估,设计的组合方案很多时候用不上,就会劳而无功,无法对症下药。最后,要注意组合方案的实用性与同理心。没有实用价值的方案设计,最终悬在空中,无法落地,场面很尴尬,如果这样的方案设计只考虑自己的利益,疏于将相对方的利益放在方案中综合考虑,这种没有同理心,没有换位思考的谈判方案,很多时候一开口就会遭到拒绝。

有一次,我陪客户去城区建规局谈一个招标工程的单价系数调整(进入城区招投标库的公司)。建规局的顾问律师就某个单价系数建议在法定系数下调30%的范围内协商。我的客户睁大眼睛:"赔本的生意你做吗?你懂不懂这类工程的参数设计与单价定价规则?"该局顾问律师一脸茫然,气氛瞬间紧张。局长看了一眼局总工程师,总工讪讪回应:"黄总,不用这样带火药味,该工程有特殊性,下调不现实,我们就讨论如何上浮,如何设计定价规则即可……"我们可以理解为该顾问律师时间匆忙,不了解谈判情况,也可以认为是站在局里角度考虑问题,这都无可厚非。但一个核心是,按现有单价进行招投标竞争性谈判,该工程做下来企业不但无法盈利,甚至还要亏损。在这样的前提下,才需要协商单价上浮和定价规则。所以这种丝毫不考虑相对方正当诉求的谈判思路,"开口死"是必然结果。

例 2-8

要求合同继续履行的谈判方案设计

F公司于2013年通过招投标获得X政府的职工安置住宅回建工程项目。合同约定,由F公司代建职工住宅楼一栋,费用由F公司承担,作为回报,商业楼层的4800平方米办公房和2700平方米地下车库的使用权,由F公司承包使用20年(年承包费按经营利润的3%——

10%计算,按年递增),20年间由F公司使用、管理和收益。使用期满移交X政府。2016年工程建设已封顶,X政府拟将部分局、委、办的办公场地移至涉案办公楼内办公,F公司称,根据合同约定,X政府相关职能部门过来办公,需要使用的面积接近1 500平方米,则需要缴纳年租金200万元左右。消息反馈到区长办公室,区长勃然大怒:"我们使用自己的物业,还要缴纳那么高的租金……"半个月后,区政府常务会议研究决定解除合同,由作为签约单位的机关事务管理局与F公司协商解除合同的后续事宜。接受F公司委托后,通过尽职调查,我们确认以下关键事实:

一、F公司代建花费总资金接近3 000万元,保守估算的可预期利益损失2 000万元。

二、所有报建与规划许可的材料均由F公司掌控,没有F公司的配合与支持,所建设的工程无法通过竣工验收。

三、机关事务管理局作为签约主体,收取相应收益,涉嫌签约主体不适格,也不是收取相应利润的适格单位。且招投标之后,未履行必要的财政报备程序。

四、该职工安置楼是惠民工程,市委、市政府要求在2016年年底必须交付使用,尚有半年时间,若争议无法妥善解决,则不能在要求的时间内完成交付。

根据以上事实,我们设计了以下几组原则性谈判方案:

方案一:假设合同继续履行,如何完善原合同的瑕疵与程序。如果不完善合同程序瑕疵,会导致什么样的后果。

方案二:假设合同解除,已支出的建设费用如何支付,合同约定的可预期利益如何协商解决。

方案三:假设解除合同,无法按时交房的现实困难有哪些,能否解决,解决不了的后果是什么。

方案四:如果继续履行合同,是否可以对合同条款进行部分变更,既满足 X 政府的办公诉求,又维护 F 公司的商业利益。变更合同的程序如何走更符合相关规定。

根据上述方案,我们撰写了两份法律意见书,一份研究论证解除合同后的利弊,一份分析继续履行合同的利弊。两份法律意见书详细阐述了法律风险、商业风险、政策风险、可行或不可行的防范、变通措施,以及各自可能需要承担的损失或代价。经过长达 3 个月的谈判与协商,最终以第四个方案圆满解决。

这个案例的谈判方案设计值得关注这样几点:第一,指出解除合同的后果,包括赔偿风险与政策风险。赔偿风险的核心在于,没有经过法院裁判,任何领导不敢拍板赔偿多少,且不符合财政支付规定。若通过诉讼程序解决赔偿争议,则必然导致不能按时竣工验收,F 公司稍不配合,竣工验收程序就很难推进。第二,指出继续履行合同的可行性及基础,以及继续履行合同对双方的好处有哪些,并针对 X 政府租赁办公用地支付租金的一些互惠建议(实质上就是利益的重新整合)。第三,指出原合同存在的关键瑕疵,以及解决办法。我们认为,原合同关键在于机关事务管理局是否可以作为合作方,收取利润 3%—10% 的承包费。我们提出了签约主体要换成适格主体,把前面的代建行为理解为一个法律关系,物业仍然属于 X 政府所有,重新建立新的租赁法律关系,进一步明确签约主体、明确有资格获取收益的主体,法律关系重新定位,招投标程序进一步完善,财政评估备案等建议。这个项目谈判推进异常艰难,谈判技巧也做了很多修订与完善,但终究还是促成了该合同的继续履行,完成了委托人的委托。

第 3 节 谈判前的专业准备

我理解的谈判前的专业准备,至少包括以下内容:

第 2 章 律师谈判前的准备

一、熟悉和掌握谈判项目的综合情况

如前所述,**对谈判要达到的目标应当清楚,对各方的需求应当确定,对拟谈判项目涉及的事实、证据与法律规范应当掌握,对拟展开谈判的方案和一些基本原则应当研究透彻。这是谈判前专业准备的重中之重**,没有这些作为支撑,其他准备都将丧失意义,或无法达到想要的效果。

二、掌握谈判时间、地点、参与人员的基本情况

谈判具体地点与时间要了解清楚,不能迟到。哪些情形需要早到,哪些情形需要掐着时间到,取决于我们自己对项目的判断。在途时间是多长,是否会堵车,是否能顺利找到谈判的办公楼层,以及综合花费的时间是多少,都需要我们事先作出准确预判。某城区政府聘请了三家律师事务所作为常年法律顾问,我们是其中之一,城区政府搞了一个受聘仪式,区长出席活动,并颁发聘书。我指派所里一位律师出席授牌仪式。几天后我遇到政府办主任,她与我吐槽:"叫你所里伙计以后参加重大活动注意时间观念,上次授牌仪式,所有领导都到齐坐好了,就差你们所没有到,大家都看着贵所那个空缺的牌子……"我马上电话那位参加授牌仪式的同事,了解怎么回事,他说"我没有迟到啊,我是掐着时间按时到的啊"。我说:"我的哥,这种重大活动,有各部门一把手参加,有媒体记者参加,领导一般都会提前 5—10 分钟到,你掐着时间到,变成所有领导都在等着你,你觉得合适吗?"这类活动,我们应该提前到。而如果我们作为主谈判参与人员,掐着时间参与谈判活动,我认为并无大碍。基于前述事例,我认为,参加任何谈判或其他活动,关于何时到较为合适,把握一个原则:**不要让领导或重要客人等我们,不要让活动主角或主要参加者等我们。**反之,则按时到、不迟到即可。当然,有时候相关方面要求提前到,提前沟通相关情况则另论。

至于参与人员的基本情况,我们可以向谈判相对方了解,都有哪些人参加,是什么岗位或部门的人,职务是什么,负责哪些工作。我们也可以通过自身渠道做一些基本情况的了解与预判。我们还可以通过委托方的便利或优势做一些有针对性的了解与沟通,尽量做到知其然,又知其所以然。我们还可以在谈判现场入座后,通过台面上的资料简介或主持人的介绍,迅速对参与人员作一个大致了解,从座位的主次、排序以及气场或察言观色迅速作出判断。

三、参与谈判的仪式准备

参与谈判的仪式包括着装、座次、谈判现场准备等。在讨论谈判仪式的准备前,我们先讨论一下律师的内在表现。

首先,要具备成功者的形象。

有个观点是这样说的:你想优秀,就和比你更优秀的人做朋友;你想有钱,就和比你更有钱的人在一起。

它其实强调的是一种潜在的影响力。我们可以这样理解:想成功,就要具备成功者的形象:**一个优秀的商务谈判律师,必须具备成功者的形象**。没有哪个客户愿意把自己的法律事务交给一个形象猥琐、眼神漂浮、游移不定的律师,也没有哪个谈判对手愿意和这样的律师合作。这个社会,人与人之间,其实就是一种信托关系,我们每天所做的也只不过是在完成一种信托责任而已。但是,要得到别人的信任托付,首先得给别人一个愿意托付、愿意信赖你的理由。而当我们展示出来的专业形象连我们自己都不能让自己满意和信服的时候,恐怕别人也很难满意和信服了。何谓成功者的形象呢?大概有这样两点理解:一是自信,自信的眼神与气质,自信的谈吐与表达,自信的笑容与严肃……二是专业,专业的打扮与装备,专业的展示与形象,专业的拿捏与分寸……

其次,在群体性活动中,要把握恰当机会,成为焦点。

靠外在打扮成为众人的焦点不是没有可能,但有时候可能会比较肤浅甚至滑稽,而且对于一位专业人士来说,外在形象的打扮,得体即可。

要成为众人的焦点,得有"不鸣则已,一鸣惊人"的意识,有了这种意识,总会寻找到"一鸣惊人"的机会。有一个原则就是:**在恰当的时候做最恰当的表达。**

H律师曾经和我说过他亲身经历的一件事:在一次有政府官员参加的商务应酬中,当主人介绍H律师身份的时候,一位处级官员马上接话说:"律师这个职业虽然不错,但都是坑蒙拐骗的多,吃了原告吃被告。"H律师不动声色,停顿了一下,微笑着说:"X处长,这年头,贪官污吏很多,每年抓了那么多、判了那么多,照样层出不穷。按你的逻辑,我是不是可以这样理解:所有的政府官员都是贪官污吏呢?"X处长面红耳赤,无言以对。H律师的应对让所有宾客刮目相看。

最后,在即席演讲中,应成为精彩的表达者。

如果有机会作即席演讲,在短短几分钟内,我们会成为最精彩的表达者吗?也许不能,因为没有准备。是不是我们都有这样的经历,参加一个团体活动或者宴席,突然主持人要求站起来为大家说几句话,由于我们没有准备,大脑一片空白,一时间不知道说什么才好,想了半天,说了一些无关痛痒的正确废话。然后是别人的掌声,那掌声,傻子都听出是虚伪和应付。

关于着装,商务礼仪中有很多要求与指导,我主张以合适为宜。何谓合适,其实很考验我们的情商与专业判断。如果是一个简单的、试探性的、了解前期情况的热身谈判,着装太正式未必是好事。试想下,参与谈判的人员都是休闲装,只有我们自己,领带西装,一副严肃炫酷的样子,说很糟糕算不上,但是说一点违和感都没有,我看也未必。反之,如果与会人员都是职业装,我们是休闲装,也是很闹心的一件事。我是南宁电视台某节目的点评嘉宾,该节目由一档录播时评与直播组成。时评每周一次，直播每月一次。我参加时评的时候，对着装没有具体要求，就我与主持人一对一评论。某次，制片人要求我做直播节目的主点评嘉宾，我基于之前的经验，就穿了商务短袖白色衬衫，但是没有打领带，也没有穿西装。坐上主点评嘉宾位置后，发现与我搭档主点评的某教授西装领带，转后面一看，坐在我们后面的随机点评嘉宾，男士都是西装领带，女士都是职业套装。我发现了着装上的尴尬，问制片人我这样的着装妥否，制片人扫了一眼黑压压的西装领带，摇头。可是离直播开始时间已不足 20 分钟，无论以什么方式从家里拿西装已不现实，后通过主持人的协调沟通，拿到了一套西装与领带。虽然解了围，但由于尺寸不很合适，一场直播下来，各种心塞。自此之后，我汽车后备箱永远放着三套衣服备用：一套律师袍，一套西装，一套商务短装。

关于座次，也很讲究。如果主谈判场地由我们安排（比如在自己律所的会议室），则如何摆放台签与位置，得征询各方的意见，然后拿出座次安排，这比较辛苦。但通常都属于会务组或行政部门的工作，我们作为谈判律师，在自己的主会场，稍微关注过问下即可。如果在委托人的场地参与谈判，若发现不对劲，稍微提点建议即可。如果是在对方场地谈判，则更不需要我们操心，也没有资格操心，安排得好与坏，对与错，我们都不便多言。讨论座次的实务价值在于，**在没有明确台签指引的前提下，我们应该坐什么位置，这的确是个问题。我的经验是一个字：等**。等待主要人物上场坐定，然后再等待关键人物指引就座。这个关键人物可能是主要领导、主要角色，也可能是办公室主任或行政秘书。此刻，他们喊坐哪里，就坐哪里，通常不会出错。但是，必须要提醒的是，这是基于双方主要角色都入座的情况下。否则，就可能遭遇尴尬。

有一次，我参加某公司的项目对接会，先到会场，项目双方主要领导都没有来，也没台签指引，出于礼貌与好心，会务秘书指引我坐在了

第 2 章　律师谈判前的准备

其中一个位置。后来，领导纷纷入座后，我发现我坐到了对方阵营，后在总裁办主任引导下调整了位置，这是一次尴尬。

另一次，我也是在会务秘书指引下提前坐好了位置，这位美女不容置疑的口气，让我再次相信了她，也忘记了前一次的痛。后来在各方主要角色就座的过程中，我被迫挪了两次位置，因为每次都坐在了主要或次主要角色的位置（不是说律师不重要，不扮演主要角色，我这里的主要角色是从当事人身份角度讨论，一般律师都是坐在主要当事人身边），这又是一次尴尬。

再一次，我参加某市政府的项目研判会，由于是市长带队到第三方场地参加，第三方没有准备台签（市政府自己地盘的这类会议，一般都有台签，不然那么多秘书都干什么呢）。市长秘书根据经验，让我坐在了分管副市长与投资促进局局长之间的位置。我正暗自感叹毕竟是专业人士，这个市长秘书帮着安排的位置很到位。突然隔了我两个座位的市长敲桌子："那谁，我们的律师，法律顾问，过来坐我这里……"秘书连忙过来指引我离座，我也在众人的目光聚焦中匆忙换位置，脸上没有一点水分和笑容，只能自我安慰：虽然尴尬，但毕竟是市长点名要求挪位置，且靠近他就座，也算对我的尊重与信任，不算太糟糕。的确只能这样安慰自己，因为懂得行政运转流程的都知道，对市长秘书而言，之前的位置安排已算一次小事故。

这之后，我的原则是：无论多么强势，多么美丽，多么自信的会务秘书或办公室主任甚至首长秘书，如果安排我就座谈判席或会务席，只要是在主要角色没有就座之前，我绝不上坐。通常对话是这样的："您好，阮律师，请您这边上坐……""不，就坐这，谢谢！等领导来，我先坐下面休息……"

关于谈判现场准备，通常是指在自己律师事务所会议室展开谈判的情形。我们的准备包括：一楼大堂水牌指引，进入律师事务所楼层指引，会议室桌子、座位布置与台签准备，茶水、点心准备，谈判资料准备,音响与投影仪调试等。这些程序性事务准备,准备前应与行政部门沟通,准备中应督促执行,准备结束后应复查纠正。确保谈判现场既契合谈判需要与谈判实际,也体现谈判准备方的用心、细心与重视,更展示准备方的专业、专心与敬业。

其实,谈判还没正面接触与开始,这样的准备已属于谈判的气场积累与沉淀,我们不妨理解为谈判的后方战场。经营好这样的后方战场,会让我们的正面战场获得意想不到的效果。

第4节 把最坏的结果想透彻

讨论最坏结果的意义在于,我们能知道谈判的底线在哪里。**当我们明白,最糟糕的结局不过如此,且能承受的时候,谈判过程中的任何挫折与困难,就都阻挡不了我们前进的步伐。**因为,我们所努力的,只不过是在最坏与最好之间寻找到彼此都能接受的衔接点,这个衔接点就叫做"谈判成果"。何况,最好与最坏,换一个表达,只不过是得与失的把握,这种得失之间的距离,只是一个人心的距离而已。我经常会与客户产生这样的对话:

"李总,按照双方合同约定,本金加利息,您应该获得2 000万元的债权返还,但基于对方的履行能力有限,能确保1 500万元本金拿回来,是可以考虑的了。"

"不行,一分都不能少,必须让他签字同意2 000万元本息,他没有履行能力,那栋酒店不是他的?他没股份?"

我不温不火:"已调查过,酒店设置了银行抵押,股份只有30%,且与其爱人共有,不足以偿还涉案债务,如果坚持这个本息诉求,对方不但不会签字,可能最终得通过诉讼解决,但就本案而言,诉讼并不是最合适的解决途径……"

"那不行,必须签……"

我心想:凭什么?这类履行不能的债务比比皆是,利息也是高利贷计算产生的一个数字而已,在对方履行能力极其糟糕的时候,拿回本金已是上策。我只能说,在取舍与得失之间,很多人,真的没有想明白,心太大,世界太小。

就在写本节内容的前一周,朋友推荐一个准客户J总找我处理股权纠纷。看完他与对方的数份股权转让协议(补充协议),我说,"本案最大的问题是,为了避税,书面约定先以2万元转走你持有的30%的股份,后续以评估为准,约定评估出来的资产达到你本人(甲方)承诺的3.4亿元的时候,对方支付资产评估总价10%的股权款,可是合同签署3年后的今天,本条约定的评估程序一直没有启动,资产一定发生了变化,很难确保评估价能准确到你承诺的3.4亿元,如果评估出现偏差,对方可能以与你承诺不符而拒绝支付,因为对这类约定我们理解为附条件的约定,条件不成立的时候,对你极其不利。所以,如果这个问题没有可行对策预防的话,贸然启动诉讼,我不认为你会赢"。J总据理力争,又拿出了很多书面材料,力图证明对方如何空手套白狼,拿走了他的股份。我均予以否定,认为不足以回答前面我提到的核心问题。J总又说,"阮律师,这个案件你帮我处理好,赢回来了,我们都是兄弟,拿多少你说了算"。我淡然一笑:"抱歉,你这个案件我处理不了,只能给你一些建议……"回头我很不客气地对我朋友说:"以后,这类事情,少推荐给我。"我详细阐述了理由,朋友表示认同。最终,这个所谓几个亿的诉讼案件,被我推掉,你一定觉得,我真会装。

这类客户你可能也会遇到。我能说的理由有这些:

首先,客户并不愿面对和配合对其不利事实的沟通与讨论,也不认同我们的专业分析,总是按照自己既定的思路空想,这会使后续开展工作中的服务关系很糟糕。

其次，总是力图说服自己的律师，而不是与律师一起讨论这个最坏结果一旦发生，应该怎么应付，能否承受。我们经常发现，我们的客户喜欢说服我们，这是一个糟糕的情形，必须处理掉。遗憾的是，无论我怎么处理，J总不吃我这套。我至今不明白，他说服我的意义在哪里。

最后，第一次见面，在谈律师费的时候，与你称兄道弟，说拿多少都无所谓，只要你帮我整回来。这种没有规则意识的所谓老板，一直都是被我鄙视的那类，因为这类张口就来的承诺，表明这类客户在契约与规则意识方面，还有成长空间。

其实，稍微理性地想想，我们就会发现，很多客户都是这个套路：兄弟，你帮我处理，只要拿回了钱，你我一人一半……

我心想：你现在连诉讼费、评估费都拿不出来，以这种套路给我画这样一个饼，我也懂得农村路滑，城市套路深的。说到这，不是势利，而是不屑与这类人有任何纠葛，犯不着把时间花在这些无谓的人与事上。

J总最大的问题，就在于不敢面对与讨论最坏的结果，只想赢。可是，人生，哪有都是赢的？

一、最坏结果有哪些

律师实务谈判中，最坏的结果不外乎无法实现谈判目标。但讨论有哪些最坏结果的时候，我们想试图讨论这样一个问题：如何在最坏情形下让谈判工作得以继续或实现动态平衡，最终缩小客户的损失。

显然，最糟糕的情形当然是谈判目标无法实现。如何让这种糟糕的情形晚点或早点到来，或者以自己想要的方式到来，其实在不同的实务中，也很重要。在一些债务纠纷谈判中，如果能将谈判时间延长，如果将可能到来的诉讼推迟，实际上为客户赢得了时间与其他商业机会，在这种经过谈判获得的时间里，我们能够按既定计划做很多事情。这些事情完成的好与坏，可能直接关系到债务的清偿。

次之，谈判目标实现部分或谈判目标发生改变。实现部分谈判目标，显然属于谈判烂尾楼，要不要后续跟进，要不要改变策略继续关注，还是彻底放弃，都是我们在研究最坏结果的时候，需要事先考虑的问题。至于在谈判中发现新的机会，改变原来的谈判目标，也不见得是坏事，意外之喜，多属锦上添花。我的一个客户想去T县J镇拿某块地做商业开发，经多方斡旋、沟通、谈判，拟拿土地准备进入招、拍、挂程序。某天，该县分管领导与我吐槽："你们跑去那样一个穷乡僻壤砸几千万进去，就算你们的商业模式能实现，也要好些年才能拿回成本，如果出现偏差，必然亏本。还不如把这几千万砸到三产用地上，与当地村民合作，收益见效快……"他随口吐槽，我也随口转达给客户，都没当回事，结果我客户的股东们经过反复研究、核算，最终放弃了J镇土地，转而要求推动该县的三产用地合作。现在看来，当初这个谈判目标的改变，无比正确，因为客户的三产用地经营相对顺利，风险可控。

当然，不考虑最坏结果对谈判的影响，则在谈判中很难有意识地予以规避，不在谈判前形成较好的预防措施，也难做到心中有数与从容。当最坏结果发生的时候，我们的客户或者无法承受，或者没有任何准备，让事情变得更被动与糟糕。

我想，**讨论最坏结果的意义，就在于根据最坏结果，逆推谈判方案设计的正确与否，逆推预防措施是否到位，进而顺推最坏结果出现时如何应对，如何让"坏事"变得不那么"坏"**。这些，都是我们律师在启动项目谈判前应该通盘考虑的。没有这样的大局意识与全局思维，我们的谈判工作，可能障碍与挫折就比较多。

二、记得打开心里的那扇窗

人生有起伏，生活有波澜，谈判不只是为了赢。心中永远记住，总有一扇窗，为我们开启，会有阳光照射进来，还有鲜花的怒放。始终坚信,还有诗和远方。唯有如此,我们才能从容面对谈判中的挫折与失败,困难与障碍。

2011年8月,我的律师事务所成立1年不到,业务市场尚未完全打开,熬得甚为辛苦。终于有机会承接一个旅游地产融资项目,如果能顺利撮合这个项目合作,律师费接近七位数,签下代理合同后,梦中都会笑出来,很兴奋。这个项目如果成功,将是律所在非讼业务中一次质的飞跃。但兴奋很快就转为沉重,前后往返海口十多次(项目在海南五指山),每次谈得都很艰辛,效果很差。后来索性驻扎海口,开启了持久战模式,三个月下来,终究是失败了。内心经历先从希望到期望,后从期望到渴望,再从渴望到失望,最后由失望到绝望。有一段时间,每天晚饭后,我都沿着海岸线走几公里,每天晚上都想同一个问题:我和我的律所还能坚持多久?

在反复思索、复盘谈判项目过程中点点滴滴的时候,我发现并非一无所得。从当地一些官员身上,学到了那种务实与高效,也从另一些官员身上,看懂了狡诈与虚伪,还深刻认识了项目参与各方那些感同身受的担忧与企业的核心追求。

心里的那扇窗户,终于为自己开启,享受着久违的阳光与雨露,心,逐渐释然。输,也是人生的一种必然状态。输,可能是为了将来更好的赢。

任何时候,别忘了开启心里的那扇窗,它会让我们更坚强,更自信,更懂得输与赢都是路上的风景。 没有停下的脚步,终将会把这些抛到身后,我们的目标,始终在前方。

第5节 谈判中的人性表现

谈判中的人性差异,有这样一些表现。

一、不善于发问

不断陈述,不断表达自己的观点,却很少考虑这是否是相对方愿意了解的内容,是否能够听进去。喋喋不休的陈述,带来的可能会是相对方的反感甚至拒绝。不善发问,不愿发问,不愿意倾听,成了谈判的大忌。关于如何发问,下节阐述。

二、客户其实知道自己想要什么

客户其实知道自己想要什么,只是有时不知道如何表达,或者说不知道在我们面前如何表达。有的客户和他自己的圈内人可以谈得兴致勃勃,但是和我们交流的时候,他们突然变得很迟钝,甚至很紧张。有些客户和律师交流,会有点无所适从,不知道从何谈起,不知道如何表达自己想要的东西。如果我们能在关键时刻提出条理清晰的问题,将会帮助客户找到真正需求,一旦能切中客户要害,客户想要的,就是我们想要的。这尤其适合在诉讼客户签约谈判中使用。

三、速度是体现差异化的一个关键

我们都知道,很多诉讼案件,需要很长的时间才能走完诉讼程序。一个案件,整了几周还没立案,到了法院,几个月过去了,也没接到法院开庭的通知,或者开庭几个月了也没收到法院判决。如果能在速度上下点工夫,动点脑子的话,就能自信地告诉客户,这个案件,我可以在多少时间内帮他拿下。这是我们和别的律师差异化竞争的一个差异点,能不能娴熟运用,取决于我们在"诉讼速度"这个领域的经营。

四、能引导客户顺着我们的思路走

有的客户,很忙碌,生意做得很大,他把业务交给我们以后,就再没心思和时间过问与关注。因此,弄清楚工作量和工作难度后,就可以引导客户顺着我们的思路去思考、去执行，可以通过掌握的新事实或者结果作为说服的筹码，只要能在客户心里建立足够的威信，我们的建议将对他产生至关重要的影响。

五、客户不是傻子

很多事情，其实客户心里很清楚、很明白，只是不愿意说破，识破而不说破，体现的正是客户的素质与档次。如果我们处理不当，可能在这个业务上占了些便宜，下一个业务未必就是那么回事了。这其实很不利于建立专业律师形象，也不利于律师职业生涯的发展，能躲过初一的，不一定挨得到十五。因此，**别把客户当傻子，别为拔一根鸡毛，吓跑一群会下蛋的鸡。**

谈判过程中，客户才是我们的最大"敌人"，才是最需要我们处理的人。如果连客户关系都处理不好，又如何让客户相信我们可以完成他的谈判目标呢？

六、建立自己的职业个性

这可能是一把双刃剑，使用得好，可以帮助我们在客户心中建立足够的威信，可以是我们和别的律师同等层面竞争的闪光点；使用不好，我们就变成了不负责的人，变成了夸夸其谈的人，外强中干的人，甚至，你就不是人！

七、客户都是对的

进入任何行业，我们似乎都可以听到这样的经验："不要和客户正面冲突，客户都是对的。"你真认为客户都是对的吗？当然不是。但作为一种做业务的技巧，你还必须先认同客户，他就是对的。客户都认为他们自己是对的，其实这样没错，他们只是站在自己的角度思考问题而已。要处理好"客户是对的"这个问题，你得少说、多听，因为人们都只是喜欢说自己的问题,别人的问题与他无关,尤其在签约诉讼客户谈判中。既然如此,如果时间允许,就让他尽情地说个够吧,但是要注意最后用问题来收场。

八、少承诺

承诺是个很玄乎的东西,就像怀孕,无论好与坏,都要很久才能发现。但是,有时候我们为了拿下某个业务,还真不得不承诺。我建议应有条件地承诺,在法律允许的框架下作出理性的承诺,不要不顾死活,往死里承诺,免得做不到时,双方都很纠结。**赢得客户转介绍或者继续委托的关键是:"少承诺,多兑现。"**经常拍胸脯但是又很少做到的人,最后就只能把自己拍死。

九、不要让别人拆你的台

嘴巴长在别人身上,我们当然很难控制别人的评价或诋毁,但我想说的是,不要让人当面拆我们的台。如果有人背后拆台,而且对项目谈判有直接影响,我们又可以和拆台的人当面对质的话,最好就在当面的时候对质询问。如果不去作出处理的话,所产生的负面影响是不可估量的。当面对质,会让对方哑口无言,而且他的丑陋和卑鄙都将被揭穿,这样有助周围的人认清他的本质,有助我们实现谈判目标。记住,我说的是"当面"。

第 3 章

律师谈判中的策略设计

1. 语言表达要清晰、简洁、注重逻辑。清晰到位是基本要求,简洁有力是形式要求,逻辑结构分布明确是内在要求,这三者之间要互为表里,相辅相成。

2. 有时,谈判的魅力就在于懂得让,善于让,或者说,谈判的过程,就是妥协与让的过程。

3. 有了兜底思路,我们在让与不让之间,在妥协到什么程度的把握上,才能做出恰当取舍。

4. 谈判需要策略,策略需要设计。

5. 如果你开始就告诉对方,我只有30分钟时间与你沟通,请你直奔主题。是不是会有不一样的效果?

6. 如果我们不能确信对方的回答是什么,不要轻易询问一个与案件关系重大的问题。

7. 陈述引发拒绝,提问导出需求。

8. 在律师执业的实务谈判中,没有真正的输家。一起赢的心态与意识,应贯穿整个谈判过程。

谈判过程中应该讲究策略。这种技术性的东西，虽不需要刻意强调，但建立在谈判目标事实、证据与法律规范上的策略，还是有研究的必要，它会让我们的谈判更专业、流畅和高效。对这些带有一定实务经验与规律性的内容，我们有必要做一些粗浅的讨论与探索。

《战国策》是自汉武帝"罢黜百家、独尊儒术"后，仅有的记载策士言论的著作，并得以流传至今。书中记载的一些内容，放在当下仍具指导意义，我理解为谈判的技巧与策略。战国时期，大纵横家苏秦，在游说赵王时，改弦易辙，针对赵国的处境和赵王的心态，为赵、燕、韩、魏等小国制定了以合作求安全的外交策略，这就是著名的"合纵"战略。"赵王大悦"，遂封苏秦为武安君，专事约纵散横的事。自此，苏秦身佩相印，轻裘肥马，游说斡旋于七国之间。一时在战国风云变幻的历史舞台出尽风头。也使他对人情世态有了深层认识，方有了"嗟乎！贫穷则父母不子，富贵则亲戚畏惧。人生世上，势位富贵，盖可忽乎哉！"的感慨。

第1节 谈判中的几种策略运用

以语言沟通为主要工具的谈判工作，在以什么方式表达，表达到何种程度，表达需要获得怎样的效果等方面，是需要有所斟酌的。《战国策》里有这样一个表达原则："听贵聪、智贵明、辞贵奇。""听贵聪"，就是要善于从对方的言辞中听出真正意图；"智贵明"，是指谈判者应有过人才智和智谋。只有考虑周全、出奇制胜的人，方能成功游说别人；"辞贵奇"，是对谈判者语言的要求。就是说，要根据不同对象确定自己说话的格调，并要注意语言的修辞。平淡无奇的表达，显然很难引起相对方的注意。夸张、排比、比喻等手法，都应该娴熟运用。如苏秦在为赵合纵时，用这样的语言来描述齐国富庶的景况："齐车之良，

第 3 章　律师谈判中的策略设计

五家之兵,疾如锥矢,战如雷电,解如风雨。""临淄之途,车毂击,人肩摩,连衽成帷,举袂成幕,挥汗如雨。"(见《齐策一》)张仪为秦破纵连横时,为说动楚怀王,他摇唇鼓舌,极尽威胁利诱之能事,大肆宣扬秦国的强大:"秦地半天下,兵敌四国,被山带河,四塞以为固。虎贲之士百余万,车千乘,骑万匹,粟如丘山。"(见《战国策》卷十四)

一、谈判中的语言运用

首先,**语言表达要清晰、简洁、注重逻辑。清晰到位是基本要求,简洁有力是形式要求,逻辑结构分布明确是内在要求,这三者之间要互为表里,相辅相成。**

其次,在发言的时候注意照顾场面,懂得承上启下,现场感一定要到位。如果是第一个发言,要注意与主持人互动营造现场感,注意自己在谈判中扮演的角色,要懂得言简意赅地总结争议焦点与分歧。如果中间发言,要学会确认前面沟通的无争议部分,要善于肯定别人的观点与主张。如果是最后发言,要懂得总结双方无争议的成果,再次确认分歧与主张,然后展开论述。如果是在谈判过程中即时发言与辩论,注意把握重点与焦点,注意礼仪与素质,即便拍案而起,也要有理有据,不能歇斯底里,失去章法与风度。

比如,"感谢主持人,各位老板好,我是……,受……委托,就……问题谈谈自己的看法,昨晚以来天气突然变冷,但我仍然能从各位身上感受到暖意与热度,我认为,这个项目的核心分歧与争议是……,我们能不能就……展开沟通,对……部分,我们大家都认为不是问题的关键……"

"听了刚才各位表达的观点,我认为都有道理,比如,张总考虑的核心是……李总认为……都是从项目的客观实际去研究与讨论,说明大家对该项目的认识是到位的,都站在解决问题的角度思考问题,这是正确的,但是,如果不解决……我们的分歧与争议就无法缩小并达成一致，最终，各位所担心和关注的问题，也无法切实解决。"

最后，要善于讲故事，善于编故事，把故事讲得可信有趣，形象生动，逼真贴切，具有可比性，那么，别人就容易接受与理解。本所政府客户接近一百家，我经常在A政府客户那里讲B政府客户的事，或把C政府客户的故事改编成A政府客户的事情，用半分钟或一分钟展开阐述，效果很好。因为都是政府单位，经历的事情或问题多是大同小异，故事具有可比性，具有真实性，具有引导性。一次，为了阻止某基层县政府强制拆除两违建设（程序尚未走完），我在现场会上讲了Q政府的故事，我说，强制拆除两违建设，属于政府依法履职的行为，本身没有任何问题，程序走不完可能涉嫌程序违法，赔偿的风险也基本可控。但是，如果强拆现场出现人员受伤甚至死亡，这个风险不可控，现有的强拆方案不足以确保这样的可能性不会发生。我们的一个政府客户Q政府，就遇到过类似情形……现在，分管领导已被问责处理，主要领导受诫勉谈话。听了我这个小故事，分管副县长脸色变得凝重起来，最终没有启动强拆程序。这个小故事的杀伤力就在于，我没有通过程序违法去说服决策者，而是通过故事里暗藏的"乌纱帽可能不保"的事实，迫使决策者收回决策。

二、谈判中的事实与证据把握

谈判中，哪些事实不能说，哪些事实何时说，以什么方式说，支撑事实的证据如何表达或展示，如何驳斥对方的事实，如何否定对方的证据，或将对方的证据为己所用，的确需要灵活把握，也考验我们的实务经验。

战国时期，苏秦、张仪仅凭三寸不烂之舌掌控整个局面，原因不仅在于他们能揣摩人心，分析局势，找准切入点，在关键时刻看透君王的内心，更重要的是，他们能看清各国的客观条件，包括地理位置、军队、人口、人民意志、君王贤德等因素。他们基于这样的前提，合理有效地设计游说策略,每到一处,他们总要对该国君主分析形势,让君主感受到他们自身对于立场的坚定性以及他们所持立场的有利因素,再展开论证,从而最终说服君王。我对苏秦、张仪纵横术的简单概括就是:熟悉谈判项目,娴熟掌握谈判目标的各种有利或不利现实,辅之证据支持与论证,设计切实可行的谈判策略,展开综合谈判……

例 3-1

我们如何签下某边远贫困县政府常年法律顾问

2016年12月末,本所收到了广西边远贫困县T县法制办发来的关于聘请本所担任常年法律顾问的政府批文,聘期两年。而在这之前,为推动T县签约本所担任常年法律顾问,我们前后奋战了足足半年。

2016年3月份,为推动T县签约,我们接触了该县法制办,了解该县法律顾问配置的基本情况。法制办不咸不淡,简单介绍了情况,但从话里话外我获得了两个关键信息:一是现在的顾问团队来自广州,因距离与费用原因,服务效果不理想,且是现在的书记(原来的县长)引进。二是顾问服务要到2016年年底到期,是否与现在的律师事务所续签,得看县里主要领导的意见。准备结束的时候,法制办主任对我多说了两句:"我久仰你的大名,但这个事我还真定不了,你是否可以详细介绍下你们的优势与模式,我有机会向常务汇报下……"我也客套地一笑:"感谢信任,我们在这方面也是摸着石头过河,经验还真说不上。"彼时,我们的政府客户已接近50家,部分政府客户服务超过3年,无论是在服务模式、团队化与标准化建设,还是在方案设计与计费模式,都积累乃至独创了具有市场竞争力的经验。但是我拒绝透露半句,主要基于他们的顾问律师是县里主要领导指定,能否赢得这家客户,不完全靠专业与经验,我在法制办主任面前说再多优势没有意义,也不是说优势的合适时机。

半途而废从来都不是我的风格,后通过各种渠道进一步了解,这家广州的律师事务所每年的顾问费是20万元,提供服务以出具书面意见为主,几乎没有参与过任何现场会议或现场提供服务。每年来做1次培训。另外一个重大发现是,当初聘请这家律所的县长,现在虽然当了书记,但当初决定引入该所的是时任县委书记,证据是时任县委书记调任G县县委书记后,该所马上成了G县法律顾问……经研究,我们决定先展示一次专业。我们将在B市(辖T县)市政府主导的一家国有企业股权收购与注销清算的项目,通过简化版,以转托形式展示给了T县法制办主任与常务副县长(分管领导)。之后如石沉大海,波澜不惊,这当然在我们的预料之中。转机出现在7月份的一个重大行政赔偿案件中,该案涉及人口之多,赔偿金额之大,均是该县从未遇到的(证据卷宗80多卷,时间跨度长达近20年)。在县里主要领导召开的几次会议及方案论证中,各方推荐的律师出具的方案(部分推荐的律师甚至连方案都没有)均未获得论证会议通过。法制办主任最终想到了我们,接到电话那一刻,我知道机会来了。我说了一句话:"代理可以,不过,诉讼结束之后,我们希望能够担任贵府法律顾问,请把我的要求转告主要领导。"(在当时情形下,如果明知这种案件政府会败诉,还要去接受委托代理,并非明智选择)之后主任回我一个短信:"主要领导说了,如果本案能够胜诉,县里愿意聘请贵所担任顾问。"我回了一个字:妥。

这个案件能不能胜诉,我真没把握,但我知道,不能放弃这样的表现机会。我们组建了6人项目团队,在离举证期满还有7天的时间里,重新调整证据、举证、答辩,参与论证会,回应领导质疑。当我们将重新装订调整的证据和答辩状送到法制办要求协调盖章,以便递交法院的时候,该办副主任小声嘀咕了一句:仅仅证据与答辩状装订,都不是之前推荐的那些律师事务所能比的……

案件如期开庭,政法委书记带领各局、委、办领导全天旁听,县长出庭应诉。两天庭审结束后,县长在法院附近的小菜馆请了一顿简单的便饭。席间,政法委书记对我们团队的工作表示了肯定与感谢,我顺口问道:"张书记,对我这两天的庭审还满意吧?有什么建议与意见给我们吗?"他一笑,竖起大拇指:给你们团队打100分,再给你的庭审表现加20分,合计120分。县长笑着附和:"问题抓得准,气场很足。"我乘机做了一个促成动作:"谢谢两位领导,希望我们能有机会给T县继续提供全面高效的法律服务。"县长不动声色地浅笑:"这个,法制办说行就行……"闻知,我心里有了数。

再后来,我们通过创造性的计费模式,消除了县里对涉法预算不足的担忧,也连带将各局、委、办的顾问配置需求进行了个性化设计。在一审判决尚未下达的12月,我们获得了顾问服务的政府批文。

这个案例说得比较长,主要是个中环节比较复杂,想完整展示一下如何开拓政府客户的一些做法。但放在这个环节说,是想分享我在谈判中对事实的递进方法:

第一次,情况不明朗,不展示有利事实。

第二次,仅仅通过身边案例展示专业的某一方面,未获得积极回应的时候,停止继续展示有利事实。

第三次,获得附条件进入机会后,因与法律顾问服务无关,暂时放弃展示顾问服务的优势,通过系统全面的团队化与标准化,将整个律所的服务模式生动展示出来。

第四次,获得法律顾问正面回应后,开始全面展示我们做法律顾问与别人不一样的地方,并考虑到T县的财政预算,设计了双赢的计费模式,从而完成最后的临门一脚。

三、谈判中的"让"策略

有时,谈判的魅力就在于懂得让,善于让,或者说,谈判的过程,就

是妥协与让的过程。在实现谈判目标的过程中,我们通常都有退而求其次的一个或几个方案,当 A 目标无法实现的时候,会想着做些让步或妥协,力争实现 B 目标。因而,在谈判中学会让,考验我们的智商与情商,也考验我们的胸怀与格局,更考验我们审时度势的敏锐与杀伐决断的勇气。

例 3-2

丝绸项目合作一波三折的退让之路

P 公司三位股东,成立 P 公司的目的是为了获取某地级市的东南亚丝绸会展中心(获得土地建设成立丝绸交易集散地)项目。T 总持有 60% 的股权,L 总和 Z 总各持有 20% 的股权。T 总持有的 60% 的股权中,有 40% 是从 A 总那里收购而来,但因缺少资金,L 总与 Z 总给予了帮助,各自借贷了 800 万元给 T 总收购该股权。在向 Y 市政府递交了商业项目计划书,并缴纳了 1 000 万元保证金后,三位股东发生了纠纷。L 总和 Z 总均认为 T 总既无现金实力,又无融资能力,要求 T 总把股权转给俩人。作为 T 总的代理律师,我提出了三个方案:第一,把丝绸会展中心做成合作项目,P 公司可以同时经营其他项目,本丝绸中心作为合作项目三人签署合作协议,T 总退出 P 公司的股权。第二,由 L 总和 Z 总溢价收购 T 总的股权,T 总将持有的 P 公司股权转给另外两位股东。第三,由 T 总收购 L 总与 Z 总的股权,他们两人退出 P 公司经营。三个方案前后谈了几个月,最终都没有任何结果。核心在于,L 总和 Z 总希望 T 总折价退股,卷铺盖走人,只是没有说得那么明白,但 T 总经过几个月的沟通协商,也基本看清楚了对方的路数。

彼时,T 总在 J 地产公司持有 10% 的股权,不想把战线拉得太长,且现金流的确紧张,经过反复测算,同意了另外两位股东的要求,以 9 折股价,拟全部转让给两位股东。在我做好股权转让合同发给各方审阅,并约好时间准备签约的时候,L 总又反悔,不同意 T 总退股,称丝绸项目风险大,要大家一起共进退;并要求T总,将L总与Z总出资的40%股权转让到他们自己名下。股权变成T总持有20%,另外两位股东各持有40%。T总征询我的意见,我认为,转出股权不是分歧核心,毕竟钱是他们出的,不转股权未来也要偿还债务。核心是,和这种三天一变,出尔反尔的人,还能合作多久,T总惨然一笑,没有说话。

不久,Y市政府要求P公司参与丝绸项目土地投标,投标押金6 000万元。T总征询另外两位股东的意见,是否参与投标,两股东称T总是P公司的董事长,法人,是否参与由其决定。当谈到6 000万元押金怎样筹时,大家都不表态,顾左右而言他。我实在看不下去,走出了办公室。散会后,T总与我说,他要融资启动土地投标程序,问我下一步怎样操作,我想了想说,不怕为他人作嫁衣吗?T总笑着说:工作都得做,债务都摆在这里,做了嫁衣也得付费购买的。听了T总这席话,我瞬间有一种惺惺相惜的感动,他辞去年薪200万元的集团副总裁职务,怀揣1 000万元出来创业,做的项目以亿为单位,资金来源都是靠融资,能否成功谁也不好说,压力可想而知。我想起了自己七年前,怀揣10万元现金,从桂林只身来到南宁设立现在这家律所,承受过重的压力,当时不觉得怎么样,现在回想起来,的确后怕。正所谓,大有大的困难,小有小的困难,能不能挺过,才是关键。

所以,我在执业中提出一个观点:与客户一起成长。我们会发现,客户工作中的很多品质与能力,值得我们去学习、去感悟。我就从T总身上看到了那种坚毅与不放弃的勇敢。

招投标的事按部就班,T总以P公司名义,从XJ创投集团获得了1.5亿元的借贷,借贷性质设计成了部分债转股,部分对赌,部分借贷的综合合作模式。获得土地后,马上面临缴纳3亿多元土地出让金的压力,双方对如何出资,如何融资,如何分清各自的权利义务,再次展开了全面协商与谈判,先是他们自己争吵不休,然后是各方律师展开讨论协商,最后不了了之。T总再问我怎么办,我想了想说,你得斟酌应付你这两个伙计,做好后续准备。他似乎也明白我的意思,粲然一笑:"相信你!辞职出来搞这个公司的时候,我先找银行,次找的就是你(我在他担任副总裁的集团公司任法律顾问),涉法风险全部交给你,怎么设计更好,你把握……"

后面涉及一些法律方案与技术性操作,此处不赘。但在T总一再让步下,L总和Z总最后以24%年利息计算投入P公司的股本金,本息一起支付后,他们两人退股。我后来大致算了下,前后不到一年半,L总和Z总不但把股本金拿回,还各自硬生生赚了T总利息接近700万元。当T总和他的P公司咬牙挺过这波折腾后,丝绸会展中心也如期开盘。据P公司总助一次和我闲聊时说,开盘5个月,销售额已到2个亿,按20%利润算,净收至少4000万元。

这个案例给我很多感慨:小舍小得,大舍大得,但如何取舍,操作过程中错综复杂的局面,真的考量我们的胆略与决断。P公司最惊心动魄、最复杂折腾的日子一去不复返,危难之际担任了该公司法律顾问,走到今天已是第三个年头,目前的工作状态,也就是团队改改合同,偶尔参加一些现场会议而已。我一直坚持的观点是,**顾问律师进驻企业后,只有越来越"没事"才是正常的,如果越来越"有事",我们的工作就值得反思了。**

第2节 谈判防线的构建

虽然谈判过程中不能过于强调"术"或"技能",因为任何事物的发展,都有其内在规律,只有掌握其中规律,很多事情才能水到渠成,谈判当然也不例外。但是,良好的"术"或"技能"能够让我们在掌握规律的过程中,少走弯路。讨论谈判防线的构建,更多是从技术角度而言。

一、学会层层递进

层层递进,真值得我们花时间去琢磨。庄子的《说剑》中有个故事,说是赵文王好剑术,结果招了三千多名剑客,整天让他们比剑斗武,每年要死一百多人。庄子为了劝说他,于是自称也是剑客,去见赵文王。但他知道,说服赵文王并不是一件容易的事情,于是他采用了层层递进的说服方法。

赵文王问他本事如何?庄子答道:"十步一人,千里不留行。"赵文王一听大喜。可是当赵文王让剑客来和庄子"真剑对决"时,庄子却说,比武不忙,我有三种剑,分别是"天子剑、诸侯剑和庶人剑"。赵文王一听很好奇,就问什么是"天子剑?"庄子答道:"天子之剑,以燕谿石城为锋,齐岱为锷,晋魏为脊,周宋为镡,韩魏为夹;包以四夷,裹以四时,绕以渤海,带以常山;制以五行,论以刑德;开以阴阳,持以春秋,行以秋冬。此剑,直之无前,举之无上,案之无下,运之无旁,上决浮云,下绝地纪。此剑一用,匡诸侯,天下服矣。此天子之剑也。"赵文王一听天子之剑,这是他从来没有思考过的境界,于是他惊得瞠目结舌,茫然若失。

赵文王呆了半天,又问诸侯之剑怎么样。庄子说:"诸侯之剑,以知勇士为锋,以清廉士为锷,以贤良士为脊,以忠圣士为镡,以豪杰士为夹。此剑,直之亦无前,举之亦无上,案之亦无下,运之亦无旁;上法圆天以顺三光,下法方地以顺四时,中和民意以安四乡。此剑一用,如雷霆之震也,四封之内,无不宾服而听从君命者矣。此诸侯之剑也。"赵文王听这"诸侯之剑"是用智勇、清廉、贤良、忠圣、豪杰等人才作剑,用此剑可威震封疆之内,使众人无不宾服听命。这其实赵文王也做不到,于是听完以后惭愧不已。

他又问那"庶人之剑"是什么?庄子说:"庶人之剑,蓬头突鬓垂冠,曼胡之缨,短后之衣,瞋目而语难。相击于前,上斩颈领,下决肝肺,此庶人之剑,无异于斗鸡。"意思说,一般庸俗的剑客,蓬头乱发,穿着短小的衣服,怒目圆睁,口里号叫着冲上去厮打,上斩脖颈,下刺肝肺,和斗鸡没有什么区别。庄子接着说:"今大王有天子之位而好庶人之剑,臣窃为大王薄之。"意思说,你是天子而喜欢下等的东西,我真替你感到羞耻。

赵文王知错就改,拉着庄子的手走上朝堂,设宴招待。从这篇故事中可以看到,庄子为了说服赵文王,以三把剑的特征展开说服,从天子、诸侯到庶人,层层递进,意境悠远,铿锵有力,最终让赵文王接受了自己的主张。

二、始终抓住主题

谈判中,主题容易跑偏,是因为观点交锋比较多,或者驳斥或反对的意见不少。我们习惯沿着别人的观点进行追击,恨不得通过语言杀人于无形,那种咬牙切齿的场面,有时候,只不过是情绪的宣泄,对解决问题可能并无帮助。又或者,基于谈判参与者的策略,有预谋地将我们引出主题之外,要的就是你跑偏。所以,**我们应当始终抓住谈判核心不放:一要保持清醒的头脑,二要控制住自己的情绪,三要抓住问题的关键**。因此,我们需要看到问题的答案,从答案中寻找解决问题的办法,准确把控过程。如果,我们习惯去看到答案中的问题,我们可能会在问题的旋涡中无法自拔,最终让自己在谈判中扮演失败角色。这值得我们去警惕,当然,也需要执业中长期的修炼,只有不断看透事物发展过程中很多因果的时候,我们的谈判才能优雅从容,才能让工作变成生活中的快乐,并且愿意去体验与坚持。我把接待客户中部分对话摘录如下,诸位一定很熟悉:

客户:阮律师,你觉得我这个案件胜诉有多大把握?

我:现在讨论胜诉概率,为时过早,因为事实、证据均未完全看到,不好判断。

客户:这个案件的材料都在这里了啊。

我:我需要从你这堆材料里找出新的事实、新的证据,然后根据我列出的清单,你把这些新的东西想办法给我找出来。

客户:哦,是这样的啊,我听说对方律师很厉害,和法院关系很好,你觉得我能赢吗?

我:你说呢?

客户:我真的很冤枉,如果法院就这样判我输的话,我要破产的。你认识对方请的律师吗?

我:不认识。

客户:阮律师,你觉得法院会公正判决吗……

在相对方总是按自己的既定思路,与我们沟通讨论专业以外的问题的时候,如果我们不能掌控谈话核心,并进行有效处理,将客户思维带回到关键问题上的话,这样的工作会很辛苦,你不处理他,最终你会被他处理掉……

三、善用兜底思维

显然,不是任何事情,我们都能找到兜底的办法或思路,为我们所有的行为托着。但有意识地把握兜底意识,在解决问题过程中,会给我们带去很多意想不到的惊喜。

有了兜底思路,我们在让与不让之间,在妥协到什么程度的把握上,才能做出恰当取舍。有了兜底思路,我们在具体谈判实务中,才能心中有数,心中有底。

如何思考我们对谈判的兜底设计?一则需要我们从谈判目标中寻找答案,只有准确把握具体的谈判目标,我们才能知道哪种兜底是我们能够接受的;二则需要我们掌握变化的趋势,在最不利与最有利之间,寻找到其中的平衡,这个平衡也是我们的兜底追求;三则善于在既定谈判框架中寻找突破口与创新，让这种突破与创新成为彼此讨论的新话题，成为彼此追求的新目标，如此，也能完成兜底设计。

例3-3

我用兜底策略说服客户正确面对诉讼案件

A公司的Z董事长从国外打来他认为十万火急的电话："阮律师，我们集团公司的二级子公司的两位股东起诉我个人还借款，我从来没有借过他们的钱，你马上安排人和总裁办对接拿案卷材料，马上安排团队研究，我马上让集团总经理赶回南宁……"三个"马上"和电话那头急促甚至带着暴怒的语气，让我不敢怠慢。这在以前，我会觉得，这会是多大的一个事！但当某年，我因为一篇专栏文章成为案件的被告后，我体会到了当事人那种焦虑与不安（此是后话，暂且不表），从那以后，我特别能理解案件当事人的心情。的确，这个世上，没有什么感同身受，只有自己也成为事件的当事人之后，那种同理心与换位思考才会更容易真实建立。

终于看到了案卷，两位股东起诉Z董事长偿还借款本息，合计1800万元。其中本金接近1300万元。经过梳理其中的法律关系，事情大致过程是这样的：在设立集团公司二级子公司时，两位股东各自持股15%，在Z董事长收购其他股东股权的时候，两位股东先后汇入1300万元到Z董事长个人账户。之后Z董事长将该款项用于支付股权款，最终工商登记显示，Z董事长持有该二级公司70%的股份。但Z董事长称，实质他个人持有的股份只有35%，另外35%是帮他俩代持，但未签代持股协议，俩股东各持有15%股权也没发生任何变更（这事发生在我们未成为该集团法律顾问之前）。问题来了，我们的应诉思路究竟是按借贷纠纷，还是按股权纠纷设计。如果按原告主张的借贷纠纷设计，我们只需要算清楚本金，然后驳斥利息是否成立或是否过高即可，法官也很容易判决。如果按股权纠纷设计应诉思路，则基于各方未签署代持股协议,在原告否认代持股事实,又无其他证据支持的前提下,这个股权纠纷的诉讼思路成功走下去的可能性几乎为零。大洋彼岸的董事长不干了:"明明就是帮他们代持股,现在却要我全部承担溢价收购股权的责任,如果将公司现有资产进行清算,我将多负担900多万元。这怎么行啊,我咽不下这口气……"

想想,我也咽不下这口气,所以我也暂时无法说服他。

案件在团队手里经过几轮讨论与分析,均因代持股的事实缺乏有效证据支持,而无法设计更有效的应诉思路。工作还得继续,我们调取了原告存钱进入Z董事长个人账户的账单,调取了Z董事长转款给被收购股份的股东明细表,调取了Z董事长退回的部分股权收购款给原告的证据。但这些也只能在本金与利息的计算上产生变化,并不能根本解决问题。

我需要处理一下Z董事长的情绪,不然,按他的思路走,如果败诉的话,客户体验一定很糟糕,未来的顾问业务续签也可能受到影响。

十天后,他回到了南宁,我与他面对面进行了长谈,听了他对整个案件前因后果的描述,我们也讨论了很多可能与设想,他也逐渐回归了理性,我与他展开了兜底谈话:

我:董事长,如果我们的股权纠纷思路能成立并成功推进,这当然是最好的,对不对?

他:是的。

我:到那时,我们就要求法院按股权纠纷进行审理,那么该二级公司的全面清算就提上了议事日程,在各自持股范围内承担权利义务,你们之间也可以一了百了,你想解散该公司的愿望也就能顺理成章地实现。

他:是的。

我:如果不能按股权纠纷的思路走下去,那就只有按原告的起诉思路走,我们就讨论本金与利息就可以了,法官也很容易作出裁判。

他:是的,但我真的不服,这样太不公平了。我白白帮他们多承担了35%的股权溢价收购,回头他们还可以继续以现在各自持有的股份比例来与我清算。

我:明白,但是除了代持股35%的溢价款说不清楚外,你是不是收到对方真金白银1300万元。

他:是的,但是按借贷思路走,从整个公司的营运看,我自己投进去的800多万元注册资金没了,现在又要多承担1300万元,扣减属于我那部分的股权溢价款,我需要多承担900多万元。

我:你800万元注册资金玩没了,不是用于公司以外的支出造成的吧?

他:当然不是,这800多万元,基本上都投到集团公司设立在Y市的C公司去了。就是由于我和他俩闹翻,导致现在的公司运转不下去,我要求清算后解散公司,协商分歧太大而未果,现在又以这个借贷的理由起诉我。

我:现在C公司是盈利的,对吧?这800万元可以算入C公司的营运成本吗?

他:当然可以,如果你这样说,我当然也不算亏。我们在C公司的项目是盈利的。

我:那么,这场诉讼,最终,争议焦点应该是本金是否有出入,利息计算是否有法律依据的问题,若按股权纠纷你能成功走下去,你将大获全胜。但若按借贷纠纷走下去,根本上而言,你也没有亏损,你们之间的账目与这个公司迟早会清算,只是,这天来得早了些,且由对方主动提出,面子上挂不住啰(此处即属我理解的兜底思路设计,获得最好结果,则属锦上添花,做不到,最坏结果他也能承受)。

他(沉吟片刻):是啊,可是,他们太……

就在写本章节的时候,此案还没有结束,但处理了Z董事长的情绪,无论裁判结果如何,都在他的承受范围,不至于最后把所有的失败,恼羞成怒地都怪罪到代理律师身上,那样的客户关系会很糟糕,今后维护也会很辛苦。

第3节 谈判策略设计的注意事项

谈判需要策略,策略需要设计,设计的时候需要注意一些事项,以期让策略设计更接近谈判需求,更符合客观实际,更能解决实际问题。

一、围绕谈判目标设计策略

每个环节与步骤,每种抗辩与主张,每次让步与妥协,都应围绕谈判目标设计,不能偏离,即便技术需要或事情发生了客观改变,需要讨论其他问题或出现新的问题,但在讨论过程中或讨论结束时,必须旗帜鲜明地将谈判思路拉回到谈判主题与目标上来。

我们可以为了实现谈判目标而设计更多恰当的外围措施与辅助策略。比如,为了说服当事人委托我们担任代理人,我们可以将优秀案例或裁判文书展示出来,可以把服务的诉讼客户展示出来,可以把开展诉讼工作与别的同行不一样的差异性展示出来。

为了说服投资商投资 A 项目,我们可以把 A 项目所在城市的政策、市场、经济发展等通过有说服力的方案展示出来,我们可以把 A 项目业主的过往业绩与成功运作的项目适当展示出来,我们甚至可以把 A 项目负责人的个人能力、人品及其他优势恰当展示出来。

实务工作中,我们可以想到很多……

二、注意掌控时间成本

谈判如果不设定时间期限,会带来这样几种被动情形:第一,参与各方迟迟不表态，不亮底牌，都想等到最后才妥协，再让步，让实现谈判目标的时间成本不可控。第二，无法形成紧凑、有效、合理的谈判气场，最终影响谈判成果的实现。第三，一些谈判目标本身就具有时限性，如果不把控好时间，等到各方都愿意签字的时候，已丧失实际意义。第四，设定时间期限，也是谈判策略的要求。

我们以一个简单的准客户接待谈判为例。**如果你开始就告诉对方，我只有30分钟时间与你沟通，请你直奔主题。是不是会有不一样的效果？** 比如他觉得你比较忙，时间很宝贵，会促使他尽快做决定。比如，他会因为你的时间限制而控制自己的表达欲望，紧跟你的思路展开案情沟通？再如，他会因为时间的气场压迫，让他不容易走神进而容易听进我们的观点？都有可能，对不对……

是的，人生也一样，一切都有可能，端看我们怎么设计。那么，究竟是在开头就明确提出时间限制，还是在谈判过程中提出或明示更好。我想，方法可能很多，但是一个核心应该考虑，那就是以谈判实际需求为主。只要合适，怎么提，都成立，都有效果。目标确定了，实现目标的方法就会有很多。

三、设计精巧的发问提纲

发问是谈判中的一项重要技能，必须引起所有谈判者的注意与警惕，必须引起所有谈判者的重视与学习。很多时候，滔滔不绝的表达，不如一次精准发问更有效果。如果不能熟练掌握发问技能，那么造物主给我们设计的嘴巴功能就没有完全发挥作用，**如果不懂得在倾听中发问，那么我们就无法正确处理两只耳朵与一张嘴巴的关系。**

首先，设计的发问要可控，所谓可控，就是你能猜测到对方会怎么回答，而且这个回答是我们需要的。如果无法做到可控，就要做到有利于解决争议或分歧，不要去刻意规避一些双方分歧比较大的问题，因为迟早要面对，除非不想谈成。比如，"张总，这批货物价格真的不能再降了吗？哪怕我多增加订单？""是的，没有讨论的余地了。"这样的问题，我想根据谈判实际情况，在发问前已经知道答案，而且这个答案是否定的，但是还要继续问，就在于这个问题不能回避，必须面对，并且通过这个问题引出其他谈判的附属条件。比如："那么，张总，在价格不变的前提下，是否在付款方式或运费方面还有讨论的空间呢？"

其次，设计的发问要围绕重点，忌重复，忌分散，忌主次不分。我将一个在购买二手房退还定金的首轮谈判中的部分发问编录出来，以说清楚本环节观点。

我：李总你好，我是张女士的律师，根据她陈述，她向你交付定金20万元已10天有余，中介费全部由她支付，这是事实吗？

李总：是的。

我：什么原因导致你不愿意继续履行合同又不愿意退还定金呢？

李总：愿意退啊，只是她要求双倍返还，我不同意。

我：你们合同约定的双倍返还定金，你怎么看？

李总：这个是不公平的。合同不是我签字的，是我老婆签的，没有法律效力。

我：李总，你能告诉我，你不愿意履行合同的真正原因吗？

李总：双倍返还我不同意啊，也不是我签的字。

我：卖房的时候你知道吗？

李总：不知道。

我：你什么时候知道的。

李总：我老婆后来才告诉我的。

我：是在定金收到以后还是以前？

李总：以前。

我：收到定金前，你已知道卖房的事对吗？

李总：是的。

我：你爱人怎么告诉你的？

李总：她说房子终于让中介卖出去了，但还是不踏实。

我：她说什么地方不踏实？

李总：她没说。

我：收到定金后你和中介表示过不卖房的异议吗？

李总：没有。

我：李总，你能不能告诉我，到底是什么原因让你不想履行合同？你要知道，你没有提出异议的行为，可以视为你默认与同意你爱人出卖房屋的事实，合同成立且有效。你可以把我的观点拿去咨询你的朋友或专业人士。

李总：不想卖。

我：李总，无论卖或不卖，都是为了解决问题，不仅仅是为了解决张女士的问题，也解决你的问题。只有双方问题都得到解决，这个事情才能最终了结，你认为是这样吗？

李总：是的。

我：那么，你不告诉我不卖房的真正原因，我怎么解决问题？我怎么帮助你呢？

李总：我老婆签约后才发现价格比同等路段要偏低。

……

不愿意履行合同的真正原因是价格比市场价偏低（签了合同自知理亏又不好意思明确提出来）。而整个发问目的，我就想知道，不退钱又不履行合同的真正原因是什么。只有找出问题的症结所在，才能找到解决问题的合适钥匙。

后来经过数次协调沟通，以张女士让步，提高部分价格，促成了合同的履行。

再次，所设计的发问，要确认已经没有争议的事实，要讨论争议小的问题，暂时搁置争议大的问题，通过不断解决无数小问题、小争议，最终让双方在大问题上的分歧缩小。比如，"各位，对2016年年度完成的工程量都没有异议吧?""我们现在需要讨论的第一个问题是……第二个问题是……各位愿意按这个思路讨论下去吗?""关于A问题,我建议暂时不要讨论,因为如果各方对B问题无法达成一致的话,讨论A问题没有可行性……"

复次,在所设计的发问中,要包含肯定或否定,要有赞赏也有驳斥,将同理心与换位思考的内涵嵌入每个要问的问题中。比如,"在这个问题上,我们必须承认,A公司付出了大量时间与精力,所取得的成绩有目共睹,我们不应该因为其他分歧无法达成一致,就一棍子打死人,因此,对……问题,我还是想请张总重复下……""我真的很欣赏王总的坦诚与大气,买卖不成仁义在,很能说明王总的格局。但是,我们有没有可能,为了合作成功,在分歧点以外,多找到一些共同合作的切入点?""在这个问题上,我们必须严肃指出,贵公司是严重不负责的,理由是……请销售部的李经理向大家说明下,为什么会这样?"

最后,设计发问时,要避免对抗性太强的发问。或者,将对抗性太强的发问,设计成几个对抗性较小的问题。比如,"实事求是地说,李总,我们真的没有一次性履行完毕的能力,是否可以考虑分成五期支付?""为了表明我们分期履行的诚意,我们首期支付500万元,后面四期逐渐减少好不好?""我们将未来分期履行的能力与资金来源做成了一个表格,你看下,这是否能打消你的疑虑与不信任呢?"这样的发问,比"李总,我们能分五期支付货款吗?"的发问要柔很多,因为有一个相对缓冲的空间。

接下来,再谈谈如何在谈判环节中设计发问。

注意观察和体会一下英美法系中律师在法庭上的发问,就会发现,他们的律师所设计的问题,总是能让那些被问得晕头转向的当事人或者证人的回答,朝着律师需要的方向发展,预设的发问目的基本都能实现。在我们国家,有经验的诉讼律师都知道,法庭交叉询问,是最关键的一个阶段。律师可以通过设计一系列问题,将没有证据证实的法律事实固定下来，将对己方不利的事实淡化，将对方证据里展示出来的对己方有利的事实强化，或者将法庭没有调查清楚但又很重要的事实再次展示在法庭上；又或者设计一些逻辑严密的问题来巩固己方的主张或者抗辩等。这个交叉询问阶段，是最能体现一个律师诉讼水平的阶段。律师在这个阶段设计的交叉询问问题，如果足够专业有力的话，有可能在这个阶段就能取得决定性的胜利。

就交叉发问而言，我的经验是：**如果我们不能确信对方的回答是什么，不要轻易询问一个与案件关系重大的问题。**

可是我们要如何设计谈判发问呢？

一个基本事实是这样的：人们通常会接受自己通过思考得出的观点，而不是我们强行灌输的观点。谈判中，说服对方的诀窍就在于，帮助别人形成自己的想法，当然，这个想法可能就是我们自己的想法。我们要引导对方按我们的思路去思考问题，这不简单，有时候受谈判项目的属性影响，有时还受谈判项目本身展示出来的事实或者现状影响。但是，通过设计谈判问题来引导谈判相对方，是一个好方法。

首先，我们要学会以提问的方式设计问题。

设计的问题最好不要用陈述的形式展示，请将观点、思维，想要说服对方的计划，通过提问的方式来表达。这样有助于我们把握相对方的心思，因为通常有**"陈述引发拒绝，提问导出需求"**。我们很少在别人问我们问题时不予理睬与回应，这不符合常理。在谈判中，要的就是对方的回答。如果在谈判中总喜欢喋喋不休地陈述观点和主张、想法和计划，所产生的拒绝一定令我们很沮丧。

提问所展示出来的谈判效果会超出我们的想象，他可以塑造、引导、说服以及质询，是我们取胜的一个杀手锏，从心理学来看，问题就是力量所在。因此，要学会娴熟地使用。

其次，我们还要学会设计闭合性问题。

设计谈判问题的时候，如果不是因为谈判本身属性的需要，应尽

量避免使用"开放性问题"。这类问题很模糊,回答的伸缩性也比较大,很难在谈判中发挥应有的作用。例如,问对方:"你看我们何时签约比较合适呢?"对方一定有千奇百怪的回答:"看看再说吧!""回去请示一下董事长先。""下个月好吗?""等我们公司的这个项目上马以后再签约吧!"等等。反正不见得会朝着我们希望的思路去回答。

闭合性问题则不一样,其答案基本是唯一的,是有限制的,在设计提问时就给定了一个回答的范围和框架,通常只需要对方做选择题就好。例如:"你是要 1 元还是 2 元的早点?"通常人们习惯性地就只会在"1 元和 2 元"之间选择了。这样的问题设计有利于推动我们的谈判进程,可以有效地让对方的思维跟着我们的思维转。

最后,我们要学会抛弃破坏性问题。

提问可以让我们站在起跑线上,也有可能让我们永远无法与起跑线重合。这是因为,设计的问题,可能不但没有得到解决,反而会带出新的问题,新的问题又引发新的拒绝。在设计问题的时候,要尽量抛弃那些破坏性的问题,将问题设计成对我们有利的模式。

比如,我的出庭助理在设计一个诉讼案件交叉发问的时候,就有这样的"破坏性问题"。

在我代理一起业主 L 女士(公积金贷款买房)诉 S 房地产开发有限责任公司继续履行合同的诉讼案件中,出庭助理设计了法庭交叉发问阶段的问题让我审核,其中有两个问题是这样设计的:

(1) 请问贵公司在众多住房公积金贷款客户中,是以什么标准来处理同类问题的?

(2) 如果说贵公司行使合同解除权只是针对 L 女士,而且认为这是一种权利正常行使的话,是否觉得解除合同有损害 L 女士合法权益的嫌疑?

在问题(1)中,带出的新问题是,"众多住房公积金贷款客户"。现在的业主买房通常就三种模式:全额付款、住房公积金贷款和商业银行贷款。从理论上推理，S公司肯定有其他住房公积金贷款的客户，但是我们并没有S公司的客户中还有其他住房公积金贷款客户的证据向法庭出示，出庭助理设计该问题的目的，是试图通过S公司的回答确认：一方面，让S公司"承认"自己公司还有其他"住房公积金贷款客户"；另一方面，S公司采用了不同标准处理了同样是"住房公积贷款客户"的类似问题，从而推导出S公司这样的做法，对L女士是显失公平的主张。就算S公司回答是采用同样的标准处理类似问题，接着跟进发问："有什么证据证明S公司是采用同样的标准处理类似问题呢？"如此步步逼近，就会让S公司进入预设的"套子"。但是，这个设问很难得到预期的回答，此时S公司只要回答，"我们公司除了L女士外没有其他住房公积金贷款的客户"，就能封杀这个问题的全部可能和预期。

在问题(2)中，"损害L女士合法权益"是一个需要法院最终认定的事实。既然是一个还没有确定的事实，用这样的方式发问，得到的答案自然是，"我们没有损害L女士的合法权益"。这也使设计的问题带出新问题，引发回答方的拒绝是再正常不过了。

关于发问的技巧，有以下观点需要展开阐述。

发问需要技巧，这毋庸置疑。喜欢看访谈节目的话，看看那些金牌主持人是如何发问的，就能体会发问的魅力。在谈发问技巧前，请允许我引用并改编一个网络上的发问案例：

法庭上，律师问道："史密斯女士，你的首婚是怎么结束的？"

史密斯回答："死亡。"

"是谁的死亡结束了这场婚姻？"律师继续发问。

普通人看到这样的问话，第一反应应该是这名律师不是在明知故问吗？被问对象是史密斯女士，显然她没死，当然只能是她丈夫的死亡导致了这场婚姻的结束！不，恰恰是因为确定这场婚姻结束的原因非常重要，这名律师才会这样提问。如果根据《中华人民共和国民法

通则》规定的"自然人宣告死亡制度",导致史密斯女士首婚结束的原因可能有三个:

　　A. 史密斯先生自然死亡;
　　B. 史密斯先生被宣告死亡;
　　C. 史密斯女士被宣告死亡。

这三种原因虽然都能导致婚姻的结束,但是产生的法律后果却需要适用不同的规定:

如果史密斯先生是自然死亡,其遗产按照一般的规定进行分割。

如果史密斯先生是被宣告死亡:

首先,关于其与史密斯女士的婚姻就不是当然结束,而是在史密斯女士和他人结婚或者史密斯女士到相关部门办理了离婚手续后才能结束。如果以上两种情况都没有发生,其婚姻仍然处于存续状态,只要被宣告死亡的史密斯先生回来,其婚姻就能自行恢复。

其次,在史密斯先生回来的情况下,之前他由于被宣告死亡而被分割的遗产,现在就应当由依法取得其财产的自然人或组织返还或补偿;同时这种情况下还可能涉及其子女的收养关系的解除等问题。

如果是史密斯女士被宣告死亡而导致其首婚结束,发生的法律后果基本与 B 相同。不同的地方在于,在 B 假设中,史密斯女士可能从继承人转变为债务人,而在 C 假设中,史密斯女士则可能从被继承人转变为债权人,其对应的权利义务关系当然也就发生了变化。

以上是在民法领域进行分析。现实生活中,故意杀害配偶谋夺财产但未遂的情况也时有发生,如果是那样,相关当事人还可能涉嫌刑事犯罪……

我们的提问,不是都能对被问者或者其他公众产生影响,所以提问前应该通盘考虑一下我们所处的情形,然后遵循一些相应的规则,展开提问。下面这些技巧,可能对我们有所帮助:

（1）发问简洁明确，想要什么问什么。

想要什么，就问什么，不要绕山绕水，要直截了当。要说清楚一个事情的时候，少用形容词，就事论事。怎么问和问什么同样重要。

（2）不要总以自我为中心。

不要总以自我为中心，总谈自己的事情。这是获得友谊与尊敬的好方法。在诸如"你知道我这条手链多少钱吗？""我上个月的销售业绩又排在了第一，这个季度旅游计划我们去澳大利亚好不好？""我们是现在签还是明天签这个合同？你可要知道我代理的产品是很知名的！"等问题中，你已经在不自觉中以自我为中心了。总谈自己的事情，或者在提问前总把自己放到一个前提位置上，是很难获得别人的好感与尊重的。

（3）多问客户的事情或者客户关心的事情。

尽量多问客户的事情或者客户关心的事情，以便了解客户到底在想什么。这样的发问，能给彼此找出对谈空间，客户说得越多，越能消除客户下意识的自我防卫，体现客户的自我价值。让他觉得是自己在主动选择，而非"被选择"。记住，如何问比如何说重要，如何说比如何听重要。

（4）多问客户容易回答的问题。

如果总问那种让客户回答不上的问题，他会认为我们在故意让他难堪，而且如果问一些他不熟稔的行业或者领域的问题，所得到的回答也不会是我们想要的。因此，多问客户容易回答的问题，能激发对方分享的心态。每个人都愿意分享自己熟悉领域的知识，从而展开深入讨论，这让人们确信自己有价值。但是，我们必须对对方回答的答案有自己的判断力，如果无法去区别对方的回答究竟是正确还是错误的话，我们会很难掌控谈判局面。

（5）尽量使用诱导式提问。

诱导式问题很容易作出，只要把陈述句改为反问句就可以了。比如,"我们已经作出了最大的让步,不是吗?""谈了这么久,我们已经表达了足够的诚意,不是吗?"如果我们仔细留意的话,会发现在生活和工作中,处处都有诱导性发问的痕迹。这种发问的好处在于不露痕迹地将答案放入问题本身里面,装入了被问者的大脑,他很容易习惯性地顺着我们的发问作出回答。

(6)问题本身要倾注情感。

在商务谈判和人际交往中,我们经常会有很多情感的诉求选择,包括但不限于财富、地位、名誉、自我保护、浪漫等。但是有一点可以当"万金油"诉求,那就是人们都希望获得健康和快乐。因此,有针对性地将这样的诉求设计到问题本身的话,效果会非常明显。比如,"我们这个产品设计很适合你,那对你的健康不是很有帮助吗?"

(7)用问题厘清你的思路。

每次成功的说服工作都是由问题开始,我们必须非常清楚,想要什么样的结果。为了厘清谈判思路,最好注意下面这些问题:

A. 我在展开本次谈判后,希望得到什么样的谈判感觉呢?

B. 我希望对方怎么看我?

C. 在这次谈判中如果失败了,我的处境会怎么样?

D. 如果说服对方接受与我们合作,我是不是离目标越来越近?

E. 还有什么忽略了吗?

F. 还有哪些是我准备不够充分的呢?

G. 在这个谈判中,我可能还需要哪方面的资源支持和帮助?

(8)尽量用问题满足对方的重要感。

如果想赢得谈判,就应该在谈的过程中,让对方觉得自己重要。可以将这个思想贯穿所有的商务活动。很多时候,人们都喜欢寻找这种重要感。

记住他人一些特殊的日子,比如生日。在他生日那天,送上一个短信的祝福或者淡淡的问候,不需要什么特别的礼物,便能产生不可估量的效果。提问方式最终影响的，是我们想要的结果，一定要重视。

第4节 将"一起赢"的意识贯穿谈判全程

都想赢，这是正常的谈判心态，不想赢，才不正常。是的，如果为了实现潜在的谈判目标，故意输掉台面上的谈判目标，这是不正常的。因为归根结底，也还是为了更好地赢。这种明输暗赢的谈判情形，并不少见，稍微想想，实务中这类案例并不少见，因而容易理解，此处不举例展开。

谈判目标最终能够达成，无非是双方在往相反方向角力，在不断争取自己权利的过程中，最终让这种差距缩小到彼此都能接受的程度。因此，我的认识是：**在律师执业的实务谈判中，没有真正的输家。一起赢的心态与意识，应贯穿整个谈判过程。**是不是觉得，因为我们专业律师的介入与游说，让本来不想偿还金钱给付债务的相对方痛快地履行了支付义务。谈判目标实现，维护了客户的权益，我们的谈判赢了！这是赢的第一层意思，对履行支付义务的相对方而言，他也未必输，因为，他基于我们的游说履行支付义务，进而免去了一场必败的诉讼，少去了应付诉讼而承担的人力、物力成本，避免了诚信进一步受损的可能。他的退让和善意履行，为他今后的工作或生活获得了潜在的机会或诚信。这些是我理解的第二层的赢，是我理解的核心的赢。

可能你会觉得我在故弄玄虚，实质上，我需要强调的是，没有不涉及法律关系的商务谈判，所有涉及法律关系的谈判，都是平衡的艺术，而权利义务的平衡，恰恰是法律本质特征的反映，这样的平衡，是我想要阐述的赢，是我理解的"谈判中没有真正的输家"的表现形式。从这个角度而言，输或赢，看我们从哪个角度评价，以何种心态面对，以何种心境接纳而已。

人生之种种，何尝不是如此。正确恰当的心态，让我们在工作、事业与生活中，让我们在人情、世故与逆行中，优雅从容，游刃有余。

一、学会建立同理心

两千多年前孔子就说"己所不欲，勿施于人"，应是同理心的雏形，要做到"推己及人"：一方面，自己不喜欢或不愿意接受的东西千万不要强加给别人；另一方面，应该根据自己的喜好推及他人喜好的东西或愿意接受的待遇，并尽量与他人分享这些事物和待遇。而西方基督教中的"黄金法则"说，**"你们愿意人怎样待你们，你们也要怎样待人"**，也属同理心原则的体现。

心理学家发现，无论在人际交往中发现什么问题，只要你坚持设身处地、将心比心，尽量了解并重视他人的想法，就比较容易找到解决问题的方法。尤其在发生冲突和误解时，当事人如果能够把自己放在对方的处境中想一想，也许就可以了解到对方的立场和初衷，进而求同存异、消除误会。所以，是否善于在谈判中建立同理心，是测试我们情商（EQ）高低的一个方式。它要求我们要愿意发自内心地站在对方角度理解问题，这样你就知道对方为什么会那么想，从而更能理解对方的言行，让谈判目标无限接近。这种能迅速引起对方共鸣，进而让对方愿意将自己的真实想法说出来的表达与沟通，恰恰是同理心在谈判中发挥影响力的直接表现。

建立同理心，要求我们具备较高的体察自我和他人情绪、感受的能力，能够通过表情、语气和肢体等非言语信息，准确判断和体察他人的情绪与情感状态。以达到"听到说者想说，说到听者想听"的境界。

我们经常会听到人说："人同此心，心同此理。"强调的也是同理心。无论是在日常工作，还是在生活中，具有同理心的人，多数都善于体察他人意愿，乐于理解和帮助他人。这样的人比较容易受到大家欢迎，也值得大家信任。

事实上，同理心既是人际交往的基础，也是个人发展与成功的基石，是人社会化的一个重要环节，而社会化则是一个人发展与成功的前提。如果，我们能发自内心地将同理心在谈判中娴熟使用，我们的商务谈判将增加无限可能。

例 3-4

同理心突破"出嫁女"谈判僵局

2014 年 10 月，我们的一家政府客户的某职能部门负责人电话我，要求研究解决"出嫁女"在村、组、队、坡里享受不到集体权益的问题。电话那头语重心长："务必找到一个合适方案，解决出嫁女的历史遗留问题，不然我得引咎辞职……"经了解，涉案"出嫁女"涉及辖区 11 个村、组、队、坡近 600 人。多是指人已嫁出去，但户口没有迁出去，无法在娘家享受收益的情形（另外几种情形此处不评述）。根据法律规定，只要户口没有迁出去，就仍然属于户口所在地村、组、队、坡的集体成员，依法就应与其他集体组织成员一样，平等地享有该集体组织的所有收益。但涉案的村、组、队、坡，通过村规民约的形式，排除了这些因为各种历史原因未能迁出户口的"出嫁女"，使其不能享受本集体经济组织的收益。当然，享受老公、婆家这边的集体收益更不现实，因为户口没有迁移过去，还不属于那边的集体组织成员。

我们在评价村规民约违反法律规定的时候，遇到两个客观障碍：第一，村规民约属于村民意思自治的范畴，即便违反法律的相关规定，但辖区政府或职能部门的强制措施有限，无法从根本上解决问题；第二，出嫁女欲通过诉讼解决纠纷，却又不属于人民法院的受理范围（原来的法院内部会议纪要规定，现在已可诉）。于是形成了群体性信访和维稳事件。当我意识到问题严重性的时候，政府办来电话要求参加"出嫁女"座谈会，说某开发区门口聚集了 100 多位"出嫁女"，要求开发区主要领导出来对话。

去的路上我一直在想：既然"出嫁女"非一朝一夕形成，那么多年都无法解决，这次为什么来势汹汹？有同车的人告诉我：一则开发区领导新上任，她们希望新来的官，可以解决她们的问题；二则开发区领导上任之初，城区领导已把解决"出嫁女"当成政治任务交代，务必妥善解决"出嫁女"历史遗留问题。

在安保人员的防护下，挤过层层叠叠的人群，我进入洽谈会议室（十米远的距离，感觉走了一个小时）。主要领导已等候多时，"大家都到齐了，我们今天只解决一个问题：公开接待出嫁女并答疑释惑，劝阻她们回去，不能长时间聚集在办公楼前，影响办公秩序进而引发不稳定事件，法律顾问做好相关法规政策的解释准备"。

后面解惑答疑的场面极其混乱、冲动、骚动，出嫁女的兄弟姐妹或自己的亲朋好友一起聚集，冲突对立的气氛异常紧张。开发区主要领导侧身询问："你以法律顾问的身份出面解释相关法律规定有没有效果？"我想了下："她们这样做的目的，据了解，是基于你是新来领导，希望通过这样的方式给你施加压力，并希望你从根本上解决问题，如果仅仅靠我解释相关规定，我认为效果不大。"

"嗯，这个我知道。这样，我们一起出去与所有人公开对话，劝阻聚集人群……"

这个开发区新上任的领导，在 100 多人情绪激动、场面混乱的情况下，通过话筒讲了大概三分钟的话，人群得以疏散。他的那席讲话，给我留下了尊重、感动与魄力，他的讲话分为这样几个重点：

第一，"出嫁女"历史遗留问题已严重影响到了各位的生活乃至生存。各位今天因为新一轮的土地征收补偿款无法分享，再次聚集开发区要求我们解决，这是对我的信任。如果不是我新上任，估计各位也没有那么大热情，我不会辜负你们的信任。

第二，关于"出嫁女"的历史遗留问题，没有谁比我更有发言权，我老家就是隔壁 Y 区 D 镇 X 村的，我家里两个姐姐，和大家一样属于

"出嫁女"身份,老公这边福利享受不到,我们自己家这边每年村里分红也享受不到,不给田,不给地,几十平方米宅基地都不给,现在两头不到岸,生活没有保障,都靠我接济。这些都是因为违法的村规民约导致。我陆某在一年内,承诺解决各位的待遇问题,解决不了,我卷铺盖走人。我看你们大部分人也不相信我的话,但是没有关系,你们可以一个月来一次我办公室,了解这项工作的进度,一年后还是搞不定,你到那时候再来指着我陆某的鼻子骂娘都不迟。

第三,站在我旁边这位是我们开发区新聘任的法律顾问,我来到这里一个月不到,其他人员组织及班子搭配我一概没有过问了解,我首先要求办公室给我配置法律顾问,为什么?我就想通过专业人士的力量,通过法律一揽子解决包括你们在内的很多历史遗留问题。我首先要求法律顾问研究你们的村规民约,哪条是违反法律规定的,哪条不是民主通过的,一律废除……

第四,愿意信任我的,请给我时间,给我机会,离开这里,不要聚集妨碍办公,派出代表与我们的法律顾问沟通讨论具体细节,不愿意信任我的,如果认为一直聚集在这里可以解决问题的话,那随你们的便,但是不要妨碍这栋机关大楼办公……

后来,经过各级职能部门的协调与沟通,开发区统一通过三产用地安置了"出嫁女"的住房问题,部分"出嫁女"的集体组织成员身份问题得到了解决。到了2016年,法院放开了立案限制,可以通过诉讼解决相关争议,涉案的"出嫁女"问题正式进入司法评价程序。而在很多场合,我都会有意无意回忆起那场对话(谈判)。那种彻底打动内心的真诚,那种准确判断情绪的洞察力,那种迅速引起共鸣的举例,还有他的表情、肢体语言,以及话里透露出来的坚毅、自信和负责姿态,都深深印入我的脑海。我第一次那么近距离看一位处级领导在基层与公众如此推心置腹地对话,耳边响起一个观点,"中国最优秀的人才还是在党内……"深以为然。

我认为他那次谈判的成功在于，娴熟使用了同理心谈判原则。

二、学会在谈判中成长

一个人的成长，需要环境与机会，需要经历与沉淀，也需要时间与过程。对执业律师而言，大量的业务谈判或谈判经历，可能会让我们更容易成长与成熟，更容易走向成功与获得成就。

也因此，我们将更有可能，在谈判中获得成长，在成长中学会谈判。只不过，这其中，得学会坚持，愿意坚持，乐于坚持。

谈判，在锻炼心智方面，为我们提供更多机会。一定意义上，心智健全与否，成熟与否，对我们的生存与发展起到重要影响。我们需要在谈判过程中肯定自己，相信自己乃至宽容自己，心理与智能表现，将在谈判工作中起到重要引导作用。又或者说，大量的谈判实践，能让我们的心理与智能获得提升的机会，再或者说，我们的谈判工作，需要我们心理与智能的完美演绎或发挥。

谈判，能够提高我们解决困难的能力。作为律师或谈判的主要参与者，我们在很多谈判工作中，仅仅有发现问题的能力还不够，还要有解决问题的能力。然而，无论是发现问题还是解决问题，都需要有意识地训练。从某种意义上而言，发现问题或解决问题，都是一种需要锻炼的技能。在发现问题中了解事物的主要矛盾或矛盾的主要方面，在解决问题中认识事物发展规律。发现问题是谈判的开始，解决问题是谈判的结束，在开始与结束之间，我们很多时候并不能妥善衔接，因而，才有讨论发现问题、解决问题能力的必要性。

谈判中，我们发现的问题越多，表明我们对谈判目标的认识越深刻，表明我们对谈判各方的需求把握得更准确。带着问题的谈判，能够有的放矢，朝着各方的关切去努力而不会担心偏离方向与争议核心。因而，解决问题的能力大小，决定我们在谈判中能扮演什么样的角色，承担什么样的责任。只有拥有强大的解决问题的能力，我们在谈判中才能进退有余，才能更好地实现各方诉求，才能把谈判工作朝着委托人想要的方向推进。

大量的谈判实践与谈判经历，对提高我们解决问题的能力，显然具有积极重大的影响。因为，这样的经历与实践，能更好地训练我们发现问题与解决问题的思维与技能，能让我们在解决矛盾与矛盾主要方面，积累更多经验。

团队的张律师跟踪了一个准客户将近10个月，某日，心急火燎要求我参与准客户的业务分析会。

我问："什么案件？"

"民间借贷，但借贷前提是基于工程。"

我再问："什么工程，谁垫付？"

"我的准客户是某国有建筑集团二级子公司退居二线的老总，在其管理的A工程中，先后以个人名义代公司垫付3000万元，公司认可绝大部分垫付款，部分由于数字对不上，不认可。"

张律师又说："现在要起诉，公司才有履行能力，我跟踪该准客户10个月，今天过来所里谈签约事宜……"

我心想，真的那么容易签约吗？但是嘴里没说什么，根据行政部门安排，我参加了下午的客户见面会。

要容许团队成员试错，并大胆给予试错的机会与空间，然后，才有讨论成长的余地。因为，有些事情，真的只有在不断的错误中，找到对的症结，进而，在对的路上坚持与前进。

下午三点，会议在所里第一会议室进行，所里加我一共四个业务骨干参加了分析会。会上，我问了几个问题："借款人有多少人？"答有20多人，都是公司职工，都是挂在李总名下，以其个人名义出借。我又问："现在20人对该笔债权如何打算？"答都很着急，都来堵门几次了，怪他追款不力。末了李总抱怨："我们这个工程是老王承包，没有建设

第 3 章 律师谈判中的策略设计

能力后,根据规定应由公司垫付,公司也没有钱,所以我们几个就凑钱出借。以前很多项目都是这样做,也按时连本带利归还,大家都尝到了甜头。这次由于老王资金链断了,无法偿还,都来怪我,我也很冤枉啊,这次如果不尽快把钱追回来,我都不知该怎么办……"

我观察了一下参加会议的三位准客户代表,没再开口说话。听着团队伙伴热火朝天地讨论案件性质,分析证据效力与法律适用。我想:这真是一次免费但质量很高的专业研讨会,但,以分析业务为点,带动签约的可能性基本无法实现了。会议由张律师主持了将近两个小时,末了,李总问:"阮主任,张律师,你们这两天能不能把诉状弄出来,代理合同的主要条款,我与张律师也谈得差不多了,我们都没意见,按追索回来款项的 8% 提取代理费。"我笑着回应没有问题,马上安排律师跟进处理。

业务复盘会上,我问大伙这个业务能不能签下来。除了张律师外,其他律师都感到没那么踏实,但也说不出问题出在哪里。我要求每个人回忆会议场景画面,尽量谈可能存在的问题。每个业务伙伴都各抒己见,我认为都有一定道理,比如,李总可能需要征询 20 位实际借款人的意见,无法独立做主;比如,李总其实没有太多的话语权,另外参加的两位现任在职领导代表的意见,可能会更重要。轮到我发言的时候,我问:

"张律师,你告诉过李总,这个诉讼的时间成本了吗?""有说过,但他好像不是很在意这个问题。"张律师回答。

我又问,"你确信谈透这个问题了吗?今天的会议上,你在总结分析案情的时候,就没有专门谈这个问题。"

张答:"我认为事情发展到现在的阶段后,这个问题不再重要……"

我严肃地说:"错误。首先,当初你跟踪讨论的重心是律师费与证据收集,诉讼时间成本不是你跟踪阶段他需要关注的重点。其次,今天这样正式的业务分析会上,确定能不能顺利获得代理权的,恰恰是时间成本是否在他们可接受的范围。最后,本次业务研讨会的核心,给我的感觉就是,只要启动这个诉讼,把收集的证据提交法庭,这个案件基本就稳操胜券了。我想我们的准客户也是这样想的,这本来也没错,但这个案件的核心不在这里。"

我接着说:"这个案件最核心的关切是诉讼的时间成本,来的这三位准客户代表,已数次被另外20位出借人堵门、闹事。各位认为,他们能接受长达将近一年甚至更久的诉讼时间成本吗?"

"验证我的观点正确与否很容易,回头张律师和李总对接一下,明确告诉他可能的诉讼时间成本,然后再确认签约事宜。"

看着满脸不情愿的张律师:"我理解你的心情,但是,如果你不明确告知,这个风险与核心问题,未来,你要拿回这8%的提成,难度也很大,因为在这个过程中,一旦时间成本不是他能接受的时候,他们一定会改变或寻找其他办法解决这个问题,甚至放弃诉讼方案。到那时候,我们付出了专业与时间成本,可我们仍然拿不下想要的业务提成,何必呢?"

这个案例在我写出来的今天,已过去三个月。的确,客户仍然未与我们签约,我从张律师失落的眼神里,读出了无奈,我也未再正面过问这个案件。

有些失败,是我们必须要面对的,甚至我们必须让自己失败,不然,暂时的赢,得来的是长久的输,包括可能的时间成本与智力支出,品牌与信誉损失等。

这个案例中,发现准客户的"时间成本要求极高,高到我们可能无法满足的程度",是发现了问题的核心所在。解决这个问题的突破口,是"通过一种合适的方式缩短时间成本,缩短到准客户能够接受的程度"。如此这般,我们双方之间的分歧将不复存在。签约、提供服务与完成委托事项,都将一气呵成。

我们虽然想到了解决问题的方向，但我们没有能力去实现。在每一年中，或者执业生涯中，这类"失去"比比皆是。就是在这些不断的"失去"中，我们慢慢成长，慢慢懂得：失去，有时候比得到更重要。因为，**失去是为了更好地得到，失去的过程，恰恰是自我成长与修炼，自我提升与改变的过程。**

谈判，能训练我们的洞察力与协调力。通过洞察其中细节，找到恰当的解决问题的方式。参与谈判人员的某个眼神，某个动作，某句话语，都可能酝酿着对谈判诉求的调整或改变，都可能改变某个既定步骤或程序，都可能隐藏着更多谈判信息与密码，我们想要掌握与破解，敏锐的洞察力是不可或缺的技能之一。

而谈判中的协调能力，需要我们统筹全局，也需要我们考虑一般与特殊的区别，更需要我们突出重点与焦点，还需要我们面面俱到，最后做到以点带面，不漏万一。这种协调能力，考验我们的情商与智商，考验我们的综合应变能力和对谈判内容的把控。

这项能力，通过谈判的不断实践与锻炼，能让我们得到较全面的提升与成长。

谈判，能塑造良好的工作品质。

能让我们知道山外面还有山，海的尽头还有比海更辽阔的天空。

能让我们知道，在什么山头唱什么歌，懂得适应与审时度势。

能让我们明白坚持与退让的分寸，能让我们把握得失与成败的尺度，能让我们懂得，谦虚谨慎与必要的傲骨傲气应如何协调与表现。

能让我们懂得感恩，懂得付出，懂得包容，懂得人生的不容易。

这不是矫情与无病呻吟，这是谈判这项工作带给我们的实实在在的收获与感受。

我们能够通过谈判，发现自己与别人的差距，能够懂得入流的重要性，能够接受我们之前没有遇到的新事物、新现象，能够深刻领会退让之间都是利益的重新分配与取舍，能够懂得必要的谦虚与适当的傲气一样重要。而这其中,贵人的帮助与提携甚至退让,让我们获得机会与平台,让我们有所发展与成就。所以,我们会从人家身上学会那种付出与包容,体会那种大气与霸气。从而形成我们自己良好的工作品质,塑造出独有的个人气质与个性。我们需要这些!谈判,也能给予我们这些!

我们要得到这些,保持一颗学习的心态,形成一种学习的能力,就好。

第4章

律师谈判中的说明技巧

1. 我们必须清醒地意识到,任何时候,无论发生什么样的变化,都要紧紧围绕谈判重点与双方的核心关切。

2. 图标与数字的说明,能够将复杂的问题简单化,将专业的问题大众化,将深奥的问题浅显化。

3. 我们要铿锵有力地告诉谈判相对方,如果任由事态发展下去,最终会给他带去哪些难以承受的损失。

4. 不用担心你预测的后果可能不准确或者难以发生,你只要尽量客观地判断。

5. 我们可以把客户所有的话都假设成"假话",把客户所有的问题都假设成"假问题"。然后用发问的方式"逼出"对方的真话和真问题。

6. 那种怒发冲冠、死战到底的谈判策略,很容易让双方陷入进退两难的谈判僵局,并自己把自己谈死。

律师在实务谈判工作中,应学会、掌握并娴熟应用说明技巧。这里所指的说明,与我们在中学课本里学到的说明定义区别不大,都是通过分类、举例、打比方、做比较的方式,对谈判目标与谈判内容进行分解与消化,从而更接近或实现谈判目标。但是,我们认为在"说明过程中",对"说明技巧"有较高要求,比如表达的逻辑性与科学性要求,说明的周密性与准确性要求,简练明确与生动形象的要求等。这类"技术性"内容,我认为有掌握的必要,也有使用的空间,更有存在的价值。

第1节 说明技巧在谈判中的作用

一、能让我们围绕关切,抓住谈判重点

我们在谈判中,因为谈判的动态发展与展示内容的多样性和变化性,我们容易忽略谈判重点或偏离谈判重点。通过恰当的说明技巧推动谈判进程,让我们更容易明确重点,抓住重点,围绕重点开展相应的谈判工作。在接待一位准客户开展签约谈判的过程中,准客户思考的是我能不能胜任他的委托,打赢他的官司,我思考的重点是,我的报价应如何获得准客户的认可,进而完成签约的谈判目标。经过数轮沟通,双方对沟通重点(谈判重点)达成一致:我们能够解决他多少问题,解决这些问题需要支付多少律师费对价。然后谈的过程中,这位准客户一会儿谈到案件走势预测方面;一会儿谈到暂时没有掌握的证据或没有证据支持的事实方面;一会儿谈到了司法公正与否的问题。我从始至终都不处理他提出的这类问题,都一律理解为"假问题"(后面章节阐述)。我反复提同一个问题让他实时思考:"你认为有哪些问题需要我们解决?你觉得我们有能力解决这些问题吗?"我说如果不解决

这个问题,其他问题就都丧失了讨论的基础。

我们必须清醒地意识到,任何时候,无论发生什么样的变化,都要紧紧围绕谈判重点与双方的核心关切。 只有这样,我们的谈判进程才不会因为自身原因走偏。

二、能让我们将复杂问题简单化

将复杂问题简单化,需要知识与实践的结合,将简单问题复杂化,需要智商与情商的结合。懂得什么时候将复杂问题简单化,什么时候将简单问题复杂化,需要运筹帷幄的格局与分寸。说明技巧的良好运用,能让我们在复杂与简单之间多一些筹码与保障。我们通过数据的罗列与对比,通过同类事项的比较与甄别,通过案例的说明与引用,能更好地将复杂的谈判内容简单化。

至于我们在复杂与简单之间如何把握与拿捏,那是另外一个问题了。

三、能帮助各方做决定

对我们大多数人而言,做决定,是一件痛苦的事情。因为,很多时候,做决定,意味着承担责任,意味着对未知的不确定与恐惧,谈判也不例外。如果我们知道或者能够把控做决定后事情的走势,我们会相对愉快轻松地完成做决定的动作,反之,我们得左思右想,反复斟酌与论证。这种时候,就需要旁人给做决定的人一个促成或推动,给他一个做决定的理由。一定程度上,他只是需要别人的肯定和认同而已。**我们在谈判中的说明技巧,就是巧妙地、不动声色地给相对方痛下决定的肯定或认同。**

在房价快速猛涨的南宁市的 2017 年 6 月,一天,我陪客户去购买二手房。我审查完毕所有二手房材料和中介居间合同后,提出了部分修改建议,房屋中介与房东也表示了同意,但是客户迟迟下不了购买决心。本来我想给客户一些购买建议,但想到我的职责是审查合同,这种做决定的事情还是由他本人判断比较合适,于是我坐在中介公司的洽谈室看报纸,不再关注客户的纠结与犹豫。不一会儿,中介公司的区域经理来到洽谈室亲自做谈判促成。我注意到这位区域经理用电脑展示了1—6月份南宁市各县区房屋的涨幅比例与大数据,并着重强调6月份以来的涨幅与客户拟购买房屋周边二手房的成交量。不到10分钟,客户签订了二手房购买合同。下电梯的时候,客户自言自语:其实我也知道这套房屋周边房价涨得很厉害,再不买,过几天估计这个价也买不到这类房屋了。我问他,既然知道这些情况,为何迟迟不签约,前后都谈了五六次了啊。他笑笑:"就想听听更权威的专家怎么说,我觉得这个区域经理很专业……"后来我想明白了,他只是需要一个人肯定他,认同他,帮助他做决定而已。

四、有利于促成谈判目标

谈判到了准备收工的环节,促成便成为实现谈判目标的关键。促成阶段,需要我们或者强势推进,或者乘势而为,或者因势利导,或者死而后生,或者委婉含蓄。无论哪种方式,目的只有一个:促成谈判目标的实现。那种时候,正应了那句鸡汤:**人生没有如果,只有后果和结果。**的确,促成的时候,不能去假设,所以没有如果,促成的时候得到怎样的结果或后果,取决于谈判过程的掌控与把握。说明技巧的娴熟使用,对促成谈判目标具有临门一脚的功效。

五、是构建谈判体系的需要

谈判过程中,需要掌握事实,获得证据,运用法律;需要言之有据,言之有物,言之有理;需要排兵布阵,运筹帷幄,进退有余。而说明技巧的使用,正是构建谈判体系的需要,或者说,是谈判策略运用不可或缺的环节。没有说明技巧的熟练运用,我们的谈判策略与谈判逻辑设计,将很难执行。这种说明技巧的运用,能够与我们的谈判策略和谈判技能相辅相成,进而形成完整的谈判体系,并具有实效性与可行性。

第2节 说明技巧有哪些

从不同角度研究谈判的说明技巧,会有一些不同的思考与归纳。通常认为,以下一些说明技巧的熟练掌握,将对我们的谈判工作有举足轻重的作用。

一、通过案例与引用进行说明

在谈判推进过程中,通过案例进行论证,阐述主张,驳斥观点,能使我们的论证、主张与观点具体化,易于被相对方接受。在举示案例的时候:一要注意案例的代表性,没有说明价值与突出指引作用的案例不举或少举;二要注意案例的适量性,所举示的案例能达到或部分达到目的即可,作为一种谈判技巧的使用,不宜太多甚至滥用案例。同时,为了使观点更充实与具体,更具说服力与冲击力,可以引用一些文献资料、诗词、俗语、名人名言等。引用的资料范围可以很广,可以是经典著作、名家名言、公式定律、典故谚语等,但是引用必须精准,必须恰如其分,以产生一种豁然开朗、点石成金的效果。

如果能将案例与引用结合使用,会让我们的谈判更有影响力,更具积极作用。

例 4-1

案例与引用在谈判中的运用

A 政府决定解除与 B 公司的水库水面租赁合同(签约主体是 A 政府所辖农林水利局下属的水库管理所)。以引进 C 国有企业营运的

"市民农庄"项目。A政府要求我们配合相关职能部门,一个月内通过协商谈判解除合同,或者走完单方面解除合同的程序。

团队拿到A政府的批示文件后,都认为通过协商谈判解除合同的可能性不大,于是设计了单方面解除合同的流程、通知、送达与风险研判,以在关键时刻启动解除合同的程序性步骤。随后,农林水利局召开了相关部门参加的联合会议,所内项目负责人在会议上,与各职能部门讨论了解除合同的合法性与正当性,讨论了违约赔偿的明细构成与证据形成,讨论了谈判失败的风险控制与兜底思路以及谈判协商的思路与步骤。

负责本项目的伙伴与相关部门组成谈判小组,多次与B公司接触、协商与沟通。不出意料的是,所有的接触、沟通与协商,没有任何效果。B公司负责人反复强调一个核心诉求:赔偿金额不能低于3000万元,理由是政府违约,且在过去的四年间,公司对租赁水面进行了巨大的成本投入。谈判继续推进已无实际意义,虽然在赔与不赔之间双方没有分歧,但在赔多少的问题上,双方分歧过大,谈判陷入僵局。

在团队研讨会上,我看到了B公司要求赔偿的项目罗列与证据清单,要求赔偿的固定成本投入很少,但合同可预期利益损失和公司营运成本损失占据了赔偿总额的2/3。显然,后者获得法律支持的依据严重不足,而最有可能得到支持的固定成本投入的清单与证据却做得相当粗糙与马虎。经过反复计算与论证,我们认为,A政府的赔偿金额不能超过500万元。我们尝试由本所单独与B公司接触展开沟通协商,但B公司拒绝见面协商,认为律师事务所没有决定权,要求与A政府主要领导进行协商沟通。

A政府给出的1个月谈判时间已经所剩不多。A政府相关领导决定,由分管副区长带队,进行最后一次沟通协商,如果仍然没有效果,直接启动单方面解除合同的程序,然后实施强制清场,相关损失由B公司通过诉讼途径解决。

第 4 章 律师谈判中的说明技巧

我参与了最后这次协商谈判。

会上,再次听取了 B 公司关于损失的主张:四年来,投入的基础建设费用与鱼苗费用近千万元,解除合同后未来 16 年租赁期的可预期利益 1000 多万元,公司的各项管理成本支出 1000 多万元。政府方面强调两点:直接投入的固定损失愿意赔偿;可预期利益与公司营运成本不在赔偿范围内,解除合同不构成违约。合同条款有约定:"甲方(水库管理所)因为政府需要营运其他项目而解除合同的,双方互不承担违约责任……"

B 公司对 A 政府天然的不信任心态,导致双方各执一词,自说自话。分管领导把目光投向我,显然,这个时候,法律顾问的发言极其重要。有能力实现谈判目标,皆大欢喜;实现不了,代表政府有理有据阐述观点,表达态度,也是谈判现场的场面要求。无论从哪个角度而言,都需要体现法律顾问的能力、专业影响与水平。

在促成双方赔偿和解的问题上,我并没有太大自信与把握,因为双方分歧太大。说一些正确的废话,也只是为这场谈判撑撑场面,并不具有多少实际意义,而我,需要把握这最后一次与 B 公司面对面表达与沟通的机会。主持人显然也明白了分管领导意图,点名道:"看看我们的法律顾问有什么新的意见?"

我想了想说:"B 总,实事求是地说,我认为你主张赔偿的项目构成与证据清单是失败的。正确的做法应该是:通过第三方评估,在法律允许的前提下,增大贵司固定投入的赔偿请求。首先,这项赔偿政府原则上同意;其次,该项赔偿请求在法律上依据比较充分,政府作出赔偿决定在各方面都容易说得过去。至于可预期利益损失的主张与营运成本支出,只能作为谈判的筹码与辅助策略,即便通过诉讼途径,获得法院支持的可能性不大。但您刚才的几次发言,都在强调后者,我认为这并不利于贵司诉求的实现。"A 政府相关人员神色各异,我能揣摩到他们心里的不安。B 总及 B 公司高管疑惑地看着我,不懂我葫芦里卖的是什么药,我也能揣摩到他们半信半疑的心态。其实我葫芦里的药很简单:进行同理心建设,迅速减少分歧,获得认同与进一步表达的机会。

B总不以为然:"固定投资的损失我们已经说得很清楚了啊。但是可预期……"我强势打断他的话:"不要跟我说但是,我明白你的意思,你的固定投入其实没有多少,所以没有提出更高赔偿的自信,而可预期利益是一个伸缩性很大的主张,所以你反复强调后者,是不是?"B总沉默不语。"你的谈判策略错在:既然你觉得可预期利益损失有提出的自信与空间,你同样也可以想办法做大你的固定投资成本让政府赔偿,但是你目前主张固定投资赔偿的证据并不充分,因为你不懂得怎么做,对不?"我进而说道。

满座皆惊,我也很紧张,因为我捅破了一层双方都介意都不愿意面对的窗户纸:赔偿项目与赔偿金额作假,甚至,我是在公开场合上公开"教唆"B公司作假。

其实,我只是想做一个兜底铺垫,我需要置之死地而后生的尝试。

我接着说:"争取赔偿利益最大化,任何人都能够理解。但就本案而言,我们曾经私下测算过,过去四年,贵司的固定成本投入并未超过300万元,连同鱼苗投入的损失,A政府主张500万元的赔付,已将贵司的损失全部考虑在内,所以,如果以500万元为线,超过500万元的每一分钱,都应视为贵司的溢价收益,贵司需要努力或思考的是,超过500万元多少金额,可以和平结束这场赔偿谈判。"B总继续沉默不语。

"B总,我认为,换了任何人在你的位置,眼睛可能都盯着回报,想着能在这个合同赔偿中赚到多少钱,但很少有人关注这其中的风险,他们可能亏多少!无知、贪婪、恐惧、希望,是这类谈判的死敌,这个世上的所有交易或谈判规则,可能都无法消除这些人性与生俱来的弱点,而你,应该会不一样。"

我"引用"了相关金句,从人性切入。

"我们是C政府的法律顾问,在一个拆迁项目赔偿谈判中,双方赔偿分歧的差额只有700万元,后来为了顺利推进该项目,C政府同意增加300万元预算,这300万元属于法律规定之外的协商价,如果通过诉讼途径解决,判决不会考虑与认同这类没有依据的协商价,这意味着如果通过诉讼途径解决,被拆迁方的赔偿所得将低于目前的协商价。后来被拆迁方坚持己方诉求,最终谈判失败,诉讼程序已走完一审,裁判结果比原来的协商价少了将近500万元。"说罢,我让工作人员将经过我们专业整理的拆迁资料、会议纪要和判决书传给B公司的相关人员传阅。

"我想通过这个案例与B总商榷,是否必须通过诉讼程序解决争议,诉讼途径解决争议与协商赔偿的优劣对贵司意味着什么?"

我想通过类似案例比较,指出诉讼途径解决争议对B公司的不利与风险,进而让B公司降低对赔偿总额的期望值。现场准备的案例材料增加了我举示案例的真实性与说服力。

A政府分管领导接过我的话,从政策角度进行了加强阐述。B公司没有现场同意,但口气有所松动,要求回去开股东会商议后回复。

后面又经过几次协商沟通,该合同解除,赔偿最终以800万元和解成功,"市民农庄"在预定期限内顺利进驻。

我的案例和引用之所以起到了疗效,其中一个关键原因,是前面做了有针对性的铺垫,直接"打开天窗说亮话",釜底抽薪。另外,很多谈判,不能一次性成功,但每次谈判,如果都能推进一点点,对谈判目标的最终实现,会起到循序渐进的影响。事实上,企图通过一次性谈判实现谈判目标,在实务中可行性不大。我的这次谈判,在扭转谈判局面方面,起到了关键性的推动作用,但促使相对方下决心做选择的,还有诸多方面的较量与平衡的结果,不敢说是一己之功。

二、通过比较与比方进行说明

做比较的时候,一定要找到可比性与谈判目标的切入点,可以是类别相同,可以是性质相同,可以是特征相同,还可以是结果相同,只要能准确找到比较的切入点,都可以在谈判中予以运用。而打比方的时候,务必要确保所打比方与谈判目标在相似性、相近性与相融性方面产生形象、具体、生动的感觉,不然,所打比方的作用与效果就会有所折扣。

做比较的时候,如果有条件的话,一定要可视化、图表化,这样的比较才更有说服力,才更有震慑力,进而形成鲜明对比,说明问题,达到比较所追求的效果。而打比方,关键是语言表达要到位,肢体语言、语气与表情的和谐运用,能起到事半功倍的效果。

但是,需要注意的是,无论是做比较,还是打比方,一定要说彼此或绝大多数人都熟悉的内容,做的比较与比方所反映或说明的,应是一些常识,一些具有普遍性的通识与道理。如果我们说一些参与谈判的各方都比较生疏或深奥的内容,一是达不到想要的效果,二是可能引起对方的不满或反感,认为我们是在故弄玄虚或卖弄。

所以,我们会发现:在讨论彼此都熟悉的话题时,各方参与度与认同度都很高,都能在话题中找到属于自己的位置与表达内容,都能找到属于自己的感觉与自信,都能有自己的见解或观点。这应该引起我们的注意,以更好地为谈判服务。

一家顾问单位因租赁纠纷拟启动诉讼,团队研究后认为启动诉讼风险不可控,但说服不了客户代表,案卷转到了我的办公室。我听完分管领导对案件的阐述后,双方明确了三点:第一,我们拖欠部分租金属实,对方基于拖欠租金的事实,强行收回租赁标的物也是事实。第二,启动诉讼的目的,是要求对方按租赁合同的约定,在提前解除合同的前提下,按50%的比例赔付装修损失(主张装修损失1 500万元)。

但我们装修总额的证据缺失。第三,对方收回标的物5年了,我们一直没有主张权利。

我说先不讨论诉讼时效问题,我们讨论另外一个问题,如何证明我们的装修成本总额,因为证明不了这个装修投入,主张50%的赔偿,就可能面临举证不能的风险。他说,可以评估啊。我说,租赁标的已部分重新装修,新的租赁户接管,如何评估?他说,我们有原来室内装修的照片啊。我说,没有证明力。他说,有装修支付的清单与票据啊。我说,你这些票据能成立的不到100万元,其他都是不符合证据效力的废票。他说对方会承认的……

我说,虽然合同没有约定拖欠租金时对方可单方面解除合同,但对方单方面解除合同的前提,的确是基于我们三年内累计拖欠租金120多万元的事实。在这个前提下,我认为,即便我们能证明总装修费用,合同关于50%违约赔付的条款也很难得到法院支持,至少风险不可控,何况我们还有一个诉讼时效的障碍挡在前面。分管领导回避了我提出的问题,转而说,可以要求公司股东A承担连带责任,因为很多法律文件都有他签字。我对分管领导这种解决问题的态度极其反感,忍住脾气,打了一个比方:李总,你在S公司担任副总,在公司日常经营活动中,你代表公司签字的法律文件一定不少吧?他说,是的。我说,我们不讨论法律问题,我们讨论另外一个问题:这种签字行为你需要以个人名义与S公司共同承担责任吗?你觉得这样对你公平吗?如果法律都这样规定,世界会乱套吗?他面露尴尬,沉默不语。

随后,我让法律秘书打开电脑,将类似案例的检索结果通过可视化形象展示出来(办公软件自带功能)。我说,这里精选了与我们这个案件相类似的6个败诉案例,我认为这6个案例的裁判都是正确的,因此,我们很难在这个诉讼中获得想要的结果。你可以拿这些案例回去向总经理汇报。

现在,如果你愿意,请你坦诚告诉我,公司时隔五年之久才启动这个诉讼,真正目的与诉求是什么?

他……

我……

三、通过可视化进行说明(图表与数字)

仅用口头说明与表达所获得的效果,远远比不上伴有图标与数字佐证展示的效果。**图标与数字的说明,能够将复杂的问题简单化,将专业的问题大众化,将深奥的问题浅显化。**下面的例 4-2 显示,我们需要花十分钟才能阐述或解释清楚的问题,通过可视化的图标与数字,一分钟就能阐述清楚。

例 4-2

可视化展示与说明

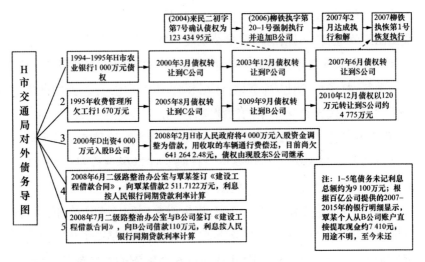

而上述可视化图表背后的文字稿是这样的:

关于南柳二级公路岐山段相关债务的综合法律意见书

思非讼研字(2017)第074号

H市交通局：

广西思贝律师事务所作为H市人民政府专家法律顾问团的执行律师事务所，受法律顾问专家团指派及贵局委托，就南柳二级公路系列债务合计约1000万元提供综合研判。本所组建非诉业务团队开展具体工作，结合贵局提供的书面材料，现出具书面意见如下。鉴于本案法律关系复杂，且时间跨度长，历史遗留问题多，在全面评析本案法律关系、法律风险及实务建议之前，先就结论部分简述如下：

第一，关于法院拟强制执行的2000多万元债务，我们认为，双方签署的《和解协议》已具法律效力，且该和解协议的最终履行附有相关条件，综合全案分析，该条件已经成就，贵局依法不应再承担偿还义务。

第二，本案另外数笔债务合计约8000多万元，涉及股权变更、债务抵销、国有资产流失、公司主体资格变更及股权红利分配等，综合全案书面材料研判，我们认为，相关债务抵销已基本可以持平相关债权，H市人民政府及贵局不应再承担如此高额债务。

基于上述两点结论，兹详细分析如下：

一、1994年H农业银行2000多万元债务(含利息)综合研判

1. 债务形成

农行H市支行分别于1994年3月31日、6月30日，1995年4月11日向H市交通局出借750万元、150万元及100万元，合计1000万元本金。借款期限届满后，H市交通局未能偿还。2000年3月14日，农行H市支行通过拍卖方式，将包括前述1000万元借款及利息的债权，转让给中国长城资产管理公司。2003年12月25日，中国长城资产管理公司南宁办事处经公开拍卖，将前述债权转让给广西P市鹏

辉工程有限责任公司(以下简称鹏辉公司)。根据(2004)来民二初字第7号《民事判决书》,H市交通局应偿还鹏辉公司本金9 618 780元、利息2 734 715元,共计12 353 495元。

2. 债务执行

(1) 由于该案判决后H市交通局一直未履行债务,2006年经债权人鹏辉公司申请,柳州铁路运输法院作出(2006)柳铁执字第20-1号《民事裁定书》,确认该笔债务应由南柳二级公路H段收费管理所负责偿还。同时确认百亿公司实际与H段收费管理所为"一套人马两块牌子",两者主体资格混同,追加了百亿公司为该笔债务执行案的被执行人,但并未就百亿公司与交通局之间对债务承担是按份责任还是连带责任作出明确认定。该裁定书已发生法律效力。

(2) 2007年2月13日,鹏辉公司与H市交通局签订了《执行和解协议书》,约定对经判决书确认的该笔债务12 353 495元(不含利息),由H市政府代偿120万元,H市交通局于2007年分三笔偿还100万元;剩下的债务由百亿公司以2008年当年收取的车辆通行费纯收入的50%偿还给鹏辉公司;自2009年起至债务清偿完毕为止,由百亿公司以每年收取的车辆通行费纯收入的一半的70%偿还给鹏辉公司。

(3) 2007年6月5日,鹏辉公司与四季春公司签订了《债权转让协议书》。双方在协议书中自认两家公司是"一套人马两个牌子",两家公司主体混同。该协议签订后已生效,协议一式四份,该笔债务的执行法院柳州运输法院备存两份。

3. 债务法律关系评析

(1) 基于前述基本法律事实,我们认为:首先,该和解协议未约定,该笔债务是否在签订和解协议后继续计付利息,因为这涉及执行款项的总数计算,执行中需要查明;其次,和解协议约定,自2008年起,以百亿公司所收部分车辆通行费收入偿还。根据贵局提交的书面材料附件五第11、14、16项审计报告显示,自2009年至2014年,百亿公司共计支付17 881 849.61元,以上款项均作为利息支付,此笔支付款项究竟是算本金,还是利息,还是本金与利息的混合,均需缕清相关关系,确定款项性质。

(2) 基于百亿公司股权的数次变动,且四季春公司经股权转让成为百亿公司股东一事发生于2007年,根据当时施行的《公司法》(2005)第3条,"公司以其全部财产对公司的债务承担责任",以及"有限责任公司的股东以其认缴的出资额为限对公司承担责任"的规定,四季春公司在承接百亿公司股权的同时,该股权原对应的胜利油田商饮公司认缴的出资额4 000万元所应承担的债务也应一并转至四季春公司。且由于鹏辉公司及四季春公司自认两家公司实为一个主体,以及百亿公司被追加为该笔借款债务的执行人,两项事由的时间都发生在2007年6月四季春公司成为百亿公司股东之前,我所认为,此处存在两个对于该笔债务影响较大的问题:第一,在百亿公司与交通局同为债务人的前提下,在交通局、执行法院未参与百亿公司股权变动的情况下,百亿公司通过股权变动将注册资本由4 000万元降至755万元,已经损害了作为其中债务人的交通局的利益,进而涉嫌做空国有资产,导致国有资产流失;第二,四季春公司作为债权人入股债务人百亿公司,可认为是对债权债务的部分抵销,但由于此前(2006)柳铁执字第20-1号《民事裁定书》,未就交通局和百亿公司之间按何比例承担债务作出明确认定,最终导致两位债务人(交通局与百亿公司)最后变成了一位债务人(交通局)承担所有债务。

(3) 《执行和解协议书》第6条约定,如因故该路段不能再收取车辆通行费时,鹏辉公司自愿放弃尚未取得偿还的那部分债权。该执行和解协议条款的约定,意味着只要作为乙方的H市交通局按照协议履行义务,即便只能部分履行,其也自愿放弃未能偿还的部分债务。据此,本执行案应可结案。

(4) 根据审计报告可知,H市交通局已履行了《执行和解协议书》

的第 1 项,且百亿公司自 2009 年起一直按约定偿还债务,且偿还款项已逾 17 881 849.61 元。鉴于以上情况,我所认为,以上条款已经成就,H 市交通局已完全履行了《执行和解协议》的义务,故四季春公司作为鹏辉公司的继承者,不能以 H 市交通局不履行执行和解协议而申请法院恢复强制执行该债权。

(5) 但是,由于法院强制执行只看生效的法律文书,而前述法律关系中谈到的降低注册资本,涉嫌做空国有资产,百亿公司偿还的 1 700 多万元全部属于利息等法律事实,需要通过谈判协商或其他法律途径解决,进而导致强制执行的标的与对贵局有利的法律事实割裂,这是本项执行案的难点,需要综合研讨具体操作方案。

二、H 百亿路桥经营有限责任公司的股权变更评析

1. 股权变动情况

(1) 根据(2006)柳铁执字 20-1 号《民事裁定书》可知,H 市于 1998 年 12 月 30 日,以[1998]57 号文决定成立 H 市路桥经营总公司,由南柳二级公路 H 段收费管理所投资、组建,与该公司实行一套人马两块牌子。1999 年 7 月 12 日,经 H 市政府批准,H 市路桥经营总公司更名为 H 百亿路桥经营总公司。

(2) 1999 年 12 月 26 日,H 市国有资产管理局作为甲方,胜利油田大明商饮有限责任公司(以下简称大明商饮公司)作为乙方,H 百亿路桥经营总公司作为丙方,三方签订了《企业兼并协议书》一份,约定:乙方出资人民币 4 000 万元,以购买的方式兼并丙方部分资产,期限为 18 年;在该协议第四章"股权持有比例"部分,三方约定:乙方在协议期限前 7 年,享有丙方所有收益权;在协议期限后 11 年,甲方及乙方按 1∶1 的比例分享收益、分担风险。

(3) 2007 年 6 月 29 日,四季春公司与东营大明置业发展有限责任公司(以下简称东营大明置业公司)在上海市联合产权交易所签订《上海市产权交易合同》,约定四季春公司以 305 万元直接转账资金、

由百亿公司代转 4 403 340.16 元(此款项系向百亿公司借款),共计 7 453 340.16 元,购买原东营大明置业持有的百亿公司 98.75% 的股权。股权交易完成后,百亿公司修订了新的《公司章程》以及新的股东会决议,将公司注册资本从 4 000 万元调整为 755 万元,将股权调整为四季春公司持股 80%(604 万元),H 市国有资产经营公司持股 20%(151 万元)。

(4) 2007 年 8 月 6 日,四季春公司向 H 市政府提交了《关于受让股权事宜的承诺书》,明确大明商饮公司将股权转让给东营大明置业公司。

(5) 2008 年 2 月 3 日,H 市人民政府作出《关于对引进山东大明集团商饮有限责任公司合作经营资金款项的财务处理意见》,决定将山东大明集团商饮有限责任公司投入百亿公司的合作资金共计 4 000 万元,从百亿公司转入 H 市国有资产管理局,将此款项由投资款转为借款,按月息 0.75% 计付利息。

2. 股权变动的法律评析

(1) 根据前述 2.1.2、2.1.3 及 2.1.4 可知,大明商饮公司与 H 市国有资产管理局及 H 百亿路桥经营总公司签订的《企业兼并协议书》,不完全符合法律关于企业兼并的规定。无论是从百亿公司此后的主体性质,还是从该协议关于百亿公司的风险、收益的分配来看,该协议名为兼并,实为股权投资交易,应视为大明商饮公司通过向 H 国有资产管理局出资 4 000 万元,获得了股东资格及收益分配权利。其收益为:H 百亿路桥经营总公司 98.75% 的股权,2000—2006 年收费站 7 年的独立收费收益,2007—2017 年收费站 11 年的一半收费收益及部分资产。

(2) 大明商饮公司作为 H 百亿路桥经营总公司的股东,应在出资范围内承担有限责任。故《企业兼并协议书》第 9 条、第 10 条关于 H 市国有资产管理局独立承担"兼并前"债务的约定仅对内有效,百亿公司此前所借债务,应在百亿公司资产范围内承担有限责任。

(3) 大明商饮公司出资4000万元的行为属于投资行为,应承担投资可能带来的风险和收益。其将股权转让给东营大明置业公司后,东营大明置业公司于2007年6月29日以7 453 340.16元的价格将98.75%股权转让给四季春公司,2008年2月3日,H市政府确认此前大明商饮公司出资的4 000万元为借款。从前述内容我们推出以下三点结论:

第一,大明商饮公司(大明置业公司)出资4 000万元的行为视为股权投资,其应获得2000年至2007年6月29日期间(股权转让前)的收益(经核算2000年至2008年期间收益为33 587 357.52元)及四季春公司受让股权的对价,不应再确认其出资4 000万元的行为为借款行为,6 412 642.18元的缺口损失应由其自行承担。

第二,假定因为H市政府确认债权的行为成立,即该4 000万元不应视为投资而是借款,那么,2000年至2008年期间,收费站的收益33 587 357.52元已抵销部分债务,余下的6 412 642.18元为H市政府所欠债务,其不应再将百亿公司的股权进行转让。

第三,大明商饮公司既将百亿公司的股权转让出去,又确认了其出资行为为借款,实质上获得了双重收益,属于左手倒腾右手的违法商业行为,无形中增加了H市政府的债务,涉嫌国有资产的流失,依法应引起相关部门的警惕与关注。

三、关于1995年H市工商银行支行1 670万元债务评析

1. 债务形成

(1) 根据附件二《中国工商银行催收逾期贷款本息通知书》可知,1995年,南柳二级公路H段收费管理所与H市工商银行支行签订了合同编号为合工银信字1995年第26号借款合同,由H市工商银行支行出借本金1 670万元给南柳二级公路H段收费管理所。另据《债权转让确认函》可知,H市煤炭公司为该笔债务提供担保。

(2) 债务到期后,H段收费管理所未依约履行偿债,H市工商银行支行于2004年发送前述催收贷款通知书。2005年8月8日,该笔债权由工商银行转至中国长城资产管理公司[南宁]办事处。2009年,H市政府向长城资产管理公司发函(《关于意向收购南柳二级公路H段收费管理所不良资产债权的函》),委托H百亿路桥经营有限责任公司法人代表张某全权代理办理债权回购、受让事项。根据《债权转让确认函》可知,长城资产管理公司(南宁)与百亿公司于2009年9月11日签订《债权转让协议》,将该债权项下的全部权益转让百亿公司所有。

(3) 2010年12月15日,百亿公司将此债权转让给四季春公司承接,百亿公司及四季春公司通过发送《H百亿路桥经营有限责任公司债权转让通知书》告知了债务人南柳二级公路H段收费管理所。

2. 债务法律评析

鹏辉公司及四季春公司已于2007年6月在关于农行1 000万元债权转让协议里自认两公司实为一个主体,而鹏辉公司在2006年8月25日向柳州市运输法院,以百亿公司与H段收费管理所实为一个主体为由,申请将百亿公司追加为1 000万元农行债务的被执行人。该主张此后被(2006)柳铁执字第20-1号《民事裁定书》确认。基于以上原因,虽然四季春公司在2007年才投资入股百亿公司成为其股东,但由于该笔债务的发生时间早于四季春公司以及胜利油田商饮公司入股百亿公司的时间,因此百亿公司应当以公司资产为限,对该笔债务承担连带偿还责任。而四季春公司作为股东,也应当以已出资额为限,对该债务承担偿还责任。也正由于百亿公司应为该债务的实际债务人,则应当认为2009年百亿公司向长城资产管理公司(南宁)购买债权的行为,视为对该债务的偿还或者抵销。

四、关于2007年L市四季春公司6 412 642元债务的评析

1. 债务形成

该债务的形成是基于2007年6月29日,四季春公司受让大明商

饮公司(东营大明置业公司)98.75%的股权后。2008年2月3日,H市政府将大明商饮公司的出资4000万元确认为借款行为,其2000年至2008年经营收费站的收益为33 587 357.52元,则仍有6 412 642.48元的债务未履行,该笔债务自然由四季春公司承接。

2. 债务评析

该笔债务的分析详见本法律意见书第二、2.(3)条,此处不赘。

五、关于2008年张某2 542万元债务的分析

1. 债务形成

根据南柳二级公路H段整治工程建设办公室与张某于2008年6月22日签订的《建设工程借款合同》,双方约定南柳二级公路H段整治工程建设办公室向张某借款25 117 122元,用于南柳二级公路H段整治工程项目。借款期限自2008年6月至2019年9月止,借款利息按中国人民银行同期流动资金贷款利率计息。2008年12月,根据双方签订的《建设工程借款本息偿还情况确认表》,南柳二级公路H段整治工程建设办公室尚欠张某26 143 528元。

2. 债务法律分析

(1) 该笔债务是向张某个人的借款,从形式上来看,双方各自签订了借款合同,有借款的意思表示,应属于合法、有效合同。双方约定由南柳二级公路H段通行费进行偿还,故南柳二级公路H段整治工程建设办公室的借款,应由承接H段收费站的百亿公司承担。

(2) 应核实张某个人出借的资金流入情况,以确保借款的真实性。

六、关于2008年H百亿路桥公司110万元债务的分析

1. 债务形成

根据广西农村信用社的2张转账业务凭证及中国农业银行广西区分行的进账单,百亿公司于2008年3月至2008年12月先后向南柳二级公路H段整治工程建设办公室账号转入110万元。

2. 债务分析

根据(2006)柳铁执字第20-1号生效民事裁定书显示,该裁定书认定南柳二级公路H段收费管理所与H路桥经营总公司是一套人马两块牌子,而H路桥经营总公司已更名为H百亿路桥经营有限责任公司,据此,借款人亦是还款人,借款人与还款人形成主体混同,债权债务应可相互抵销。

七、实务建议

1. 综合执行案件的实际情况专项研判后,提出书面的执行异议书,要求终止法院的强制执行行为。

2. 将该执行案形成书面报告,围绕法律、政策、社会影响及国有资产流失等问题,专题向上级人民政府及上级人民法院进行汇报,获得相应支持与理解。

3. 对法院强制执行以外的8 000多万元的债务,组建专业律师团队,开展具体应诉或主动诉讼的准备工作,包括但不限于证据收集、研判、法律关系定性及诉讼应对策略等,形成书面文件,向市委、市政府报备,全方位做好应诉准备工作。

4. 综合全案,我们发现多处股权变更、折价及债权转让都无法从法律上完全衔接与评价,其中原因虽不得而知,但我们认为,可以采用釜底抽薪的策略,寻找法律事实背后的真相,做好其他综合方案的应对与准备,以迫使债权人回到谈判桌,各方和解为上。前述研判的依据主要为交通局提交的书面材料,结合法律事实、证据评析及法律适用,以及我们团队综合实务经验得出,专业判断难免存在主观意思,错漏在所难免,请相关领导参考适用。

广西思贝律师事务所
2017年2月15日

在谈判过程中,需要展示说明的情形很普遍。我们可能谈了好多家,但每家都得在开始的时候,向相对方介绍项目情况,做一个简短但内容清晰的说明。大型的投资项目或招商项目,还有可能是在铺着红地毯的多功能会议厅进行项目的多角度展示。这个展示在谈判开始的时候要用,在谈判过程中也可能要用。我们在做项目说明的时候,是面面俱到,事无巨细;还是蜻蜓点水,有轻有重;或者是提纲挈领,段落分明,都需要我们事先做好研究和准备。

都说"读史可以明智",我们且来看历史上那些王侯将相是如何做"项目展示"的。在我国古代,大多数开国皇帝对功臣是大开杀戒的,只有赵匡胤是个例外,他的杯酒释兵权的项目展示,可谓空前绝后。

例 4-3

赵匡胤兵不血刃的项目展示技巧

赵匡胤手下那些将领,在起义之前,都是他的同事、朋友,当时他只是"宪兵司令兼警备司令"这一类的官。陈桥兵变,黄袍加身,同事们把他捧起来,当了皇帝。后来,他这个皇帝越做就越犯难了。

一些一起打天下的人,恃宠而骄,使赵匡胤没有办法,只好请大家来吃饭。酒喝足了,饭吃饱了,他对大家说:"皇帝这个位置不好坐呀!"大家说:"这有什么不好坐,大家拥护你到底。"赵匡胤说:"你们当时把黄袍替我穿上就逼我做皇帝,假使有一天,别人也把黄袍替你穿上,又该怎么办?"

这下大家明白了,站起来问他该怎样才好,一定听他的。于是赵匡胤说:"大家要什么给什么,回家享福好不好?"大臣们只好照办。这就是历史上著名的"杯酒释兵权"的典故。

我认为这位"赵总"对项目的展示说明很到位。作为商务律师,我们都希望也能和这位赵总一样,兵不血刃,就达到展示说明的目的,可谓"不战而屈人之兵,善之善者也",这大概也是商务律师从事商务谈判的最高境界了吧。

四、用比喻法进行说明

在谈判中善用比喻的说明技巧,效果显著。这是因为,我们的谈判对手或者谈判客户很多时候不是律师,对一些专业问题与我们无法很默契地达成一致。当然,你的比喻一定要用对方能够理解的方式展示出来。**在打比喻的时候,你要大概考虑一下相对方的知识结构、能力素质、相关背景,这有利于你决定采用什么样的比喻技巧去说服对方**,更好地阐述你的项目情况或你的观点、主张。

我们是不是遇到过这样的客户:一方面,他希望你在法律上给他把控风险;另一方面,他又过分去依赖现代社会的人际关系。到最后,我们不清楚客户到底是认可我们在法律上给出的运作方案,还是在他内心已经根本放弃了我们的法律方案,四处奔走去寻找可以信赖的人际关系。此时,要说服他,就整个法律项目进行全面的、系统的展示说明的话,需要就法律方案和人际关系这两者之间的先后顺序、轻重缓急,还有整个项目的进展态势给他做全面的展示分析。如果过于专业地想说服他,可能会很难,不如多用一些比喻的手法。比如,告诉他,就整个事情的进展态势来看,法律方案和人际关系都需要去考虑,但是就目前的情况来说,法律方案应该是第一位的,人际关系是辅助性质的。这就好比做饭,连米都没有,怎么能做出饭来呢?"巧妇难为无米之炊"嘛!在这里,法律方案就是"米",是根本;人际关系就是那个"巧妇"。如此比喻,可能说服效果就要好很多。

需要指出的是,我所说的人际关系运作,更多的是一种沟通说服层面的运作。在这个熟人社会,有熟人,什么都好办,有熟人,你就有了更多机会去接触对方、说服对方、表达你诉求的机会。别小看这样的机会,如果不是熟人关系,你可能等到事情结束的时候,还没有机会去向可以拍板的人说清楚你的诉求!

五、直接剖析后果法说明技巧

我们要铿锵有力地告诉谈判相对方,如果任由事态发展下去,最终会给他带去哪些难以承受的损失。当然,这些损失应该是建立在客观判断的基础上的。

这种方式的技术核心是,我们明确地给出了这样的心理暗示:如果你不接受我的观点,这个可能的结果我无法控制;接受我的观点,恰好我有方案可以为你解决,甚至这是唯一可以解决你诉求的方案,如果你拒绝采纳我的方案,你不想看到的后果将可能马上发生。

例 4-4

是起诉,还是彻底放弃主张债权的机会?

我接受 L 先生的委托,申请法院执行他的一个债权案。该案件债权人有 8 家,被执行人资不抵债。在如何分配债权的问题上,各债权人均不愿意让步,有的主张自己的工程款执行优先,有的主张抵押权优先,有的主张按采取执行措施的先后顺序分配,还有的主张按债权比例分配。执行局提出的分配方案无法得到所有债权人的同意。根据最新司法解释,只有针对反对分配方案的其他债权人起诉,由人民法院判决。

L 先生此时开始犹豫,说自己打这场官司已经花了 3 年时间,付出了很大代价,现在再继续打官司,何时才能结束?而且还要缴纳十几万元的诉讼费。

为此,我从他的债权优劣势、其他债权人的各项优先权得到支持的可能性以及相关法律、司法解释规定给他做事前分析。说了很多,很全面,也很深刻,但是没有效果,L 先生还是继续处于犹豫、矛盾中。

还有最后一天,15 日的异议起诉期就要届满了。我把 L 先生叫到办公室,告诉他再过 7 个小时就是法院下班时间,起诉期就截止了。

如果你不起诉,近2 000多万元的债权马上就丧失了继续主张的机会,如果起诉,你还有至少50%甚至是100%的机会去期待。至于诉讼以后的风险我已多次为你分析了,现在你要做的是必须作出选择……他沉默半晌,痛苦地在起诉状上签了字。

通过诉讼,L先生的债权得以按比例分配,最终拿回了70%左右的债权。当初,如果不是那句"不起诉马上就彻底丧失分配机会"的话,让"可能的后果变成一个确定的后果",恐怕L先生仍然不会决定起诉(L先生还有一些不便披露的想法和计划)。

不用担心你预测的后果可能不准确或者难以发生,你只要尽量客观地判断。再说,你做的只是一个法律风险预测,既然是风险,那就意味着,发生是对的,不发生也是对的,风险本身就具有不确定性。想要干没有风险的事也有,可以别当律师去做点别的。可是,你愿意吗?

六、靠近期望值法说明技巧

摸清谈判相对方的期望值,这很重要。当你能确定对方的期望值后,你可以一种提问的方式来展示我们的观点或说服他。这对促使他作出一个更好的选择是非常关键的。比如,问他:

"出现什么样的情况你才可以接受?

你认为什么样的状况出现是你最不愿意看到的?

你觉得我们提供的法律服务和其他律师提供的法律服务差别在哪里呢?

是什么原因让你放弃了你的前任律师?

对你来说,什么样的律师、什么样的代理费价位才是你想要的结果?

你最看中的是律师哪方面的能力?是专业,服务品质?还是人际关系能力?"

要善于提问，不要陈述，因为提问导出需求，而陈述通常导致拒绝。

七、确定"他想要"的说明技巧

我们经常会听到客户对我们的恭维话，而且还听不出来这是恭维。其实，恭维话说得再多也没有用，说服客户接受我们的方案或者服务，才是目的。必须让他们说出真话，让他们真诚地对待我们，用行动坚定地配合我们。

可是，我们很多时候却无法判断客户内心真正想要的是什么，经常会被客户表现出来的假象所迷惑。客户很多时候喜欢说假话——善意的假话，他不是真的要欺骗我们什么，他也许只是出于一种本能的自我保护，或者，仅仅是他觉得还不是说真话的时候。比如，他说："我知道你是一位很优秀的律师，但我这里真的不需要律师，我们下次合作吧。"这可能就是一句假话，他的真话也许是：我其实需要你，只是，你的律师代理费实在太贵了！他内心想要的可能是"律师费可不可以降低"。

要确定客户内心真实"想要的东西"的一个技巧就是，**我们可以把客户所有的话都假设成"假话"，把客户所有的问题都假设成"假问题"。然后用发问的方式"逼出"对方的真话和真问题。**

八、不给对方下定义的说明技巧

中国人有一个缺点，喜欢给人下定义。这样的定义布满生活的所有角落，而且很多时候并非正确、积极。比如"哎呀，这个人，不怎样的，人品差。""你是说小李吧，这个人很自私，太浮躁了。""你是说他啊，我的妈呀，这人很不靠谱，离远点吧！"诸如此类的"定义"，随处可见，**其实喜欢说别人是非的人，他本身就是一个是非之人。**

我们没有能力去改变人们这种习惯，但在商务谈判中，在展示我们的谈判观点和项目情况的时候，要尽量避免给涉及谈判的人下定义。这不但可以保护我们，还可以给别人留下良好的印象，有助于完成展示说明并达成合作意向。

有时候我们会发现，我们的客户或者对手反应很强烈，别担心"被下定义"，也别急着解释律师如何如何，他也许只是和我们持不同观点而已，或者我们只是第一次见面，需要一些时间来理解你的客户并且和他沟通。

中国人喜欢给别人下定义，很大程度是"思想"出了问题。意识到一个人的思想有多难改变，在谈判中就应避其锋芒，另辟蹊径。

在谈判中遇到"被下定义"的时候，请不要轻易附和、肯定对方的"定义"，也不应旗帜鲜明地反对他的"定义"，我们可以轻描淡写地告诉对方："我对你说的事情不是很了解，不便发表意见或看法。"或者"我尊重你的观点和立场，但是我保留自己的看法。"

第3节 说明技巧的实务应用

掌握说明技巧是一方面，善于在实务中应用，又是另一方面，前者重在技术层面的熟练，后者重在实务层面的掌控，两者缺一不可。

一、在复杂事实中提炼谈判观点时使用

我们在面对复杂谈判事实的时候，需要通过说明技巧提炼观点，并循着这样的观点展开对话与沟通。当然，复杂是相对谈判整体结构而言，这种复杂性，或者因为没有太多扎实证据支持，或者部分事实缺失对谈判观点的提炼构成威胁，或者这类事实在整个谈判过程中占比太大，导致参与各方难以区分轻重，进而谈判重点跑偏。一个炎热的夜晚，朋友来电约我出去喝咖啡，一看来电时间，已经22:30。我说这

么晚出去干吗,他说有准客户介绍,对方需求很急,希望见一面,就在我们家附近的咖啡厅吧。见面后,准客户花了将近20分钟介绍了她面临的困境。出于礼貌,我一直没有打断她的表达。后来见我一直不吭声,突然意识到自己可能说太多了,遂问我这个事怎么办。我说我们提供三种服务两种收费模式:一是现场接受你的咨询,我知无不言,根据咨询结果,你自己操作;二是出任你谈到的这个项目的律师,提供专项服务;三是为你公司提供顾问服务,当然也包括你现在谈到的项目。关于收费,或者按照本所独创的按件收费计算,或者根据工作量大小按年度收取费用。你现在不用回答我,你打算选择哪种方式与我合作,我现在只给你做现场免费咨询,你可以问我任何你认为重要的问题,我们争取在半个小时内结束,可好?朋友和准客户均表示赞同。

我的前述表达,关于服务与收费,主动表达(我不介绍后面她一定也会问我们怎么服务、怎么收费),提炼观点。关于彼时的现场咨询,表明姿态,避免误会(以为我不给朋友面子或解答不到位)。关于限定时间,一则的确太晚不能无限聊下去,二则确定一个交流规则,情理中透出强势,暗示准客户不要喋喋不休,直接咨询主要问题。

随后这位准客户问了我五六个问题,在我看来都无关痛痒,诸如如何判断合作伙伴靠谱与否,如何掌控项目主动权,如何理顺合作各方的合同关系,等等。我发现,如果我继续任由这位准客户没有重点地发问,这场沟通将会冗长,只有掌控主动权,整个沟通才不会与谈判核心偏离太远。于是我说:"张总,我们重新捋一下这个项目的几个关键事实可好?"她点头。

我说:"这个项目是A县的政路通市政项目,需要投资9 000万元;你目前没有投资能力,L银行愿意提供项目贷款,但需要你找到一家具有建设资质的壳公司成为贷款主体,因为你的公司不具备建设资质,也不符合L银行贷款主体的要求,于是你需要研究的合同有三个:一是你与壳公司的合同,怎么操作更好;二是壳公司与银行的合同;三是壳公司与政府的合同。对吗?"张总表示认同。

我继续说:"你现在的问题是,壳公司进来后,从面上的法律文件而言,项目已与你没有关系,因为壳公司跟银行签了贷款合同,与政府签了项目合同,而实际上项目是你的,但涉法文件上已没有你什么事,对吧?"她继续点头。

"既然如此,我们就讨论你如何掌控壳公司即可,至于合同如何撰写,条款怎么约定,那不是今晚我们能够解决的问题,因为还没有到需要解决的环节,你得先定好基调与框架,对吧?"她继续点头。

于是我们就如何掌控壳公司进行了沟通与交流,其中数次问我项目风险在那里,如何掌控与把握,我也做了相应回应,但效果不大。因为,对方或者听得似懂非懂,或者根本就没有概念。

我说,关于政府违约风险,我前面回答了两次,但显然你并没有完全理解什么叫"预算先下,项目后上"。我举个例子:

假设,A政府成了被告,距离开庭还有5天时间,临时委托我出庭应诉,委托人是A政府,但付款人是A县建规局(项目业主),因为诉讼事项涉及建设规划的违法认定。A县长说你出庭吧,律师费后面再支付。庭后,我安排财务部走请款流程,A县建规局在年初预算的时候,没有涉法预算或涉法预算费用已使用完毕,这笔律师费无法支付。此刻,或者等A县建规局下半年增加预算后支付,或者等来年A县建规局重新预算后支付,或者从其他预留资金里调剂拨付。显然,最靠谱的是最后一种调剂支付方式。可是,对几万律师费而言,调剂支付难度不大,但是对9 000万元的工程费用,如果没有预算或预算不到位,调剂支付的难度相对较大。

我的问题是:在没有获得预算前,你敢不敢动工?如果敢动工,不担心工程款支付可能会产生较大时间成本的话,那么拿着A县发改局的立项文件,你随时可以启动施工程序。反之,得等拿到预算后再动工。你这个项目,最终决定权虽然是A县政府,但工程项目的业主应属A县市容局(市政工程)。在这个前提下,付款的主体不是A县政府(审批主体而非付款主体),而是A县市容局。所以,讨论A县政府违约风险的核心,在于A县市容局能不能按合同约定时间支付工程款,如果不能,你的时间成本将不可控制地增大。

她似乎已彻底明白。

二、在谈判焦点偏离轨道时使用

在一场谈判中,需要解决的问题很多,有时候,容易偏离谈判核心与争议焦点。对最终谈判目标而言,可能需要在解决所有与谈判目标有关的问题或争议后,才能实现最终的谈判目标。但是,在这些问题或争议的背后,我们仍然**需要狠抓问题或争议的核心,以便顺利推进整个谈判进程**。在变化多端、新问题、新情况不断突发的谈判过程中,善于使用说明技巧,在适当时候把谈判重心拉回到争议核心,这可能是我们每个执业律师都需要思考的问题。

在讨论案件事实利弊的时候,客户会自觉或不自觉地思考,案件能不能胜诉,并可能就着这样的思考展开讨论,我们可通过图表与数字说明的方式,简要阐述类似案例的裁判规则,然后迅速将客户的思维与注意力拉回到分析案件事实的核心问题上来。

在谈判相对方刻意回避或对谈判重点避重就轻的时候,我们可以通过举例子、打比方的说明技巧,迫使对方正视问题,回应争议,积极讨论。

在谈判相对方捋不清头绪,觉得每个问题都很重要,觉得每个问题都需要解决的时候,我们需要通过恰当的说明技巧,排除干扰,锁定重点,确定谈判核心,并围绕谈判核心给出策略或步骤。

当然,有时候,双方谈的内容看似无关紧要,实则暗藏杀机;看似可有可无,其实是为实现整个谈判目标谋势布局;看似杂乱无章,实则步步为营。但其实,即便如此,朝着谈判核心努力,解决各方分歧与争议的实质没有改变,只有具备这种坚如磐石地解决谈判核心、解决争议焦点、解决重大分歧的意识的时候,才能游刃有余地使用前述谈判策略,做到从容不迫,收放自如。

三、在突围或促成过程中使用

有时候,在谈判的某个具体问题上,容易被相对方紧盯不放,若继续纠缠不清,也无益问题的解决,我们得想办法迅速突围;或者,谈了太久,仍然无法促成的时候,我们需要使用恰当的说明技巧,为实现突围或促成而努力。

一条国际赛场道需要经过 X 政府所辖 D 镇的其中路段,该路段由 D 镇政府从 X 政府入库建设单位内确定施工单位,工期紧,因而先建设后完善程序。在施工过程中导致某人死亡,家属索赔 150 万元。作为 X 政府的法律顾问,我们参与了赔偿谈判。但谈得很艰难,家属声称得不到 150 万元,就把尸体运到政府办公楼门前去摆放。我在前期研判会上说过,按现行赔偿标准规定,该死者家属获得的赔偿最低要 20 多万元,最高将近 50 万元。如果能在 70 万元范围内达成赔偿协议,我们认为是比较合适的。但政府领导考虑稳定问题,所以对赔偿金额的底线不愿表态,只是要求尽量协商达成赔偿和解。

死者家属律师在中期谈判过程中,抓住了 D 镇政府的一个核心问题,认为施工单位未经过招投标,直接确定施工单位的行为不合法,声称要举报投诉这种违法确定施工单位的行为。这既是该项目存在的致命程序缺陷,也是 X 政府各级官员比较忌讳不愿面对的问题。

我们需要突围,不然继续在该问题上反复纠缠,的确会让我们陷入被动。我谈了几个观点:第一,这是另一法律关系,与赔偿多少没有关联,人身损害赔偿中,我们应该讨论各方存在何种过错,以及过错责任的分担;施工单位获得工程的程序是否合法,不应成为损害赔偿中的过错来讨论。第二，对受害者家属而言，最终目的是希望获得满意赔偿，以金钱赔偿抚慰生者精神上的损害，并解决生者的一些实际困难，那么，基于此，将死者尸体摆放到政府办公楼前，是否能根本上解决问题？请代理人和家属都要慎重考虑。

随后我们采用了举例子、打比方和做比较的说明技巧，全面剖析了赔偿的底线在哪里，和谈与诉讼的边界应如何把握，和解谈判失败后，双方的风险都有哪些，各方承受风险的能力与条件应如何认识等，迅速将谈判重点拉回到赔偿金额多寡的问题上来，让施工单位违法准入的瑕疵迅速转移到谈判重点之外。

四、在出现谈判僵局时使用

双方对某个谈判问题互不让步，相持不下，势必陷入谈判僵局。此刻，大概谁都不想先退后一步，谁都不想先说放弃，有时候，在事关面子问题的时候，很多人似乎看得比生命还重要。何况，在僵局出现的时候，谁先让步，不但事关面子，还涉及实质性的利益取舍。因此，僵局一旦形成，解局成了谈判的首要任务。当然，要解决这样的僵局，也有困难与压力，因为在形成"僵局"的过程中，一则，双方都可能超越了理性与理智的界线，说了很多狠话与大话，硬生生把彼此都逼上了梁山，不留退路；二则，"僵持"所带去的压力与实质性利益，很难让彼此选择与取舍。

在谈判中，硬着头皮死撑的思维方式，其实不可取，用强弩之末来形容那种死撑的后果，大概也不为过。这是因为，有选择的放弃或部分放弃，在恰当时候选择退让与取舍，都是谈判中需要娴熟运用的技能。**那种怒发冲冠、死战到底的谈判策略，很容易让双方陷入进退两难的谈判僵局，并自己把自己谈死。**

第 4 章 律师谈判中的说明技巧

例 4-5

板门店谈判的僵局与解局

1952年2月,朝鲜板门店谈判达成协议:在签订停战协定后90天内,召开相关国家的政治会议解决朝鲜问题,但在其他议程,特别是战俘问题上还有争议。这时,朝方主张尽快结束谈判,认为拖延谈判对本国不利,因为美国的空军正在继续给朝鲜造成惨重损失。5月2日,朝鲜停战谈判五项议程中的四项已经全部达成协议,但在第四项议程,即关于战俘安排问题上,美国方面提出了自愿遣返的原则,而中国方面坚持全部遣返,双方的谈判由此陷入僵局。7月3日,中朝代表团提出新建议:除了非朝鲜籍战俘仍需全部遣返外,同意朝鲜籍战俘无须全部遣返,"即其居住地在敌对方的朝鲜籍战俘应返回敌对方领土;在应召入伍前居住于俘获方领土上的朝鲜籍战俘,应全部留在原处并应被释放遣送回家"。但是美国方面不顾中朝方面的一再退让,于7月13日提出了总共遣返83 000人的要求,中朝再次面临重大选择。

战俘问题,这个看上去不那么大的问题,竟然成为了双方谈判的死结。实则,中朝之间在谈判中对战俘问题持有不同立场,除了政治上的考虑之外,还有一个更为实际的原因,即双方的战俘政策完全不同。由于受国内战争传统做法的影响和缺乏国际斗争经验,中方从一开始就未曾想过扣留战俘,所以主张"全部遣返"。而朝方出于战后经济建设需要劳动力的考虑,则暗地里扣留了大量战俘……

相关史料显示,这场僵局谈判,最终以莫斯科提出的居中方案而解局,即先停战,再讨论战犯遣返问题。

第5章

律师谈判中的拒绝处理

1. 一个良好的、积极健康的生活态度,有时会让我们少去很多挫折和磨难。

2. 在谈判工作准备阶段,就要将所有可能发生的问题和条件录入谈判项目文件,不要在谈判的过程中想到什么提什么,想增加什么就增加什么,这样的谈判效果会大打折扣。

3. "共好",方能减少对抗和抵制,赢来更好的合作和机遇。

4. 既要全神贯注,全力以赴地投入谈判,又要顺其自然,平和低调地接受结果,这才是正确的谈判心态。

5. 只要思路正确,只要坚持谈判,核心利益不放弃,哪怕发生剧烈争论,也不要害怕。

6. 在认同中导出需求,在需求中提出问题,在解决问题中回归需求,相互之间承上启下,环环相扣,形成了整个谈判的逻辑架构。

7. 在做促成动作的时候,我们坚定的意念所展示出来的自信和热情,往往会成为打动对方的关键。

谈判的任何一个环节，都可能遇到拒绝，而拒绝会产生问题。**谈判的过程，从某种角度而言，就是处理拒绝，处理问题的过程**。如何在拒绝中准确识别问题，如何在问题中确认争议重点，如何在争议重点中寻找解决争议的办法，成了谈判参与各方必须面对的问题。

因而，能否妥善解决谈判中的拒绝处理，考验我们在谈判中能够发挥什么作用、获得多少收获乃至能否实现谈判目标。

谈判之所以需要那么多的技巧和方法，需要那么多的努力和付出，就是因为在谈判中处处充满了拒绝的可能。只要我们对某个拒绝处理不恰当，就有可能功亏一篑，以失败收场。我认为，原因可能有很多，其中态度问题值得研究。

2001年，带领中国足球队冲进世界杯决赛圈的前南斯拉夫足球教练米卢先生，嘴边经常挂的一句话就是"态度决定一切"。认真想来，态度是一个很奇妙的东西，它看不见，也摸不着，却能在生活和工作中发挥神奇的力量。有一个小故事是这样说的：两个秀才一起赶考，路上遇到一支出殡的队伍。看到那黑糊糊的棺材，其中一个秀才的心立即凉了半截，心想：今天怎么这么倒霉，赶考的日子竟然遇到棺材。于是，他心情一落千丈，直到走进考场，那个黑糊糊的棺材还挥之不去，结果文思枯竭，名落孙山。而另一个秀才却想：棺材，棺材，有"官"又有"财"！好兆头！他情绪高涨，文思泉涌，果然一举高中。就是这样不同的态度决定了不同的人生。

一个良好的、积极健康的生活态度，有时会让我们少去很多挫折和磨难。在商务谈判中，积极的态度有时直接决定着最终的成败。有时候，我们之所以能谈成一件事情，不见得都是因为我们准备得多么充分，或者具备了对方想要的所有条件，很可能只是因为对方觉得我们态度积极，和我们这样的人合作值得信赖，且合作会比较融洽愉快，仅此而已。

我之所以反复强调态度的重要，是因为，态度在处理谈判中的拒绝问题时扮演着重要角色。其实,能不能解决出现的拒绝,是一回事,愿意不愿意用一种积极态度去面对问题、解决问题,又是另外一回事。前者强调结果,后者强调主观能动性。所以孔子才说:"取法乎上,得乎其中。"也就是说,人要有追求,不能轻易放弃,要尽最大的努力去做,以"尽人事,听天命",这是态度问题。

第1节 谈判需要解决的核心问题

谈判中需要解决的核心问题是拒绝处理。拒绝处理在商务谈判的过程中随时有可能出现,我们把这种不确定的拒绝,称为"程咬金拒绝",即半路上杀出来的拒绝。这种半路上杀出来的拒绝还少吗?说好明天签约的,睡一觉起来,什么都变了;说好周末要去度假的,机场路上,律师事务所主任打电话要你赶回去,处理一件非你莫属的紧急事务;已经经过讨论的人事调动,星期一上班的时候,已被人力资源部无理由叫停……这些生活中令人纠结的拒绝实在太多,可我们还不得不面对。

这就是谈判的变数。其实,这个世界充满变数,没有变数的世界不可思议,也不符合唯物主义辩证法的运动律。变和不变是同时存在的,变化的背后一定有不变的东西,这个东西就叫自然规律。我国台湾的曾仕强先生就认为:"我们只能活在现在,人生最大的考验也是现在,变与不变,世间万物,不过阴阳尔。"所以《道德经》开篇就说了"道可道,非常道",告诉我们的就是宇宙间有两个道,一个叫"常道",一个叫"非常道";一个绝对,一个相对,都只不过是变与不变的统一而已。

那些无法改变的东西,比如流逝的岁月,不再的青春,美好的童年,都是记忆。因此,我们只能活在现在,活在当下,活好今天而已。

这样想来，还有什么拒绝是不可以承受的呢？

不变的是原则，变化的是万象，要站在不变的立场来变，才不会乱变，这是处理拒绝的一个基本出发点。

所以，解决谈判过程中变化的拒绝，成了谈判的重中之重，不然，实现谈判目标的进程会异常艰难。

一、为什么会拒绝

商务谈判中的拒绝大概有这样一些原因：

1. 源于对问题本身的拒绝

问题本身就是相对方不愿意看到的，现在出现了，当然不高兴，而我们又要求人家表态、拍板，对方当然会拒绝。比如，我希望法律秘书在两日内，将涉及某个案件的所有法律检索和案例全部整理出来给我，如果他一周以后才整理出来，在这个过程中，还三番五次让我解释、表态的话，自然会受到果断甚至粗暴的拒绝。

2. 源于没兴趣产生的拒绝

如果我对这个事情没有任何兴趣，你却要天天在我耳边聒噪，说这个事情我必须参与、必须处理，拒绝也会随之产生。我的女儿三岁时喜欢看电视少儿节目，可我却总认为，那个电视节目对她的成长没什么帮助，所以只要有时间和她相处，我总建议她看一些英语节目，并主动去关闭电视，打开放映机，以图引导她。可惜，我似乎没有成功过，基本都是在她连哭带闹的拒绝下，黯然退场，因为她对这个英语没有兴趣。

面对自己没有兴趣的事物，小孩尚且如此，成年人或许更甚。

3. 源于不熟悉而产生的拒绝

都说隔行如隔山，如果对某个行业和领域不熟悉，此时又必须让对方拍板、表态、做决定的话，被拒绝似乎也在情理之中了。

4. 源于事情引发新问题产生的拒绝

有时候,项目谈得很愉快,很融洽,但就在即将大功告成的时候,拒绝产生了;有时候,我们想破脑袋也没弄明白问题出在什么地方,这可能是因为,在谈判的过程中,就事情或者项目本身引发了新问题,而这个新问题又是相对方忌讳的,或者无法解决的,或者不愿意解决的,可能这些问题会加重对方的各项成本,超出了原来的投资预算,增加了相应的义务。这种情形下,对方只有选择拒绝或者重新坐回谈判桌,与我们展开新一轮谈判。这当然不是我们想要的,但却无法选择,只有继续陪着谈下去。这类似于我前面说的"程咬金拒绝"。

在代理 X 公司收购 L 公司一个不动产项目谈判的时候,经过双方的共同努力,我们在收购条件、债权债务、股权比例等方面基本达成一致,不存在原则性分歧,双方文字秘书都在忙碌地准备着签约的各项法律文件。可在即将签约的前一天,L 公司的总经理突然提出,要求将托管于某资产公司的不良资产打包进入本次不动产项目收购中,理由是该不良资产的产生和本次合作的不动产项目具有直接关系;另外 L 公司已经将该不良资产进行了大幅度的折扣让步,打包进入本次不动产收购项目也不会增加 X 公司太多成本;而且他不希望在他的任期内留下这个包袱。我们没有经过任何考虑就断然拒绝了 L 公司这个新要求。谈判处于崩溃边缘,好在 L 公司董事会最后还是放弃了这个诉求,才得以将该不动产项目顺利收入 X 公司旗下。

在谈判中产生新问题有时候可能无法避免,也许是项目本身的需要,但是我们还是建议尽量避免,否则会增加相对方的拒绝。避免的一个最简单办法就是:**在谈判工作准备阶段,就要将所有可能发生的问题和条件录入谈判项目文件,不要在谈判的过程中想到什么提什么,想增加什么就增加什么,这样的谈判效果会大打折扣**,甚至是对参与谈判人员付出劳动的不尊重,若不是情非得已,不要去"制造"这样愚蠢的问题。

有一点，在谈判中要千万注意：有的问题不是真问题，有的拒绝只是假拒绝。这正是《孙子兵法》第十六计"欲擒故纵"的运用。一般而言，在商务谈判中，相对方反复强调的问题可能就是真问题，我们需要打起十二分精神去注意。相对方第一次拒绝通常不是真的拒绝，可以不用放在心上，相对方基于谈判项目需要提出具有逻辑性的拒绝，那可能就是真拒绝。所谓具有逻辑性的拒绝，是指该拒绝是建立在对项目客观分析和逻辑判断的基础上，换个表达就是"这个拒绝比较合理"。如何判断这个拒绝是否合理，这得靠对项目的整体把握和分析，没有一个固定的模板可以套用。

我们来看看《孙子兵法》第十六计是怎么被运用的。

例 5-1

《孙子兵法》第十六计——"欲擒故纵"的运用

《孙子兵法》第十六计是"欲擒故纵"计。原文曰："逼则反兵，走则减势，紧随勿迫。累其气力，消其斗志，散而后擒，兵不血刃。"该计出自《老子》第 36 章："将欲歙之，必固张之；将欲弱之，必固强之；将欲废之，必固兴之；将欲夺之，必固与之。"实际上，欲擒故纵中的"擒"和"纵"是一对矛盾，从谈判的角度而言，"擒"是目的，"纵"是方法。古人有"穷寇莫追"的说法，实际上，不是不追，而是看怎么去追而已，把敌人逼急了，他会集中精力，拼命反抗，不如暂时放松一步，使敌人丧失警惕，斗志松懈，然后再伺机而动，歼灭敌人。诸葛亮七擒孟获，就是军事史上"欲擒故纵"的一个绝妙案例。在现代世界史上，罗斯福收购巴拿马运河算是这个计策的智慧经典。

巴拿马运河是美国控制的一条内河航线，它不但让美国每年赚不少美元，而且还具有重要的战略地位，但巴拿马运河最早不是由美国人开凿的。19 世纪末，一家法国公司和哥伦比亚签订了一项合同，打算在哥伦比亚的巴拿马省内开凿一条连通大西洋和太平洋的运河。

主持这项工程的总工程师是法国人雷赛布,其以开凿苏伊士运河而闻名世界。凭借过去的成功经验,他认为完成这项任务没有问题,但是工程一开工就遇到了麻烦。巴拿马的环境和苏伊士有很大不同,工程进度很慢,而且公司资金短缺,项目开始陷入困境。

美国总统罗斯福听到这个消息后,暗自高兴,决定布置人手收购该项目。法国人为此开价1亿美元,以为美国人会很大方地买下。没想到,尽管美国人对这个项目垂涎三尺,但是表面上却装着无动于衷,罗斯福煞有介事地派手下搞了一个调查报告出来。报告称:在尼加拉瓜开凿运河的全部费用不到2亿美元,在巴拿马开凿运河的费用虽然只有1亿多美元,但并不合算,因为加上支付法国的项目购买费,合计最少要到2.5亿多美元了。

这个报告自然要让法国人过目。法国人看了吓了一跳,心想:如果美国人不收购的话,那法国岂不是一分钱都收不回来了啊?算了,能收回多少算多少吧,只要美国愿意收购。于是,法国人展开了说服,愿意以4 000万美元卖出,罗斯福自然笑得合不拢嘴。但欲擒故纵的表演还是要进行到底,他又对哥伦比亚政府故伎重演。

罗斯福指使国会通过一项法案,称如果哥伦比亚政府愿意与美国政府达成协议的话,美国将考虑开凿巴拿马运河,否则美国还是选择开凿尼加拉瓜运河。这样一来,哥伦比亚政府坐不住了,马上安排谈判人员进行谈判,签订了一项条约,同意以1 000万美金的代价长期租给美国一条两岸各宽3英里的运河区,美国另外每年付给哥伦比亚10万美元。

就这样,罗斯福娴熟地运用了《孙子兵法》中的"欲擒故纵"之计,以最小的代价轻松地将巴拿马运河项目收归囊中。

二、如何减少对抗和抵制

明确告诉谈判相对方,这样做的好处是,我们可以达成"共好"的

局面。"共好",多动人的一个词语。我们大都听过"大家好,才是真的好"这样一句广告词,"共好"就是要大家好。其实,"共好"源于一个著名的企业管理故事。这个故事告诉人们,应当学习松鼠的精神(价值观),因为松鼠不是为别人或企业工作,而是为自己;应当学习海狸的方法(组织与个人的关系),单位的主管要让员工有充分的自我发挥的空间,主管只需设定好须达到的目标和标准;应当学习野雁那种互相鼓励(个人与个人的关系),企业中每个人都要不断地给对方发自内心的喝彩。由此,最终实现企业和员工、员工和员工之间的"共好"。**"共好",方能减少对抗和抵制,赢来更好的合作和机遇。**

如果能在谈判中让对方相信:我们的合作,可以创造一种价值观,展示一种良性的组织与个人关系,并能达到"共好"的目标。我想,这样的感染力会很大。这是因为:很少有人会拒绝我们提出的可以帮助他成长、让他因为本次合作而获得更好发展的倡议或方案。这样就能减少相对方的对抗和拒绝。当然,这样一些关于"共好"的指令和要求,必须具体化,否则无法产生我们想要的结果。下面来体会一下我们教育小孩的模式:

爸爸喜欢对3岁的女儿大声呵斥:

"不要动桌子上的台布。"

"女儿,你这样做是不对的。"

"不要吵了,闭上你的嘴巴。"

尽管爸爸想以不断提高声音的方式来增加威严,其实没有一点效果,女儿可能会对爸爸的指令视而不见,仍然自顾自地干自己的事。这意味着什么?意味着爸爸的指令不具体明了,要成功说服她,就要引导她一步一步地朝我们希望的方向思考和关注。妈妈就不会像爸爸这样简单粗暴,妈妈会说:

"妞妞,你这样做是想体会桌子上如果没有台布会怎么样,对吗?"

小家伙就会点头。

然后,继续朝我们想要的方向引导:

"妈妈理解你的想法,可是我们马上就要吃晚饭了,如果没有台布铺在桌子上,我们吃饭滴下的汤水就会洒落到桌子上,那样桌子会难过的。你希望桌子难过吗?"

小家伙会摇摇头。

然后,妈妈继续引导:

"那么,我们暂时别动桌布好吗?等我们吃完饭了,妈妈再和你一起体验,好不好?"

小家伙开心地笑了:"好吧。"

爸爸在旁边看着这奇妙的一幕,想,岂止小孩子如此,成年人不也如此吗?

三、"釜底抽薪"的运用

《孙子兵法》第十九计是"釜底抽薪"。原文曰:"不敌其力,而消其势,兑下乾上之象。"大意是不能迎击敌人的正面进攻时,应消灭敌人的有生力量,消灭事物存在的基础,事物就难以发展了。此计出自北齐魏牧所写的《为侯景叛移梁朝文》,即"抽薪止沸,剪草除根"。

历史上,釜底抽薪的经典案例,大概要数曹操和袁绍的那场"官渡之战"了。曹操在许攸的建议下,将袁绍屯粮的地方——乌巢一把火烧了个精光,然后再率领人马返回官渡,与原留守在官渡的曹军将领曹洪、荀攸前后夹击袁绍于官渡,最后以三万之力,彻底击败袁绍的十万之众。此战役后,袁军主力全部被歼灭,袁绍自此一蹶不振,不久死去。

在商务谈判中,釜底抽薪的运用,可以有效狙杀谈判相对方的拒绝。

例 5-2

《孙子兵法》第十九计——"釜底抽薪"的运用

我在参与 G 市政府与某江旅游航道 24 家民营企业,就航运价格、政府补贴、船上餐标等项目谈判的过程中,为 G 市政府设计了两套谈判方案,其中一套就采用了釜底抽薪的策略。

具体做法是:G 市政府投资组建 A 公司,将 24 家航道运输民营企业定点采购油料、船只维修配套的定点公司全部收购。然后再利用集中优势,迫使民营企业在航运价格、政府补贴、船上餐标与政府的倡议保持一致。

这貌似有点不地道,但政府有政府的职责和考虑。当然,企业也有企业的难处和诉求。很多时候,人们都喜欢只站在自己的角度思考问题,所以才生出那么多的不同意见。司马迁早就说了:"天下熙熙皆为利来,天下攘攘皆为利往。"足见这个利益的重要,当那么多的企业为了各自的私利无法达成统一,甚至有可能破坏旅游秩序的时候,为了社会的和谐以及从市场经济运行的长远考虑,政府利用这样的资金优势切断民营企业的后路,顺畅实施宏观调控,也是地方政府的应尽之责。经过长达半年的博弈,最终实现了谈判目标,目前 G 市的航道运输旅游模式,已成为全国航道运输旅游业的样板模式。

四、期望越大,失望越大

这不难理解,当我们对某件事情、某个人投入了很多关注和情感,但是这样的投入没有获得我们预期回报的时候,失望就越大。这就是为什么在商务投标谈判中,那些志在必得的投标公司很紧张、很痛苦的原因。他们付出了很多,从制作商务标、技术标的规范、专业和投入,到谈判团队的组建和谈判律师的选择,都做了精密的策划和部署,这样的公司是无法容忍失败的。倒是那些小不丁点的投标公司,就派了一两个人参与,加一个无精打采的谈判律师,就是他们全部的谈判家当了。失败了,也在情理之中,因为他们投入的成本和关注都很少嘛。

为了说清楚这个观点,我再讲一个小故事,说的是一个修道的徒弟受师傅委托,下山去摘稻穗。徒弟走在田埂上,发现第二根稻穗比第一根好,本想采摘了,但是转念又想,是不是前面有更好的啊!于是往前走几步,果然看到有更好的稻穗,准备摘的时候,抬头看着金灿灿的稻田,想来前面会有更好的!于是继续走,一直走到了田埂的尽头,他也没摘到一根稻穗。其实对这个徒弟来说,选择哪根稻穗,他都会心神不定,总觉得前面会有更好的。一旦要作出选择,没有被选到的那根就更让他牵肠挂肚。这大概就应了那句话:"选择意味着失去。"这可不是什么好事。为什么会这样?因为考虑太多,期望太高,付出太大,所以,当他放弃其他选择机会的时候,失望就很大了。

谈判中,投入的心思和成本越高,最后被拒绝的时候就越伤心。**既要全神贯注,全力以赴地投入谈判,又要顺其自然,平和低调地接受结果,这才是正确的谈判心态。**

五、一起吃个便饭吧

谈判到了最后冲刺阶段,越来越难坚持,就像万米长跑一样,明明已经可以看到终点,但是脚步就是不听使唤,越来越沉重。倒下?不甘心。不倒?又很难坚持。我描述的这些感觉,正是谈判中最关键时刻,准备临门一脚时的感觉,就差那么一点点,但是却无法再推进,甚至可能正在和相对方激烈的争吵中。放弃?怎么甘心。不放弃?却一时半会儿又没办法。怎么办呢?吃个便饭吧!

一起吃饭,合适吗?当然没问题,这符合中国人的习惯,而且可以暂时把争议搁置,甚至可以进行"体验式销售"。

买个车,让你亲自试驾一下;买套衣服,让你试穿一下,还要在镜子前摆弄一番;甚至在街头买斤橘子,那个憨厚的大叔还会让你先尝尝再买。经典的对话模式是这样的:

"老乡,你这个橘子怎么卖啊,甜不甜?"

"3元一斤,甜,怎么不甜呢,不甜不收你钱,你尝一下就知道了。"

说罢,热情地递上剥开的橘子。这样的"体验式销售"随处可见。如果你真的谈不下去了,也做一个这样"体验式说服"的动作吧,先吃个便饭再说。

六、不要害怕争论

只要思路正确,只要坚持谈判,核心利益不放弃,哪怕发生剧烈争论,也不要害怕。对方是不是很大声?没关系,你可以选择比他更大声,如果你没自信自己的嗓门超过对方的话,你也可以选择低沉的声音,但语气一定要坚定,神情要严肃,吐字要清晰。有理不在声高,有时候声音大不代表他很自信,那可能是外强中干的表现。反正你得根据情势判断,必要时候,也不妨激烈相对。

我的团队运行之初,伙伴之间就害怕争论,一则担心伤和气,二则觉得争论会积下怨恨,三则无法接受争论中产生的激烈对抗。所以往往遇到分歧的时候,都选择妥协或浅尝辄止,问题根本无法解决或只能部分解决。后来,当所有人都明白,一些事情,只有越争论越明白,越争论越容易找到解决问题的办法的时候,我们做了一个约定:对事不对人。

大声争论无所谓,激烈争论也无妨,但千万不能蹦出涉嫌人身攻击、侮辱个人的言语出来。如果是那样,我敢说,你马上就可以收拾文件,安静地走开了。不管是在任何场合的谈判,当我们恼羞成怒,涉嫌人身攻击的时候,也基本上就是谈判工作结束的时候。如果是在和朋友交往中这样的话,从此以后,你可能就会被拉入"黑名单"。这不是绝对的,但概率很大,最好不要冒险。

都说把脾气拿出来,那是本能,把脾气收回去,那是本事,我们需要在本能与本事之间,长久修炼,持续思考,不断感悟。

例5-3

对事不对人

我的一个好朋友是做医药的民营企业家,赫赫有名,且颇具雄才大略。

在一次喝茶闲聊的时候,和一个小兄弟讨论某个行业的专业问题(这位做企业的朋友曾有心提携这位小兄弟一把,觉得他有自己的专业优势)。双方在一个类似于"先有蛋还是先有鸡"的问题上发生激烈争论。

突然,这位小兄弟情绪激动地指着我这位朋友大声说道:"你懂个屁啊,简直是扯淡!我不想再和你这种扯淡的人讨论这个问题。"

我端着的茶杯停在半空,惊讶地看着这突然发生的一幕,觉得不可思议。

我这位企业家朋友毕竟是见过大风大浪的人物,沉默了一下,平淡地说了一句:"既然你连起码的事实都不愿意承认和尊重的话,我也没办法,究竟是谁在扯淡,也只有走着瞧了。"

结果怎么样?不用我说你都猜得到。这位小兄弟从此消失在这位企业家的茶桌旁。为什么?因为这位小兄弟犯了"对事不对人"的争论大忌。"对事不对人"可以,但这位兄台是"对人不对事",这就走得太远了。

七、边说边写的秘密

"好记性不如烂笔头",这话读初中的时候老师天天说,都听腻了,但没什么深刻感触。参加工作以后,才开始体会到这话的正确性。我们是不是都有这样的经历,刚刚自己说过的话,或者别人刚才的系列发言内容,开始记得好好的,转眼间到了自己想总结发言的时候,却又忘记了对方刚才说话的核心内容是什么,尤其涉及一些数据的时候,更是手忙脚乱,大脑一片空白。如果是在谈判的紧要关头,为了一些数据,在那里慌乱地翻看文件数据,打开电脑又不知道那些数据存在哪个文件夹里,是不是很狼狈?如果是委托人自己派出的员工这样也就罢了,我们作为律师出席项目谈判,这种狼狈的行为一旦出现,我们的专业形象、职业气质,都将被划入负分行列。

因此,建议用笔把那些我们认为重要的内容,记录下来。一边听,一边有针对性地记录,这既能增加我们的工作秩序感和专业性,也能体现出对相对方的尊敬,这种一举两得的事情,多多益善啊。

第2节　处理拒绝的几个原则

一、听出对方反对的真正理由

如果是真的问题,前文已述,通常对方会反复强调,在这个过程中,你要善于倾听,鼓励相对方把话说清楚,说明白。倾听真的是一项必须学会的技能,是一种必须养成的习惯,是我们必须具备的品质。

二、确定那是对方拒绝的唯一理由

要确定某个事由是对方拒绝的唯一理由,就免不了要提出质疑。比如:

"除了这个以外,你还有其他考虑吗?"

"如果你担心的这个问题解决了的话,是不是表示你就可以拍板了呢？"

"如果不是这样，你就可以委托我作为你的代理人了，对吗？"

"在刚才你谈到的这些问题中，哪个对你更重要？"

这样发问的目的是缩小问题范围，以对症下药。

三、提出能够完全解决拒绝问题的反问句

一方面，问题要切中客户的内心主题；另一方面，你要让客户作出"是"或"不是"的回答，必须锁定你的反问，让它成为解决客户拒绝的唯一的发问。例如：

"你能不能告诉我，多少律师费是你愿意接受的？"

"你确定这是目前你唯一需要解决的问题吗？"

"影响你决策的因素还有哪些？"

四、回归客户的需求分析

最好的问句要能勾起客户的需求，最好的杀手锏是能从客户最关心的人或者物下手。因此，当拒绝产生的时候，最好以提问的方式，再次引导客户回归他的需求，再一次和对方展开需求的分析和讨论。

五、避免问题分散

所提的问题不要涉及其他问题，不要带出新的问题，即问题中的问题。切记，每次只能处理一个问题。

六、确认回答

问了，就要确认得到对方的回答。很多时候我们问人家，人家还没有准确回答的时候，又把对方的话题岔开了。你是否有过这样的经历，刚处理完一个拒绝问题，客户接着又提出另外一个问题，然后你又处理，他又接着拒绝。是不是让人很脑瘫啊？想过如何处理这些客户

反复无常的问题了吗？用确认的方式等待对方回答。比如，"张总，你认为这点对你很重要，对吗？"

"曾总，你能不能告诉我，你不能下决心请律师的真正原因是什么？"

第3节　拒绝处理的三段论模式

改变他人的思想或观念，真的很难。所以才有一句笑话说，猪有猪的思想，人有人的思想，各自都有各自的不同。如果猪有人的思想，那它就不是猪，他是八戒！

既然无法改变他人，那就成全他人，让他们知道，我们所做的，正是在朝着他们自己设定的目标发展或靠近，让谈判中的那些持有成见或异议的人，通过亲身经历和体验，收回自己的成见或异议，或者认同我们的观点。

记住，此时改变他的，不是我们，而是他自己。要获得这样的效果，关键在于，我们与他们处于共同战线上或共同利益局面（心理认同），而不是对立局面。然后再抛出我们的问题，问题必然伴随需求，（导出需求），最后确认问题，解决需求（回归需求），这就是拒绝处理的"三段论模式"。如图5-1所示：

显然，**在认同中导出需求，在需求中提出问题，在解决问题中回归需求，相互之间承上启下，环环相扣，形成了整个谈判的逻辑架构**，我们任何律师业务的谈判，都可以在这个"三段论"架构中找到恰当的填空姿势，按照谈判目标的具体需要，在这个架构中增加具体项目，将需求和问题清单化，将认同具体化。进而开展全面的，有序的，综合的谈判工作。

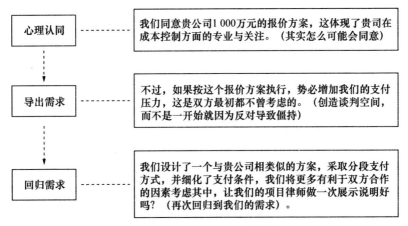

图 5-1 拒绝处理的"三段论模式"

第4节 如何处理律师实务中经常出现的拒绝

客户经常会在胜败输赢、利弊权衡与律师费多寡之间转圈,他们的拒绝既现实又客观,此时如果不妥善处理拒绝,促成的难度很大。为此,我总结了一些律师实务中的拒绝处理模式,供参考。

一、准客户签约阶段的拒绝处理

1. 我现在不需要律师

律师回应技巧:

(1)张总,依您现状看,企业做得那么大,而且经营稳健,员工上下齐心,看起来确实没有法律风险。更重要的是,您本身就是一个具有远见卓识与丰富经验的掌舵人,现在看来,律师确实对您没有用。

(2)能不能请教您一下,您的企业会在什么情况下需要律师呢?

(3)当风险来临时再寻找律师的话,一方面,可能一时半会儿找不到合适律师；另一方面，临时需要的时候再找律师，代理费相对会比较高。就算您不在乎代理费高低，但彼此不熟悉，开展工作时会缺少默契，如果您现在有一位顾问律师，一旦风险发生的时候，是不是在很多方面都更容易处理？更何况，顾问律师的最大作用就在于实现"事前风险控制"。

2. 我已经有律师了

律师回应技巧：

（1）恭喜您，看来您在法律意识与风险意识方面都走在很多企业家的前面。我相信您的律师一定为企业发展提供了很多风险防控帮助，您的确是一个有远见的人。

（2）请问，您现在的顾问律师合同什么时候到期，您认为您现在的律师做得最好的地方是什么呢？在法律顾问服务方面，我很想和那些比我更有经验的律师学习。有机会介绍您的律师给我认识一下吗？（我这么说，是因为我判断"我已经有律师了"是一个假问题，他的真问题是：我其实没律师，只是我不想搭理你。）

3. 我自己能处理，不需要律师

律师回应技巧：

（1）我一点也不怀疑您的智慧和能力，可以独立处理一些法律上的事务和风险，可是您要管理那么大的企业，凡事都要亲力亲为的话，那实在很辛苦，而且也会让工作效果打折吧？

（2）有时候您身边有一个律师，不但会给您本人带去安全感，也会给您的客户和合作伙伴带去安全感，他们会认为您是一位风险意识强、企业风险控制到位的老板，他们愿意信任您和您的企业，很多时候能促成交易与提升企业形象与品牌，您认为是这样吗？

（3）律师既不是您的普通员工，也不是您的高管，能够不受或少受企业利益或人事的干扰，很多时候能独立思考，跳出框架看问题，在您决策的时候，可以给您提出很多不一样的见解。

4. 找律师难道我就不赔了

律师回应技巧：

（1）法律责任的承担有很多种，比如，是道歉，还是现金赔偿？是恢复原状，还是消除影响？这些都需要律师去争取。

（2）再说了，赔偿也不能白赔啊，在法律上总要有个定性和过错的划分吧，为什么就全都是您的过错呢？难道您不认为对方也有过错吗？如果是这样，很多具体的法律适用，只有律师才能表达清楚。

5. 律师没用的，关系才重要

律师回应技巧：

您说的也许有一定道理，但您考虑过没有：

（1）也许您这个案件不需要关系就可以处理妥当，运作关系的费用与律师费相比，哪个更低呢？

（2）关系也必须建立在事实和证据的基础上，如果找不到恰当的突破口，您可能未必会得到想要的结果。解决问题的突破口谁可以给您帮助，可能还是律师吧？

6. 出了事情我找兄弟出面就搞定了，要律师干吗

律师回应技巧：

（1）找兄弟也是会欠人情的，甚至兄弟都被您所累，何不找个律师，您心中可能更有底，也不用什么事情都自己亲力亲为，您可腾出更多时间去处理其他事务。

（2）找兄弟会陷入恶性循环，您有兄弟，别人也有，如果没有事实与证据作为基础，很多事情也未必如愿，兄弟就一定会帮助您？如果有了律师，这些被动可能就不会存在。

（3）关系确实也很重要，但是您想过没有，如果您身边有一个专业律师或者律师团队给您出谋划策，并帮助您把握案件程序和进度，您心中是不是更有底？是不是能够防止事情向更坏方向发展，从而减少您的关系成本？

7. 现在的律师都是吃了原告吃被告

律师回应技巧：

您是亲身遇到过这样的律师，还是听人说的呢？如果是前者，那现在面对我们的律师团队，您可以有一个更好的比较吧？如果是后者，您又怎么能肯定人家说的都是真的呢？据我所知，律师只能接受一方当事人的委托，这是有法律明确规定的，律师吃原告又吃被告这样的现象可操作性不大，没有哪个律师愿意拿自己的饭碗开玩笑。

8. 现在的律师职业道德很差，都是拿了钱不办事

律师回应技巧：

（1）您说的现象确实存在，任何一个行业都有好人与坏人。关键是以您的智慧和社会阅历，我相信您会选择到适合您的律师作为您的合作伙伴，对律师的专业水平和职业道德的判断，我想您也有过人之处。

（2）您说的律师确实存在，但那毕竟是少数，我们不能因此就推导出所有的律师都是这样吧？我相信您能客观准确地判断出我们不是那样的律师，因为我们是整个律师团队在为客户服务。

9. 我的案件必须要找一个有关系的律师，因为对手有后台

律师回应技巧：

（1）您说的情况确实很严重，不过我可以给您一些建议供您参考：既然对方已经找了那么多的人，而且对方又找在了前头，现在您也去找关系，是不是会陷入一种大家都找关系的怪圈呢？不但成本更高，甚至付出了代价不一定得到您想要的结果。既然是这样的话，您也不需要律师了，自己直接去找关系就可以了啊！

（2）您是不是可以冷静下来考虑一下，整个案件是否还有其他值得您去操作的突破口？您在操作这个案件的过程中，是不是某个环节出现了重大失误？是不是解决问题的真正突破口您还没找到？是不是考虑放弃这个程序，到了下一个程序，比如二审以后再寻找机会？

(3) 如果您愿意这样的话,这些都需要律师而且是相当有水平的律师,才可能帮助您寻找到解决问题的突破口!

(4) 如果您愿意的话,是否考虑我们的律师团队?至于人际关系,大概您也知道是最没技术含量的活,关键在于找到切实可行的专业方案。

10. 你们收费比其他律师贵

律师回应技巧:

(1) 律师是在全面研究事实和证据前提下,确定解决方案。而您知道,不同律师对事实认定与证据研判会有区别,甚至对法律也有不同理解,所以才会有大律师和小律师的区别,也才有收费上的区别。因此,我们的收费是建立在专业自信与过往成功案例的基础上。

(2) 这个不奇怪的,衣服都有贵有便宜的,只是看您怎么评价我们,看您觉得花费这样的费用请我们值得不值得而已,而像您这样充满阅历和智慧的人,我想您会作出正确的判断和选择。

(3) 我们是整个团队为您提供服务,与其他同行可能有些区别,而且收费是在客观评估案件复杂程度或工作量基础上计算,收费比别人贵些也正常。

(4) 我们的收费符合行业收费标准和相关物价规定。贵和便宜只是相对而言,如果您花100万元律师费挽回了1 000万元的损失,这个算贵还是便宜呢?

11. 我想找一个有名气的大律师,你们律师事务所没什么名气

律师回应技巧:

(1) 大律师和小律师都是相对的,适合您的才是最好的,您觉得,我们有能力处理好您的委托吗?

(2) 有名气的律师不一定有水平,有水平的律师不一定有名气。您去买名牌产品还有可能买到假货呢,道理是一样的。

(3) 判断一个律师有没有水平的标准是多方面的,不但要看专业知识,还要看职业道德、责任心和服务品质等。相信您通过和我们的接触,能够作出客观公正的评价。

(4)再名牌的鞋子,如果不合您的脚,恐怕也只能放弃,找律师也是一样的道理。

(5)您这个案件不需要找有名气的大律师,因为很多时候,大律师是没有时间亲自为您处理的,一般都是让他们的助理或者其他律师在处理,他更多的时间和精力是在处理比您这个更复杂、标的更大、律师费更高的案件。花了比请一般律师更大的代价,得到的却是一般律师的服务,您觉得值得吗?

(6)如果我说,您只要花请大律师费用的一半代价,却可以得到同样的结果,您会怎么选择呢?

最后提示:上面这些拒绝处理模式的"回应技巧",是我们在与准客户签约谈判中、甚至服务中经常遇到的,如果不首先处理这类拒绝,获得委托,那么后续的各种商务谈判都无从说起。所以才说,客户可能是我们最大的"敌人",客户才是我们需要最先处理的人。如果你在执业中遇到了,你可以按我的模式去说,也可以修改后按你喜欢的模式去说。但不管采用哪种表达模式,有一点很重要,这些"技巧"必须要带着真诚、带着感情、带着激情去说,否则未必会有效果,说不定反而让对方觉得你很虚伪。当然,读到前述文字的你,可能也会觉得我很虚伪,甚至不屑一顾,因为这类纯技术的东西,容易丧失"形而上"的内涵而缺少支撑,事实上,我也很少这样去说,但我表达的方向会结合我的实际情况。从这个角度而言,我提供的更多是一种思维方式。

我相信各位,有理由比我使用得更好。

二、处理拒绝的关键是促成

在最后阶段,意念,将成为我们促成的关键。**在做促成动作的时候,我们坚定的意念所展示出来的自信和热情,往往会成为打动对方**

的关键。坚定的意念会将我们的精、气、神全部展示出来,显露出的霸气和沉稳,正是各方所需要的。

也许不少律师在这个行业还过着勉强糊口的日子,齐家治国平天下的前提是解决温饱,所以,这样的律师同行在面对一些拒绝的时候,无法考虑更多,我是能够理解的,谁不是这样走过来的呢。但是,有的律师登峰造极,却正是因为他知道法律对社会发展的重要,心中充满了对法治的信仰和对法律的敬畏,他想要的不仅仅是律师费。唯有这样,律师才能自信,才能迸发出那种激情和意念,并且能感染各方。我们不仅是在为律师费努力工作,我们还是在为那些需要法律帮助的人能够在这个国家沐浴到公平正义的阳光,能够因为法律的正确适用使他们获得幸福而努力工作;还是在为这个国家的法治建设努力工作。

这绝不是空话,这是信念,这是信仰。

也许,早就忘了当年参加国家司法考试的辛苦和艰难了,早就忘了当初考试的初衷。如果通过这个考试,来到这个行业,仅仅是因为想生活得更好点,想获得更多物质收益的话,恐怕会失望,因为在这个社会,比律师有钱的人比比皆是。我们看哪个富豪排行榜上,不管是中国的还是世界的,何时有律师进入排行榜?因此,请摒弃那些让我们无法自信、无法抬起头来的脆弱想法,展示出我们的专业霸气,作出有力促成。

我们既要铭记不忘初心,方得始终,也要知道初心易得,始终难守。

第6章

律师谈判的实务介绍

1. 永远不要在电话里和准客户谈律师费,永远不要在电话里给准客户报价。

2. 如果我们不能较准确地了解准客户的付费能力,不能判断准客户的需求,不能确定准客户对拟委托事项的真实意愿,我们很难报出合理的律师费,也很难在预定时间内促成。

3. 准确识别并说出准客户存在的痛点,进而解决这样的痛点,是促成签约过程中应予关注的一个原则。

4. 把自己做人的细节、原则、气节展示在准客户面前,比展示我们的专业更重要。

5. 诉讼中的谈判,就是为了解决问题。

6. 把我们的服务内容,以双方认可的方式确定,并能获得董事会或所属各职能部门中、高层的支持与推动,显得异常重要。

从事律师职业十三年，前五年专事诉讼业务，和绝大多数初入行的同行一样，为一日三餐努力奋斗。后八年，专事非讼业务，略有所得，但专业化追求，永远在路上。本章专门谈谈自己从事律师这些年在谈判实务方面的一些认识与感悟，希望能引起大家的共鸣或思考。

第 1 节　律师与准客户的签约谈判

拿不下客户，什么服务与专业，什么谈判与经验，都无从说起。所以，拿下客户，签下业务，获得委托，是律师开展工作的第一步。在与准客户的签约谈判中，以下十条原则，值得关注与研究。

一、报价与服务方案结合

律师提供专业服务，涉及时间成本与脑力劳动，如何在服务中计算时间成本，并把这种成本形象地展示给客户，很多律师没有概念。至于脑力劳动，更是无法确认不同律师之间提供脑力劳动的差异，无法区分不同智力成果的对价。并且，无论是时间成本，还是脑力劳动中展示的智力成果，均无法形成会计准则和财务记账中的法定成本，所以，在做报价的时候，我们或者无法将前述无形成本转化为会计制度中可以评价的成本，或者无法客观合理地与我们提供的法律服务有效结合，或者无法正确评估法律服务中的工作量与工作难度，所有这些，都让我们的报价或者没有说服力，或者偏离客观实际，或者张口就报价，过于随意。

基于前述，报价必须和法律服务方案结合。方案中既要写清楚委托代理事项，也要阐述涉案可能的服务步骤；既要罗列工作方式，也要明确报价依据。

例 6-1 专项合同法律服务报价方案

关于 P 县铝城大道翻新工程项目专项合同审改法律服务方案

思非讼报价字(2017)第 131 号

X 公司：

广西思贝律师事务所接受贵司委托，就 P 县铝城大道翻新工程项目提供合同审改法律服务，我所依据相关法律法规，结合本所实际，出具法律服务方案如下。

一、基本情况

公司拟作为项目投资与建设主体的甲方开展相关工作。在项目营运过程中：一方面，需要向政府报送相关方案、请示，与政府就投资额、建设规模、财政扶持等内容进行协商后签订协议；另一方面，因融资需要与第三方合作并签订相关合作协议，明确双方权利义务。

二、我所提供专项服务的内容

结合项目情况及公司需求，经核算确定本次法律服务期限为自本合同签订时起至贵司与政府签订合作协议，且与第三方公司签订合作协议时止。鉴于此，我所提供法律服务内容如下：

（一）与项目有关的法律咨询与解答

对公司就项目所涉法律问题以口头或书面方式提出的咨询事项，项目团队律师及时给予法律释义、实务解答与建议。

（二）协助起草、审改报送政府与项目相关的方案、函件

在与公司充分沟通并了解情况的基础上，协助公司起草、修改和审核以公司名义向政府报送的方案、请示或对外通知、公告等。

（三）起草、审查、修改拟与政府或其他公司签订的合作协议

在与公司充分沟通的基础上，草拟合作协议初稿，发送贵司审核后再交由对方公司修改；就对方公司的修改意见提出法律意见报公司相关领导决策后协助双方签订协议。

（四）谈判支持，列席会议

陪同或代表公司领导及相关负责人参与项目相关的专题会议、谈判、磋商，并发表专业意见与建议。

（五）根据需要，就项目实施工作的各项问题出具法律意见或提供现场指导

三、法律服务工作计划与流程

（一）双方经磋商达成一致，签订专项委托协议。本所将组成4人律师团队(首席律师1人，执行律师2人，法律秘书1人)，正式启动工作程序和相应的流程。

（二）我所项目团队与公司相关负责人进行项目分析会议，了解项目及公司具体情况，调取项目相关材料。

（三）我所项目团队根据项目进度及公司要求，确定执行律师分工草拟项目方案，然后在首席律师主持下召开研讨会，对方案依次进行修改，然后发回公司。根据公司的审改意见进行调整与修改，直至定稿并由公司报送政府。

（四）根据项目进度，我所执行律师与公司相关负责人就与政府、第三方合作内容进行专业沟通后，开展律所内部研讨、分工，执行律师根据公司目的与需求草拟合作协议草稿，首席律师审核确定后发回公司。然后根据公司审改意见进行相应调整与修改，再由本所审核定稿，由公司再发送政府或第三方进行审核。我所接到政府或第三方修改版协议后，我所再次就协议进行调整与审核，并就对方修改的合法性、合理性、可能产生的风险提出审改意见反馈公司。如此不断对协议内容进行审改、研判直至最终定稿，并协助合同主体最后签订协议。在此过程中，根据项目情况以及公司要求，陪同或代表公司领导及相关负责人参与项目专题会议、谈判、磋商，并发表专业意见与建议。

（五）经测算，从项目启动到与政府、第三方公司分别签订合作协议时止，时长最短为3个月。在向政府报送方案、合作协议时，政府内

部层层讨论、批示的用时较长。

四、法律服务团队

本所组成4人律师团队,首席律师1人,负责服务方案的确定、团队分工、工作流程的督促、文件复核等;执行律师2人,负责专业分析与研判、策略执行、文书及法律意见撰写等;法律秘书1人,负责文书校对与制作装订,服务进程记录等。

本次专项法律事务由我所主任、首席律师阮子文任项目负责人,由本所非诉部门部分核心成员组成服务团队,开展专项法律服务工作。

五、报价方案

(一)计费依据

按《广西壮族自治区物价局、司法厅关于印发〈广西壮族自治区律师服务收费管理实施办法〉的通知》(桂价费〔2013〕41号)、《广西壮族自治区律师服务收费标准》第三项"计时收费"内容,并根据工作程序的复杂程度、工作时间、工作量确定。

……

例6-2

重大决策后评估法律服务报价方案

思非讼报价字(2017)第165号

南宁市××城区政府:

根据贵府发布的《关于委托开展〈××农贸市场管理办法〉立法后评估的公告》,本所拟参与本项目的评估。现根据公告要求,并结合本所实际,就《××农贸市场管理办法》立法后评估工作出具法律服务方案如下。

一、评估内容

本所对该《××农贸市场管理办法》制定后的实施情况展开相应评估，评估内容包括但不限于《××农贸市场管理办法》的制定过程、主要内容、实施的意义与作用以及《××农贸市场管理办法》的合法性、合理性、协调性、操作性、规范性、绩效性等内容。

二、评估标准

1. 合法性标准。主要评估是否与现行法律、法规、地方性法规、部门规章、地方政府规章以及国家有关政策的规定相冲突，所依据的上位法被废止或修订后，是否需要及时修订。

2. 合理性标准。主要评估行政机关的权力与责任是否相当；各项管理措施是否必要、适当；是否采用对行政相对人权益损害最小的方式实现制定目的；法律责任是否与违法行为的事实、性质、情节以及社会危害程度相当。

3. 协调性标准。主要评估与同位阶的其他重大行政决策及规范性文件是否存在冲突，规定的各项制度之间是否互相衔接，要求建立的配套制度是否完备。

4. 可操作性标准。主要评估是否具体可行，是否有针对性地解决行政管理中存在的问题；规定的措施是否高效、便民；规定的程序是否正当、简便、易于操作。

5. 规范性标准。主要评估体例结构和文字表述等是否规范，逻辑结构是否严密，是否影响到文件的正确、有效实施。

6. 实效性标准。主要评估该规范性文件实施的总体情况；是否得到普遍遵守和执行，是否实现预期目的；实施取得的社会效益和经济效益以及贯彻执行的成本效益分析，社会各界反应情况；实施过程中存在的问题和对策建议；该规范性文件是否继续有效，或者需要修改或废止。

三、评估方式

采用抽样调查、网络调查、问卷调查、实地调研、召开座谈会或者论证会、专家咨询、相关规范性文件比较分析等多种方法进行。

四、评估程序

(一) 评估准备阶段:组建项目团队,拟定评估方案(20日)

1. 成立评估小组。为确保评估工作顺利进行,本所组建由主任阮子文律师担任负责人的项目团队,同时邀请人大代表、政协委员、有关法律专家、行业管理专家等参加。

2. 制订评估方案。项目团队进行分组讨论,制订详细的评估方案,明确评估目的、评估内容、评估方法、评估步骤与时间安排等。

3. 为有效组织本评估工作,项目团队利用本所ALPHA办公软件,将评估项目在办公软件系统内立项,对评估程序进行了细化与分解,并在系统中设置了任务负责人、完成期限与任务要求,以确保评估流程有序推进,评估内容准确到位,评估质量符合要求。

4. 根据评估方式确定的其他评估准备工作。

(二) 评估实施阶段(2个月)

1. 通过法律检索搜集、整理重大行政决策所依据的法律、法规、地方性法规、部门规章、地方政府规章以及国家有关政策。

2. 运用文件资料审读、问卷调查、实地调研、个体或群体的访谈、召开座谈会或者论证会等各种形式,采集重大行政决策实施前后的信息,听取意见,归纳基本情况。

3. 对收集的信息资料和征集的意见进行整理、统计、分析,并得出初步结论。

(三) 评估结论形成阶段:汇总、分析评估意见和建议,形成正式评估报告(2个月)

1. 调研结束后,本所项目小组分工协作,对获得的信息、资料进行详细汇总与评析。

2. 在归纳评估的初步意见与建议的基础上,着手起草评估报告初稿,初稿提交项目负责人、专家、法制办审核。

3. 组织有关专家对评估报告进行论证,根据审核意见和建议进行修正,形成正式评估报告,并提交贵政府最后审定。

五、我所提供的法律服务内容

针对前述内容,我所提供法律服务如下:

(一)接受贵政府委托,开展立法后评估工作

接受贵政府委托,签署专项法律服务协议,按既定工作目标、法律服务方案,开展立法后评估工作,并提交工作成果。

(二)根据评估事项开展评估调研工作

向人大代表、政协委员、专家、学者,与评估工作有利害关系的公民、法人或其他组织,以问卷调查、实地调研、召开座谈会、咨询会等多种方法进行调研。

(三)对《评估报告》进行专家论证

邀请公共行政、管理等方面的专家、学者,就各专业问题开展专家论证。

(四)整理专项工作成果并提交法制办

拟提交成果的形式:(1)《××农贸市场管理办法》立法后评估报告;(2)《××农贸市场管理办法(修改建议稿)》及说明;(3)《评估方案》;(4)专家论证意见;(5)合法性审查法律意见;(6)收集或整理的其他辅助材料。

(五)必要时,根据贵政府委托和要求进行解释和说明

根据相关要求,以书面、参与会议等形式对立法后的评估工作的评估标准、评估内容、评估过程、评估结论等进行解释和说明。

六、法律服务团队

本次法律服务项目团队由律师团队、行政辅助团队和专家学者团队组成。

（一）律师团队及行政辅助团队

本次专项法律事务由我所主任、首席律师阮子文任项目负责人，由本所非诉讼部门部分核心成员组成律师团队开展专项法律服务工作。

其中，阮子文律师系广西大学法学院法律硕士研究生导师，全国经济管理院校工业技术学研究会沟通与谈判委员会学术顾问，第八届"全国十大杰出青年法学家"提名候选人，广西壮族自治区人民政府立法咨询专家……阮子文律师从事律师工作12年，专事政府与企业风险管理与控制业务，多次参与相关立法评估会议或立法咨询会，具有较丰富的立法工作经验。2016年作为项目负责人组建专项团队参与了Y区政府《×××城乡居民基本养老保险实施办法》《×××政府投资项目管理暂行办法》实施后评估工作。

（二）专家团队

本专项法律服务同时邀请公共行政、管理等专业的专家、学者组成专家顾问团队，为评估工作提供充分的理论和政策依据。

（三）团队人员名单

团队成员项目信息如下表：

……

七、报价方案

（一）计费依据

按《广西壮族自治区物价局、司法厅关于印发〈广西壮族自治区律师服务收费管理实施办法〉的通知》（桂价费〔2013〕41号）、《广西壮族自治区律师服务收费标准》第3项"计时收费"内容，并根据工作程序的复杂程度、工作时间、工作量确定。

……

二、不在电话里报价

是不是经常会接到准客户电话，话没说到两句，对拟提供法律服务的案件还没有任何概念，准客户就会劈头盖脸地问：

"张律师，帮我打这个官司要收多少律师费？"

"李律师，你们是怎么收费的？"

"黄律师，能不能打赢官司后再收费？"

"陈律师，我们公司需要法律顾问，你们怎么收费？"

……

永远不要在电话里和准客户谈律师费，永远不要在电话里给准客户报价。一则，对拟提供服务的案件，我们还不能正确评估工作量与工作难度；二则，我们对案件尚未全面了解，无法判断专业难度与智力劳动的成本；三则，很难在电话里清楚地阐述收费的理由、依据与标准；四则，通过电话促成准客户接受我们报价的可能性几乎为零。

可是，面对准客户锲而不舍地追问，不报价，担心准客户流失，报价，担心得不到准客户认可，在报或不报之间纠结、思量。其实，处理这类准客户，建议把握好一个原则：

说服准客户面谈，只有获得面谈的机会，才有促成的机会。面谈地点可以是自己办公室，可以是对方办公室，可以是外面任何可行的商业场所，包括但不限于茶馆、咖啡厅或饭店。

当然，我也知道，很多时候，当我们提出与准客户见面沟通的要求，见与不见，准客户态度开始暧昧，躲躲闪闪。

真遇到这种情形，只有两个字：放弃！

三、重视准客户的尽职调查

如果我们不能较准确地了解准客户的付费能力，不能判断准客户的需求，不能确定准客户对拟委托事项的真实意愿，我们很难报出合理的律师费,也很难在预定时间内促成。"知己知彼",这话在签约促成阶段,很重要。

《战国策》和《史记》都有关于苏秦当时游说的言论与思想,著名"非讼律师"苏秦第一次见到秦惠王时,他是这样说的:"大王之国,西有巴蜀、汉中之利,北有胡貉、代马之用,南有巫山、黔中之限,东有肴、函之固,田肥美,民殷富,战车万乘,奋击百万,沃野千里,蓄积饶多,地势形便,此所谓天府,天下之雄国也。以大王之贤,士民之众,车骑之用,兵法之教,可以并诸侯,吞天下,称帝而治。愿大王少留意,臣请奏其效……"

我认为,这段言简意赅,概括精准,对秦国的经济、政治、文化都作了画龙点睛的描述,将尽职调查掌握的内容展示得淋漓尽致,值得我们反复琢磨与研究。

四、不签约客户的几个特征

第一,喜欢在电话、微信、QQ 等社交软件中咨询法律问题,谈案件,谈律师费,婉拒或拒绝见面沟通交流。

第二,提供的案件材料不全面或不完整,并对补充材料或调取材料的要求不置可否或事后未予回应,没有下文。

第三,对见面沟通的约谈态度暧昧,对时间、地点顾左右而言他,或回应敷衍,不咸不淡。通常回应是:

"好,我有空就过去见你。"

"这两天我忙完了,再联系你。"

第四,面谈结束后,对面谈内容或成果,不当面表态,说回去研究考虑,但在超过 3 日后仍未主动联系,或我们主动联系后,仍未给出正面积极回应。

第五,对我们报出的律师费价格,既不积极沟通还价或询问价格构成,也不明确表态愿意接受,而是轻描淡写地进行模糊式回应。

第六，对案件的核心争议与关键情节，反复咨询了解，甚至用笔记录在纸上，但无论被动还是主动，均拒不谈律师费。

第七，讨论问题或案件关键情节时，泛泛而谈，对服务流程或涉案程序，不会投入太大注意力去关注与沟通，纯粹了解而已。

可能还有更多特征，过去12年的执业生涯中，我遇到的、我能总结的，大概就这些。还有更多你遇到的，而我又没有总结到位的，欢迎总结、思考、提炼，以便让我们真遇到这样的准客户时，果断撤离，避免将时间浪费在不必要的人身上。

五、解决准客户痛点

如果我们没有掌控场面的能力与意识，随着准客户的思路与方向，彼此说了一堆正确的废话，气氛好像很融洽，其实对促成签约没有任何帮助。我想说的是，在这个过程中，**准确识别并说出准客户存在的痛点，进而解决这样的痛点，是促成签约过程中应予关注的一个原则。**

某准客户拟就某县政府的市政项目与本所签署法律专项合作协议，当双方就项目情况和其与政府及第三方合作可能存在的问题进行充分沟通后，进入签约促成阶段，我对该准客户拟获取的市政建设项目识别痛点并进行如下促成工作：

我："孙总好，关于让本所负责该项目的涉法服务，我认为双方的分歧不在律师费上，对一个投资3亿元的市政项目，律师费多点或者少点，不是或不应该是您和您的公司需要考虑的问题。"

孙：(点头表示认同)，是的，我们认为，这的确不是思考的重点，我只是在想刚才谈到的诸多问题，如何在合作中予以有效规避。

我：孙总，您这个项目最关键的问题，不在于您的政府资源如何丰富，也不在于项目现在已立项或领导督促走程序。这些都会按既定流程推进，唯一存在的问题是，项目预算在下年度财政预算中究竟占比多少,该项目目前所有走的流程都是在财政预算还没有出来前的提速,按正常流程,应该是先有预算再走流程……

孙:这的确是,但业主说了,预算没有问题,该项目明年肯定会列入预算。

我:第一,预算有没有问题,不由业主说了算,甚至不由主要领导说了算,关键得看全年的财政预算里能拿出多少放在您的这个项目里,对这样一个比较贫困的县级政府,一年能拿出3亿元的专项项目预算吗?如果项目预算分成几年,那么时间成本及融资成本,贵司能否可控,这是需要考虑的第一个问题。第二,该项目是否有市里、省里的专项资金支持或补贴,您了解过吗?如果有,怎么按要求下拨财政支持与补贴很重要;如果没有,则对县政府而言,一年给该项目3亿元的预算,您觉得可能性有多大?如果预算不出来,所有程序走完甚至项目建设完成都没有用,因为财政部门无法拨款给您……您把这两个问题考虑清楚,了解清楚,并确信可控的时候,我们之间的涉法合作随时可以签约。

这个之所以成为准客户的痛点,是因为项目涉及的其他涉法风险都可以假设,都可以设定预防措施。唯有该项目的财政预算无法估算,甚至支持该项目的领导心里都没有底,政府财政预算是由财政部门按政府预算法律与法规依法做出,不由主要领导想怎么预算就怎么预算,再说,即便一年给出3亿元的预算,以该县政府的财政实力,够呛!这是准客户自己心里也很明白的问题。

政府很多项目为了进度与按期完工,都是先立项、规划、设计、开工建设,随后过程中慢慢补预算程序,这对有钱的政府当然没有问题,对有财政支付压力的政府,这类市政工程项目预算就可能需要分成几次或几年。所以社会上才会有"政府工程难拿到钱"的感慨。所以很多政府项目建设完工几年后才全部拿到款项,除了政府程序烦琐外,可能也跟政府财政预算有关。

当这样的痛点被准客户接受,并且准客户也没有更好的办法时,促成签约基本水到渠成。

六、促成要大气

促成时候的大气,我们要这样看:

1. 对整个业务或案件的宏观把握要大气

要有站得更高,看得更远,想得更深的大局观与气势,也要有细节方面的把握到位,小处体现真知灼见的敏锐。比如告诉准客户,这个业务如果顺利完成,对准客户意味着什么,对准客户未来布局或摆脱现有困境意味着什么,对这类"势"的东西,既需要我们立足客观实际,也要我们洞悉人情世故,既要我们言之有理,也要适当引导准客户对未来的思考。

2. 对律师费报价或谈价要大气

报价高可能是一种大气,但不完全是越高越大气,报价低也是一种大气甚至是一种霸气。谈价也要大气,不要在一些细节或为了多一点少一点律师费纠缠、纠结,必要时,我们可以把决定权交给准客户:

"张总,具体少多少,您决定,我都接受。"

报价多少,有时候,其实很考验我们的情商,报价的时候,不要总是盯着准客户的口袋,还应该想着这是为了让我们有机会服务客户,提升自己,让法律正确适用以解决客户的实际困难。在这样的心态支配下,我们的促成就会形成强大气场,并流露出自然而然的大气,感染准客户,打动准客户。

3. 促成失败的收尾工作要大气

那种促成时满脸堆笑,促成失败时冷若冰霜,拒人千里的表现的确要不得。因为你可能不晓得,此处不成,彼处也许可成。人生中,这样的意外与惊喜,随时可见,我们苦苦追求的,未必遂愿,我们不太在意的东西,可能在不经意的转角,就成了。2016年冬,我参加一个有

20多人的饭局。满桌各级领导,除了认识其中一两个,其他都很陌生,虽有介绍,但想想这个饭局与自己其实无关,就来吃餐饭而已,所以就沉默地坐在那里专心致志地吃饭。席间,坐我旁边那位朋友大概也和我一样——谁都不认识,是来"打酱油"的,于是我们心有默契地彼此敬酒、喝酒。临结束时,他说:

"和你喝了一场酒下来,都不知道你干嘛的,能留张名片吗?"

"我叫阮子文,是一名律师,我从不带名片,请告诉我您的号码,我拨过去。"

"好,有空多联系,我是××电视台的。"

一个月后,我接到他的电话,要求我参加一个电视节目的直播……

后来,我在他当制片人的政论节目中多次出现并有较出色的表现,我们成了熟悉的朋友。一次聊起为何第一次找我就让我参与直播点评,他说了一句:

"那晚你给我留下深刻印象,那么多各级领导在场,你一直坐在那里没有挪下,太有个性了……"

我尴尬地自我解嘲:"说明我'装'得很到位啊。"

"不,直觉告诉我,你是一个很有气场、很有个性的人,事实证明我的直觉判断没有错……"

"你知道,多少人想着利用这样的机会去认识领导,去敬酒,发名片,留电话,自我推介,你不是……"

后来,我总结了一下,其实也没有那么复杂,无非我不想要,既不想去认识这些领导得到什么,也不觉得认识这些领导会得到什么,在那样的场合曲意逢迎,的确没有意义。

而我不想要的东西,在不经意间,生活给予了我……

回到促成失败后的收尾,通常状况下,如果是在我们的办公室接待准客户,我都会亲自或委托参加促成的现场辅助人员送到电梯口。

甚至,我会将所里的伴手礼随手装一份,送给促成失败的准客户。

这是无数次失败后积累下来的做人经验:**微笑对待那些暂时没有成为我们客户的人,因为,没有什么比微笑更能掩饰失败后的失落、失望甚至失意。**

七、签约环节要流畅

如果有幸促成成功,进入签约环节,那么,签约流程的顺畅、标准,会进一步增加客户的信心与内心确认:我的选择是正确的。不要忽视签约客户这样的感受,因为从签约到付款之间,还有一段距离,客户随时可以毁约,拒绝付费……

签约环节要流畅,体现在几方面:

一方面,签约的合同要装订到位,签约台的摆设要到位,签约笔和印油要准备到位,签约的行政服务人员要到位。

另一方面,签约客户带来的案卷,要按照专业思路大致排列、规整、复印,确认原件或复印件的去留,并重新装入案卷袋,或交付行政部门派律师收案,或交付客户带回并特别强调原件的重要性。

最后一方面,要与签约客户确定最近一次的工作安排或面谈约见的时间、地点,需要彼此完成的工作内容或清单,并简要告知我们的工作流程与对客户委托事项开展工作的近期时间安排,确认客户对接人的联系方式、职务及负责的工作内容,明确告知负责客户委托事项的项目律师、辅助律师、执行律师及本所服务质量监督投诉部门的电话与联系方式。

八、准确丈量签约后付费前这段距离

在这个阶段,我们唯一要做的事情,就是督促客户付费。这种督促方式有几种:一种是由执行律师、财务人员直接督促客户按合同约定时间、约定金额付费;另一种是迅速开展委托工作,进入实质性工作

状态;最后一种是通过律所项目负责人、主任做付费的督促、促成动作(适用团队化营运的律所)。如果签约后、付费前,客户既不配合或不实质性启动工作流程,也没有付费的意思表示,甚至,付费时间逾期后,未主动解释说明,面对我们的追问了解,态度不明朗,推三阻四,一定程度说明,这个服务合同可能无法继续履行了。此刻,我们需要给客户一个具体的付费截止时间,超过多少时间不付费也未开展实质性工作,即以恰当方式明确终止合同履行。必须要善始善终,不能把合同挂在那里,既未付费也未展开工作,这种情形对律所和律师本人的品牌影响都很消极。

在这里,我反复强调开展实质性工作,其实,就是通过实际行动督促客户付费。因为正式开展各项工作后:一则,可以体现我们的专业能力,不断增加客户的信任与认可;二则,实质性工作的开展,为客户拒绝付费、毁约设置了障碍,工作都实质性启动了,如果不付费,如果毁约,会带来什么后果?客户会思考斟酌,我们也可以此作为促成筹码,展开督促付费。

所以,不要忽视签约后、付费前的这段时间距离,或者说,对有些客户而言,真正的促成不是双方按既定流程在委托代理合同上签字盖章,而是按约定支付费用,才算真正的签约成功。个中差异,各自体会,反正对我的执业生涯而言,这类签约后不付费直接毁约的代理合同时有遇到,涉及的律师费没有 1 000 万元,也有 800 万元了(很多时候,越是没有付费诚意的签约客户,对律师费的约定越大方)。这说明,在律师获得客户的过程中,即便在签约后,如果不处理妥当,很多不确定因素,最终会让我们功亏一篑。

九、人品展示比专业更重要

把自己做人的细节、原则、气节展示在准客户面前,比展示我们的专业更重要。理由是前者准客户容易感知,容易理解,容易接受;后者准客户不容易判断，不很熟悉，不能马上决定。这里的人品，包括但不限于对涉案问题持有的基本立场与原则，包括对工作负责的态度和勤奋踏实的工作作风；包括待人接物的恰到好处与让对方感受到自然舒服的相处、交流。这些可能仅仅是在短短接触十分钟或半个小时内即可展示完毕，但却可以迅速建立彼此之间的信任，拉近彼此之间的距离。进而让我们获得进一步展示专业或对业务进行深入洽谈的机会。

如果人品展示与专业展示能相辅相成，那么，签约促成过程中，拒绝障碍就会相对减少。因为我们的为人处世受到准客户的认可，大概说明我们情商表现不错，我们的专业表现准客户认可；大概说明我们的智商表现不错，在情商与智商之间都有恰到好处的表现，则促成签约想来也就水到渠成了。

因为，很多时候，我们的准客户在寻找律师过程中，未必是为了寻找一个专业知识、社会名望、行业影响都一流的律师，他也许仅仅是在寻找一个他认为合适的人。

是的，我们的这一生，很多时候，不都是在寻找一个合适的人，在等待一个合适的人吗？

十、目光要看得更远

看人看事，要目光高远，谁都知道。只是，在做的过程中，很多时候，知易行难，的确不是随便拍拍胸脯，说说空话就能做到的。

一次，与 N 市律师协会某位副会长聊到律所专业化、团队化建设问题，他说，这是项累死人不偿命的活。进而举例本市某家只做刑事案件，其他案件一律不接的刑辩专业所，前后不到一年时间团队散了，只接刑案的模式基本宣告失败，我问为何，这个副会长笑道："这个主任说刑事以外的案件一律不接，但团队其他成员案源较少，只做刑事辩护案件根本生存不下去，主任也没有可行的薪酬模式与营运规划，自己案件多到做不完，其他律师温饱都难解决。某次一个团队律师接了一件代理费过七位数的民商案件,这个主任坚决不同意盖章,不同意接案,后来这位律师只好转所,其他律师跟着转所……"

于是,我想到了一个问题:目光看得远的前提,除了天时、地利、人和,除了审时度势,还得满足基本的生存需求,不然,无论我们能看到多远,也做不到,也走不下去,知易行难的矛盾会让我们做出更接近现实的选择。

在签约促成过程中,我们经常会因为律师费的多寡问题与准客户产生分歧;我们经常会因为付费与服务不成比例与准客户纠缠;我们经常会因客户急于求成与专业流程产生冲突而焦虑,从而让我们的签约产生变数。此刻,按我的想法,我们得把目光放得长远些。但是,目光若真的放得太长远,不能与客观实际结合的话,那么,我们可能就会因为"看得太长远"而玩不下去。

所以,我强调的"目光长远",既要与客户需求结合,也要考虑我们的客观实际;既不能只盯着律师费,也要以能切实解决问题为前提;既要研究我们的服务能力与专业表现,也要站在客户角度思考问题。

站得更高,看得更远,一定程度而言,需要我们换个角度看问题,需要我们换一种思维想问题,需要我们换一种方法解决问题。

第2节 律师代理诉讼的谈判

诉讼业务是律师的基本业务,理由不赘,但是,在推进诉讼流程的任何一个环节,也可能都存在着谈判需求。从获得诉讼业务之初与客户就律师费签约的谈判开始,到法院生效判决结束时止,主动参与案件的各方当事人,基于审理案件的需要被动参与进来的诉讼参与人,审理案件的法官等,在诉讼过程中扮演着不同角色,行使着不同职权,维护着不同利益,具有着不同的思考视角与出发点。在这个过程中的沟通、交流、协商，都暗含着谈判特征：说服与让步。甚至可以这样理解，**庭审过程中，各方代理律师（辩护人）的任何一次法庭发言，都是在努力说服法官，都是在努力与法官谈判，间或说服对方当事人，说服对方律师。**

一、制订正确的诉讼方案

制订正确的诉讼方案，设计正确的诉讼策略，需要我们在事实、证据与法律规范之间穿梭、思考、论证。

第一，确定客观事实、法律事实与待证事实之间的关系，能不能从客观事实推导出法律事实，能不能将待证事实转化为法律事实，证明这些事实的有效证据有哪些，证据是否符合证据规则的"三性"规定。我们应从法律关系出发，通过事实与证据的不断切换与思考，最终回归法律关系，确定法律性质，锁定支撑事实与证据的法律规范或案例指引。

第二，研究对方的证据，以及证据所支撑的论点与论据，研究与推演论证过程，是否能与证据和法律规范衔接，据以主张的事实是否有证据或证据链支持，这些证据的效力如何。

第三，对法律规范、法条进行检索，各方对法律条文与法律原理的理解是否有错误，是否适用本案，是否有但书条款，是否有其他不同的法律条文或原理可推翻相对方引用的法律条文与原理。

第四，综合前述三点，全面分析案件优劣利弊，撰写诉讼方案，设计诉讼策略。

例 6-3

XJ 二级公路 A 段债务诉讼方案

H 市政府：

经本所综合市政府、交通局、财政局、执行法院等部门的意见与诉求,对本案一揽子债务进行了细化与分类,并对相应事实与证据进行了综合研判与论证。各方一致同意,通过启动相应诉讼程序,阻却C法院对交通局的执行程序。鉴于此,本次我们结合此前递交贵府法制办的数份研判意见的分析,最终拟定债务解决诉讼方案如下:

根据此前研判意见可知,S春公司不但是B亿公司的大股东(S春持股80%,市国有资产经营公司持股20%),还是B亿公司债权人,同时两家公司的法定代表人都是Q先生,对两家公司都有实际控制权。其中,S春公司持有B亿公司的一笔债权系由1995年12月市工商银行借给收费管理所的1670万元产生,S春公司自2010年12月20日持有该债权后,B亿公司已向S春公司偿还2643多万元(2012年还9 985 954.38元、2013年及2014年还12 048 000元、2015年还4 397 314.04元),截至2017年4月11日,B亿公司仍欠S春公司(工商银行债权)连本带息一共3 804.43万元(本金:1 670万元、利息:2 134.43万元)。本次市交通局所获补偿款实际上系XJ二级公路A段被取消收费权的补偿。鉴于以上事实,我们认为本次方案宜以S春公司获得B亿公司债权的合法性作为突破口,以下为具体分析:

一、关于1 670万元债权的流转过程

1. 1995年12月28日,收费管理所向市工行借款1 700万元用于公路建设,最终收费管理所只还款30万元,尚欠1 670万元。该笔债权一共经过三次流转:第一次为2005年8月,长城公司向市工商银行购买了该笔债权;第二次为2009年9月,长城公司将该笔债权以1 120万元价格转让给B亿公司;第三次为2010年12月,B亿公司又将该笔债权以120万元价格转让给S春公司。

2. 我们研究认为,可采取诉讼方式,要求人民法院确认第三次即2010年12月,B亿公司以120万元将价值约4 776万元的债权转让给S春公司的转让行为无效的诉讼方案。

二、第三次 B 亿公司向 S 春公司转让债权无效的诉讼方案分析

1. 以 1670 万元债权在第二次转让后已清偿消灭为由,要求确认第三次债权转让行为无效

根据上述关于债权流转情况,1670 万元的债权为 B 亿公司于 2009 年 9 月出资向长城公司所购买。在获得该债权后,B 亿公司即成为收费管理所的债权人,收费管理所应向 B 亿公司承担偿还债务的义务。但根据 H 市人民政府文件(H 政发〔1998〕77 号),B 亿公司与收费管理所实际为"一套人马,两块牌子",形成人格混同、财务混同的经营模式,对于经营过程中所产生的相关债务,B 亿公司与收费管理所应承担连带清偿责任。本案中,B 亿公司出资购买债权,实际上就等同于收费管理所出资购买,购买债权所获得的权益,收费管理所也同样享有,收费管理所既是债权人又是债务人,当债权与债务发生混同归于一个民事主体,自然导致发生债消灭的法律后果。根据《中华人民共和国合同法》(以下简称《合同法》)第 106 条的规定:"债权和债务同归于一人的,合同的权利义务终止,但涉及第三人利益的除外。"因此,当债权、债务人混同后,1670 万元的债权视为已经清偿完毕,债已消灭。

在上述情况下,B 亿公司将已清偿消灭、不存在的 1670 万元债权转让给 S 春公司,最终导致收费管理所重复偿还债务,已严重侵害第三方合法权益,应认定债权转让无效。

2. 以 B 亿公司向 S 春公司关联交易低价转让债权,严重侵害股东权益为由,要求确认第三次债权转让无效

根据《中华人民共和国公司法》(以下简称《公司法》)第 21 条第 1 款规定:"公司的控股股东、实际控制人、董事、监事、高级管理人员不得利用其关联关系损害公司利益。"《公司法》第 216 条对于"高级管理人员""关联关系"等作出了规定,"高级管理人员"是指,公司的经理、副经理、财务负责人、上市公司董事会秘书和公司章程规定的其他

人员。"关联关系"是指,公司的股东、实际控制人、董事、监事、高级管理人员与其直接或者间接控制的企业之间的关系,以及可能导致公司利益转移的其他关系。《合同法》第52条规定:"有下列情形之一的,合同无效:(一)一方以欺诈、胁迫的手段订立合同,损害国家利益;(二)恶意串通,损害国家、集体或者第三人利益;(三)以合法形式掩盖非法目的;(四)损害社会公共利益;(五)违反法律、行政法规的强制性规定。"

本案中,根据我们到H市工商局的核实,S春公司为B亿公司的控股股东,占股80%,同时两公司的法定代表人也是实际控制人都为Q先生,在B亿公司向S春公司以120万元低价转让价值约4776万元的债权时,并未告知股东H市国有资产经营公司,也未经过股东大会同意。该债权转让行为将会直接给B亿公司带来近6000万元的经济损失,已严重侵害到小股东的合法权益,应认定债权转让无效。

三、1670万元债权转让无效的法律后果与诉讼策略

根据《合同法》第58条,合同无效或者被撤销后,因该合同取得的财产,应当予以返还。S春公司在获得B亿公司债权后,B亿公司先后已向S春公司还款近2643万元,该笔款项应由S春公司退还B亿公司,并按占用期间的银行同期流动资金贷款利率支付相应利息。

因本案涉及财产返还问题,我们建议在利害关系人提起确认转让合同无效之诉的同时,一并向人民法院提交财产保全申请,当2500万元补偿款进入Y法院账户后,Y法院即完成执行工作,而办案法院则立即向Y法院发函,要求将2500万元的补偿款冻结,这样就达到了既不影响Y法院完成执行工作,又可使S春公司获得补偿款的目的,但实际操作中应把控款项的动向,以便及时进行冻结,若中间出现脱节,则很有可能补偿款已进入S春公司账户被控制或转移,届时将难以追回。只要将2500万元的补偿款冻结在Y法院处,当本案确认债权转让无效胜诉后,再将该笔款项划回即可。

四、需要注意的几个问题

……

二、全面研究谈判要点

首先,将对自己有利或不利的事实、证据与法律规范研究透彻,并形成要点记录在卷。

其次,将对对方不利或有利的事实、证据与法律规范研究透彻,并形成要点记录在卷。

再次,将对双方有利与不利的事实、证据与法律规范形成比对,相互印证,最终确定有利的案件要点,形成书面文字记录在卷。

复次,对可能出现的新证据或掌握的新事实,导致案件走势发生变化,形成对自己有利或不利的改变或冲击,进而带来的后果与风险进行研究,并形成要点记录在卷。

最后,弱化不利情节,强化有利情节,在任何可能的环节与阶段,灵活地、娴熟地运用,展开说服与沟通,让谈判的技术与艺术贯穿案件全程。

三、让解决问题的谈判贯穿诉讼全程

诉讼中的谈判,就是为了解决问题。脱离或回避问题的实际情况,纯粹靠所谓技术与艺术展开谈判,不但效果有限,而且实际上也无价值与意义。

例6-4

说服行政案件撤诉贯穿诉讼全阶段

本所客户A政府收到开庭传票,案由是行政不作为。经核查,发现是A政府调处办不受理J村集体组织关于土地确权的申请,被以行

政不作为诉到法院。调处办称,不是不受理,而是申请提交的材料不符合规定,要求补充材料,J村集体拒绝补充,因而无法受理。我问调处办主任,如果申请人材料齐全是否受理?主任称,当然受理。我说,贵办列的清单,虽然是按调处条例规定罗列,但对有些材料的要求,是申请人在申请的时候无法出具的,甚至是在调处过程中都可能无法调查清楚的,你怎么看这个规定?比如,要求申请人提供土地争议四至界限的材料,囿于过去法律意识淡薄或填证不规范,过去几个时期,国家颁发的土地权属证明中,均未有四至界限的说明。现在申请人在开始申请的时候,就要求提交四至界限的材料,合适吗?该主任沉默片刻后:"我也没办法,我按程序走啊。"

我再去问原告,是不是A政府调处办受理土地权属纠纷申请后,就可以撤诉。原告说那当然,我们去了十几次,每次都要求提交这样、提交那样,每次要求都不一样,都在互相推诿踢皮球,所以没有办法才起诉的。我又问,他们要求提供的材料,是你们根本无法准备,还是不想准备,不想提交?原告称,能准备的都准备了啊,不能准备或根本没有的材料,我们怎么提交?而且还不是一次性告知,每次去就告诉一点点……

我去和主办法官沟通,能不能在条件成熟时说服当事人撤诉。主办法官一通牢骚:"A政府太过分了,要求提交的这些材料,没有法律依据,都是对法条的机械理解,一点也不变通,什么都让申请人提交完了,你政府还调查什么呢?简直是胡闹,你回去跟调处办说,他不受理,我就判决他行政不作为。"

我说:"您说的都有道理,这不找您沟通嘛,如果能让各方都满意,按撤诉处理,皆大欢喜啊,还节省司法成本。"

主办法官口气有所缓和,称只要受理,我就动员原告撤诉,不受理,就不要谈了,如期开庭。

我说:"您觉得在这个事情中,我能为您做什么?需要我为您协调什么吗?"

这位年轻的法官一摆手,你自己看着办……

我心想:您到时候不要叫我给您协调这、协调那。

政府诉讼案件中,涉及的证据或事实或部分证据指向的事实,很难在庭审中弄清楚。换句话说,在庭审以外,需要花很多精力与时间去与政府各职能部门协调沟通,获取材料或情况说明,以便法官对相关事实作出正确判断。如果不熟悉相关职能部门的业务联系人,打电话过去了解过问,根本没人理睬。

而A政府办公室的意思很明确,符合法律规定,就应该受理,然后动员原告撤诉;不符合条件受理的,就按诉讼流程走。

我们对全案进行了综合研究后,找出了其中几个切入点与突破口,我去问调处办主任,如果原告无法提供四至界限的证据,但是有其他可行的替代方案,是否愿受理?我并同时阐述了按这样的申请材料受理后应该如何开展工作的流程,以及本案核心争议应如何把握的问题。这位调处办主任不置可否,是的,在懒政、庸政普遍存在的当下,对一位即将退居二线的调处办主任来说,不想揽事、不想做事的心态已跃然纸上。

我再次找到原告,问他可否对现在的争议地四至界限现场拍照、描图后提交调处办。原告说,调处办要求的四至界限是法定机关颁发的证件上记载的四至界限……我说,你能按我的要求去做,我就能帮忙协调立案受理,其他不要管。

主办法官那儿真的有事找我,因为其他案件需要了解过问相关情况,但是根本推动不了,没人理他。他说,听庭里其他同事说,我是A政府法律顾问,熟悉A政府的各职能部门,协调能力强……我明确在电话里告知:"协调可以,但是你得把上次与你谈的撤诉案件搞清楚,我的思路与方案是这样的……"他在电话里满口答应,说这样挺好,既不违背法律规定,也可以此作为说服各方的筹码,推动撤诉。

第 6 章 律师谈判的实务介绍

不日,我们的法律意见书到了 A 政府办公室,分管区长批转法制办与调处办,法院的司法建议函也到达 A 政府……A 政府调处办终于半推半就接受了各方意见,与原告积极沟通,同意按新的申请受理清单接收材料,发出立案受理的通知书……

第 3 节 律师在法律顾问服务中的谈判

在法律顾问服务中,有几个环节的谈判值得我们研究:一是签约客户时的谈判;二是在服务中说服客户单位上下,配合与支持我们的服务方案或计划的沟通谈判;三是代表顾问客户与第三方日常工作或项目谈判。本节主要阐述前两点,关于第三点的思路与原理,本书其他环节均有涉及,不再重复。

一、如何推动准顾问客户签约

在推动准顾问客户签约过程中,必须狠抓两点:一是报价适当,能瞬间打动客户;二是准确识别准顾问客户的需求,然后寻找合适的方案与方法,解决他的需求。本书很多章节都谈到需求,强调需求,要求解决需求。在谈判中,"需求"的掌握的确太重要了。

关于报价,我将我执业经验中的两种方法予以分享,这些方法都是经验之谈,并且还继续在我的执业生涯中发挥作用。

1. 第一种方法:以一定年限为服务周期,每年按递增或递减方式支付顾问费

这里的"一定年限"可以是 2 年,可以是 3 年,还可以是 5 年。服务年费可以从 3 万元开始递增(当然也可以从 10 万元开始递增),第一年 3 万元,第二年 5 万元,第三年 8 万元……递增理由是,公司营运初期,预算紧张,随着公司的发展,预算增加,工作量递增,顾问费用也跟着递增,这种递增方案适合初创公司使用。递减理由是,第一年度,律师工作量大,任务繁重,经过第一年服务后,各方面顾问工作将不断进入正轨,顾问工作量将不断减少,因此,顾问年费逐渐递减,这种递减方案适合正常营运的公司使用(一般以营运5年以上的公司为标准)。无论递增还是递减,这其中的"增减",一定要具有合理性与说服力,到了一定年限后,则不再增减,约定为固定年费。当然,还应遵守前文提到的报价策略,与服务方案结合。

2. 第二种方法:按件计费

将准顾问客户可能存在的问题罗列成一张计费清单,根据清单发生的项目收费。这样的好处在于顾问客户付费心里有底,发生什么样的工作量、支付多少费用,彼此都清楚、明白,都觉得公平。

需要把握两点:一是要把项目清单罗列准确,这需要我们尽最大可能了解准顾问客户的工作特点与可能发生的项目,比如合同草拟,合同审改,合同管理,股权架构设计等(最好列一项兜底计费的项目)。二是单价要合理。这个合理应与一年总的付费底线相结合。如果客户年度付费底线是10万元,经测算客户工作项目每年有30项,则每项不能超过4000元;如果客户每年工作项目有100项,其付费能力仍然只有10万元,那么就需要我们把工作量大或工作复杂的项目设计为专项,另行计费,项目单价也得适当降低。循此原则,我们可以设计出很多切实可行的按件计费的单价,以说服客户,打动客户。

关于如何识别拟签约顾问客户的需求,前文多有提及,此处不赘。下面通过《战国策》苏秦的另一例子,来说明,通过尽职调查激发客户需求,解决客户需求的重要。我之所以反复说《战国策》,反复举苏秦的例子,实在是因为这是一本值得我们认真研究、反复研读的好书,苏秦,的确算是非讼业务的一把好手与谈判高手。配六国相印,服务六家顾问客户,合纵连横,技惊四座。

例 6-5

苏秦如何通过尽职调查结果激发客户需求

苏秦为赵国合纵的事去游说齐宣王道:"齐国南有泰山,东有琅邪山,西有清河,北有渤海,正是有四面要塞的金城汤池之国。齐国地方2000里,将士有几十万,军粮堆积如山。齐国战车精良,又有五国军队的支援,作战集结会像飞箭一般快速,战斗像闪电一般凶猛,解散时像风停雨止一样快捷,即使发生对外战争,敌军也从未越过泰山,渡过清河,跨过渤海。首都临淄有7万户人家,平均每户有3名壮士,三七就是21万人,根本不必征调远方的兵力,光是临淄一城就可以组成21万大军。临淄人民非常富庶,平常人都会吹竽、鼓瑟、击筑、弹琴、斗鸡、赛狗、赌博、踢球,可见临淄人民的生活多么讲究。临淄的街道上车水马龙、车轴相接、摩肩接踵,把衣襟连起来可成帷帐,把衣袖举起来可成幔幕,擦一把汗可以形成雨。家家生活都非常富裕,人人志气极为高昂。凭大王的贤明和齐国的富强,天下诸侯都不敢跟齐国对抗。不料如今,齐国竟然往西去作秦国的附庸,臣私下实在为大王感到羞愧。

况且韩、魏所以恐惧秦国,是由于跟秦国搭界的缘故。秦国出兵攻打韩、魏,不到10天就可以决定胜败存亡的命运。假如韩、魏能够战胜秦军,那韩、魏军必然要损失大半,四面的边境就无法防守;假如韩、魏一战而败,那接踵而来的就是灭亡,所以韩、魏不敢轻易向秦国挑战,只好忍气吞声地当秦的附庸国。

现在秦假如攻打齐国,情形就有所不同,因为在秦国的背后有韩、魏扯秦的后腿,同时秦军必然经过卫地阳晋的要道和亢父的险阻,在那里车马都不能并行,只要有100个人守住天险,即使1000人也无法通过。秦国虽然想发兵深入,但是又必须顾及后方,唯恐韩、魏从后偷袭。所以秦兵只是虚张声势地威胁向齐出兵,实际上却犹疑不定不敢进攻,可见秦国不能攻齐已经很明显。大王不仔细估量秦国并不敢对齐国如何,反倒想要往西给秦国当附庸国,这就是群臣在谋划上的错误。现在齐国并无臣事秦国的名分,而是具有强国的实力,但愿大王多加考虑!"

齐宣王回答:"寡人愚钝,幸得先生奉赵王之命赐教于齐,寡人愿举国听从你的指挥。"

这篇资料记载,先指出齐国在战略上的有利地理形势,然后指出齐国国富民强的实际情形,接着叙述齐国首都临淄的繁荣富庶。基于尽职调查掌握的这些情况,苏秦开始激发齐王需求并进行促成。他说,以你齐宣王的英明,领导国家建设到这样的程度,没有哪个诸侯国可以比得上你的,可你还要对西方的秦国低头,真替你惭愧,其实你不必如此啊。随后就国际形势进行了分析,并进一步指出:秦国当然也有他的大欲,也想君临中国,不过秦国如果攻击齐国,就会很不一样了:第一,齐秦之间,还隔着韩、魏两个国家;第二,纵然秦国冒险进犯,他还要担心韩、魏从后面进攻的风险;第三,以秦攻齐,既处于不利的战略形势,又有后顾之忧,因此,虽然秦国跃跃欲试,但都是吓唬人的心理战术,秦国不会付诸行动,不足以为害齐国,这是很明显的事情了。做了上述分析后,苏秦给出了结论:秦国不敢攻打齐国,帮你出主意的那些大臣对形势判断是错误的,如果你能照我的意见合纵,那么齐国在名义上不但不需要称臣于秦,在实质上,还是一个真正强盛、独立自主的大国……

齐宣王听后,"敬奉社稷以从",加入了这个合纵的组织。

二、如何有效提供顾问服务

我们在提供顾问服务中,其实比较艰难,公司有事找我们,公司认为无事的时候,把我们晾一边。这很尴尬,因为公司认为的有事或无事,距离我们从专业上认定究竟是有事还是无事,其实还有一段距离,不完全重叠。晾在一边的最大伤害在于:一方面,我们的服务无法系统化、流程化、专业化,进而导致我们的服务能力与服务品质无法得到保障;另一方面,我们将面临续签的压力,面临不被客户认可与信任的压力,面临突如其来的风险,我们将无法有效掌控的压力。

所以,**把我们的服务内容,以双方认可的方式确定,并能获得董事会或所属各职能部门中、高层的支持与推动,显得异常重要**。没有顾问单位各职能部门的支持,没有顾问单位中、高层领导的持续推动,没有顾问单位主要领导人的支持与信任,我们的顾问服务很难形成体系,展示专业,获得改变,进而建立切实可行的风控体系,并为客户的发展提供坚实的风险控制保障。

如何让客户的高层、中层与各职能部门支持我们的服务计划,支持我们的行动,支持我们的努力,方法很多,归根结底还是人的问题,人的问题是最大的问题,解决了人的问题,其他问题都将迎刃而解。

解决人的问题的一个核心是,让我们的服务计划帮助到各职能部门,解决各职能部门的难点、疑点和痛点,这个世上,没有谁会去拒绝别人善意的帮助。并且,当这种帮助对客户及客户中、高层很重要,重要到雪中送炭的那种程度时,我们即可开启我们的服务计划,推动我们的服务计划落地执行。

强调这种有效顾问服务的重要,就在于那是我们专业得以展示,我们的服务能力与服务品质得以落地,我们的专业影响力让客户感到依赖,我们后续不断横向拓展客户消费得以保障的基础。没有这种有效服务的全程贯彻,在客户眼里成了可有可无的摆设,后果很不美。

我在所内业务会议上经常强调,必须让客户上厕所没有厕纸时,都想到需要顾问律师解决,那时我们的服务就算达标了。这个比喻听起来有点粗俗,但实质反映了我们在客户心中的影响力与专业地位。没有这样的影响力与专业地位,我们很难获得客户的后续业务。因此，我们也就容易想明白，A公司明明有法律顾问，为何一些诉讼业务要去社会上另外找律师代理；B公司的一项专项融、投资业务，为何不交给顾问律师处理，而是四处寻找他们认为合适的律师……

基于这样的理念，也就不难解释，为何本所的部分顾问客户，每家年费也许只有十来万元，但是我们能够不断推动后续业务付费，一年下来可以做到几十、上百万业务。

第4节　律师在非讼专项项目中的谈判

非讼专项项目是在顾问客户的业务中，相对于顾问客户的日常业务而言的。这类专项项目需要另行协商收费，需要另外签署委托合同，需要律所另外组建项目团队，需要另行设计专项服务方案，并推动落地执行。这类非讼专项项目是有别顾问客户以外的一些非讼专项业务，比如PPP项目，比如"新三板"业务，比如不良资产处置，比如单独的融、投资与并购。关于PPP与"新三板"业务，我想多说一句，PPP与新三板业务基本被同行玩坏了：一则因为经济原因和政策原因，导致无论做PPP还是挂牌进入新三板，最终并未得到想要的结果；二则是因为同行杀鸡取卵，低价竞争，本末倒置的原因。2015年，我去武汉部分高校做讲座，期间一位同行神采飞扬地告诉我，准备出来设立一个新所，专职做"新三板"业务，每个新三板业务收十几万元，一年可以接几百个……看着她说到律师费时一脸痴迷陶醉的状态，我内心不以为然：大凡，我对只看律师费的同行，都保持着必要距离，不是我看不起钱，故意清高，而是不想陷入只知其一，不知其二的坑里。

现在所里也在做政府的一些PPP业务，但是，我始终不主动去要求、去争取做（政府一般都有几家律所在提供顾问服务），给做，也不拒绝。但是，一些市场看好的PPP项目，被同行以十几万元的价格揽下来,还做得津津有味,我真的有一种不忍直视的抑郁感:不遵守规则的商业行为,迟早要被规则所害。

一、常见的非讼专项项目有哪些

在顾问客户的日常服务中,常见的非讼专项项目有专项合同制作与审改,专项融、投资项目顾问,专项尽职调查,专项债权债务解决方案,专项治理与风控体系建立与实施等。但常见之外,能在日常顾问服务中,另行协商为专项收费的,我们都理解为专项非讼项目。前述提到的几种常见项目,之所以重点介绍与强调,实在是因为在日常顾问服务中,出现的这类业务太多,如果不善于与客户沟通谈判,形成专项业务,则我们很难做出感觉、做出效果,因为没有费用预算,列入日常顾问费用中,的确太低,无法提供高效、专业服务。

(1)形成专项合同制作与审改类项目,是因为这类合同涉及的金额巨大,关系客户的重大交易行为,涉及的法律关系复杂,需要制作一份或几份合同配套使用,且制作与审改过程中,需要展开必要的尽职调查,并且,还需要对具体合同条款与相对方展开沟通与谈判,所以工作量大,专业要求高,参与人数较多,时间周期长,如果不形成专项收费项目,那么,很难保质、保量完成客户的委托。

(2)形成专项融、投资项目顾问类项目,是因为融、投资时间成本不可控,融、投资难度大,很可能谈了十几家,才谈成一家甚至完全失败都有可能。这类融、投资都关系客户的重大战略规划甚至企业的生死存亡,需要经常出差或与第三方不断沟通谈判,花费律师的工作时间较长。

(3)专项尽职调查类项目,是为客户做重大决策或战略规划所用,在大型民营集团或国有企业的业务运转中,经常会遇到这类专项尽职调查,如果不形成专项,另行签约收费,基本无法为客户提交一份合格满意的尽职调查报告。我们曾为北京一家矿产企业在柬埔寨的业务开展尽职调查,前后进行了差不多10个月,形成近5万字的尽职调查报告,基本满足了客户的需求。而这份专项尽职调查合同,前后谈了差不多3个月,分歧是律师费无法达成一致,最终我们以8万美金达成合作,出具报告前仅支付一半。后来提交报告后,该集团公司法务部对我们的工作给了高度评价与肯定,集团公司也很痛快地把剩余律师费拨付到账。这个案例从侧面说明了一点,客户支付多少律师费不重要,重要的是我们得让客户觉得,支付的律师费与我们的工作成果匹配与相当。

(4)专项债权债务解决方案。这类业务在顾问客户日常工作中比比皆是,经常会遇到客户公司领导找我们说,要把某笔债权追回来,又是发律师函,又是约谈债务人,又是寻找债务人财产线索,然而并没有什么用,因为如果不能形成一个系统的债权债务追偿方案,一环扣一环,按流程一步一步跟进推动,而是拍脑袋,想到哪,做到哪,根本解决不了问题。这个时候,就需要我们与客户协商谈判,另行签约,另行收费。

(5)专项治理与风控体系建立。集团公司或政府客户中,很多部门或者一些子公司、分公司甚至孙公司,涉法问题太多,存在的风险太复杂,解决问题的成本代价太大,已积重难返,此刻,需要顾问律师从外面切入一个口子,进行全方位、综合性的整治与治理,因此这类治理或风控体系的建立与落地,不但需要方案正确可行,还需要强力推动与执行,不但需要顶层设计与支持,还需要我们花费时间与精力,与相关部门斗智斗勇,展开专业辅导与执行,获得良好的落地效果。这种业务不形成专项,另行组建团队全面开展工作的话,很难在日常顾问服务工作执行中获得想要的结果。

除以上提到的常见专项之外,必须指出的是,只要我们认为时机合适,理由正当,专业有底,都可以将顾问服务中的一些涉法项目打包另行收费,这既是我们业务的拓展,也是我们专业的必要展示,还是我们服务到极致的行动。

我们应给予这类专项收费项目必要的重视或业务拓展训练，掌握了这样的技能，我们就不需要纠结客户一年支付多少顾问年费，多少都不是我们需要考虑的，我们只需要考虑获得准入的机会和提供服务的平台，后续能获得多少业务与收益，还得看我们在专项业务中的拓展。

二、如何展开专项项目谈判

首先，需要综合评估专项项目对客户的影响与律师工作时间成本，专项项目对客户的重要与复杂程度，然后先期与客户进行顶层沟通与交流，进而设计书面方案，提交客户高层。

其次，根据客户的建议与要求，对方案进行修改、调整与优化，以最合适的方案，解决客户最棘手的问题。如果客户对费用有异议或不认可，则可以将定价权交由客户管理层决定。一般而言，我们服务了一年或数年的顾问客户，通常在价格上不会让我们失望太多，他们会懂得把握价格尺度，律师费多些或少些，不应成为我们考虑的重点。

再次，必须严肃提醒，为避免客户对我们专项收费的不适感，我们必须要在总体方案中设计至少三种方案供领导层决策（除非客户主要领导明确要求对专项收费设计报价）。第一种方案当然是阐述专项服务内容与收费依据；第二种方案是提供原则性专业指导，由客户自行组建团队完成涉法事务，并重点强调我们仍然会在顾问合同约定的义务范围内提供基本的顾问服务，只是我们需要阐述专项服务与顾问服务的区别，阐述专项服务与顾问服务在服务方式与服务内容方面的不同；第三种方案是按部就班推进，遇到涉法问题，在顾问职责范围内，我们提供顾问服务；遇到的确难度很大，专业要求很高，时间成本较大的涉法事务，我们再另行组建团队，另行协商费用。当然还有第四种，比如按结果的风险收费……显然，我们的第二种与第三种方案，都是为第一种方案服务,起到辅助、推动、比较与强化作用的。仔细体会三种方案,我们会发现,综合比较起来,各有优劣,且即便不形成专项收费,我们也能提供基本的顾问服务保障。如此,这样的方案无论批转到任何领导或部门手里,都会觉得客观实际,合情合理。当客户接受我们的方案之后,仅仅因为律师费多寡,需要进一步沟通与讨论的时候,实际上表明我们已经成功了。

最后,要对方案娴熟于心(团队化营运中,方案可能不是执行律师做的,这需要事前沟通、熟悉与掌握),任何时候,能接受任何人可能的质询与质疑;任何时候,在需要我们释疑解惑,能当面讲解相关程序与方案步骤设计的初衷与目的。

例 6-6

关于编制《C区房管所行政执法综合指导手册》法律服务方案

C区房管所:

为加强房管所行政执法能力,提升房管所行政执法人员的业务素质和执法水平,城区住房和城乡建设局拟委托我所为贵单位提供行政执法综合指导法律服务。我所非诉团队依据相关法律法规,结合贵单位及本所实际,就编制《C区房管所行政执法综合指导手册》事项出具法律服务方案如下,供参考。

一、C区房管所行政执法综合指导法律服务的主要内容

1. 执法权责范围
2. 执法行为规范
3. 执法程序指引
4. 执法文书范本及填写要求及案卷存档规范

二、我所提供的法律服务内容及工作计划

针对前述内容,我所提供的法律服务如下:

1. 接受贵单位及城区住建局的委托,双方经磋商达成一致,签订

专项委托协议。本所将组成5人律师团队(首席律师1人、项目负责人1人、执行律师1人、法律秘书2人)成立项目专项小组,并进行职责分工,正式启动工作程序和相应的流程。本案项目负责人将与贵单位行政执法负责人对接,结合本次方案拟定的指导手册的组成内容,了解行政执法各方面的情况,制作《情况汇总》,为编制《C区房管所行政执法综合指导手册》提供基础材料。

2. 向贵单位及城区住建局提交《C区房管所行政执法综合指导手册》初稿。结合实际时间安排,按初稿组成部分或整体,组织贵单位及城区住建局相关领导、负责人对初稿进行讨论、整合修改要点。结合修改意见再进行两轮修改、复核,形成终稿。

3. 委托本所装订、制作《C区房管所行政执法综合指导手册》,制作份数初步拟定为50份。《C区房管所行政执法综合指导手册》制作完毕后,向贵单位提交工作成果。

4. 工作时间节点

从项目启动到提交《C区房管所行政执法综合指导手册》,时长为4周(约30天),其中:第一周,与贵单位对接人员了解情况,并制作《情况汇总》;第二周,出具所内初稿,第三周组织专项会议讨论并提出审改意见;第四周,制作完毕《G区房管所行政执法综合指导手册》,并提交工作成果。

三、法律服务报价方案

1. 计费依据

按《广西壮族自治区物价局、司法厅关于印发〈广西壮族自治区律师服务收费管理实施办法〉的通知》(桂价费〔2013〕41号)、《广西壮族自治区律师服务收费标准》第3项"计时收费"的内容,并根据工作程序的复杂程度、工作时间、工作量确定。

2. 收费明细

……

四、需要说明的几个问题

1. 本所作为C区房管所常年法律顾问,在正常顾问职责范围内,我们将指导执法一线人员,就具体个案提供执法实务指导,包括但不限于文书制作指导与程序审查,违法事实调查与证据收集等。从这个角度而言,若贵单位预算有限,我们的顾问服务仍然可以满足日常涉法需求。

2. 设计本专项的好处在于,我们可以系统地按该执法手册全面推动房管所执法程序的完善与规范,并形成固定执法流程与程序,确保每件执法案件、每个执法人员虽无法律顾问的指导,但仍然可以做到违法事实认定、程序把握与法律适用符合相关规定。

3. ……

第7章

律师谈判的经验指引

1. 律师谈判实务中，逻辑仍然很重要，只是，将逻辑与经验完美结合，更重要。

2. 任何事物的发展或变化，都可能存在一种或多种规则，这个规则，我们叫做"解决问题的原则"。

3. 常识应成为制定规则或确定、寻找规则的一条基本原则。

4. 常识，是衔接各方利益的一条平衡线，它不偏不倚地将各方应该获得的利益涵摄其中，不应该获得的利益排除在外。

5. 没有什么比站在对方角度考虑问题更容易打动人，更容易让人接受的。

6. 在理论与实务之间，一定有一个衔接点，这个衔接点将是我们开展工作的起点，解决问题的切入点，推动谈判策略与方案落地执行的支点。

7. 执行效果如何，归根结底还是人的问题，人的问题解决了，其他问题都能解决。

8. 与其经营别人，不如先经营好自己。

"法律的生命不在于逻辑,而在于经验",霍姆斯一语道破在法律实务中,经验的重要性。的确,严格的逻辑推理固然显得理性和言之有据,但是,较之更甚的危害性在于,若过于关注逻辑的严密性和完整性,容易导致法律严重脱离经验世界而无法解决实际问题。当然,他反对的,只是认为法律中唯一起作用的是逻辑的观点,而绝不是反对逻辑的作用。事实上,霍姆斯正是在深刻认识到逻辑的局限性后,才提出"法律的生命不在于逻辑,而在于经验"的论断。**律师谈判实务中,逻辑仍然很重要,只是,将逻辑与经验完美结合,更重要**。因此,我们强调实务中的经验指引,仍然为了力图在这两者之间找到相对的平衡。

第1节 规则的应用

规则在律师实务中的重要作用,在于相当多的实务经验都建立在规则之上。或者说,很多实务经验,本身是或者大部分是基于规则的遵守或规则的反映。

卢梭说:"人生而自由,却无往不在枷锁之中。"大概也说出了规则在这个社会中的普遍、复杂、重要。关于如何遵守规则,孔子是这样说的:"从心所欲,不逾矩。"既要有随心所欲的自由,又要有不逾规矩(规则)的原则。实际上,不是每个人都可以达到这样的境界。在律师实务中,与其说我们要遵守规则,不如说,我们需要应用好相关规则,这是一门技能。

一、规则是什么

这是一个由很多规则组成的复杂社会,很难说清楚规则是什么。站在我的角度,我认为的规则是:**任何事物的发展或变化,都可能存在**

一种或多种规则,这个规则,我们叫做"解决问题的原则"。把握好这个原则,就可以在任何问题的解决中,找到正确或恰当的解决办法。

进一步说,在任何矛盾、分歧或纠纷的解决中,都有相应规则,我们或者遵守这些规则,或者应用这些规则,或者通过规则与规则之间的漏洞、衔接、补充,形成新的规则,让这些新的规则为解决问题服务。

那么,我们在实务中应如何准确识别或寻找规则?两个判断标准:第一,确定事物发展的边界,规则就在事物与事物的边界之间;第二,事物发展的矛盾之中一定包含一个或数个规则。以下举例阐述。

在与准客户进行签约谈判中,谈判的边界是谈成与谈不成中间的那条界线。在成与不成之间,我们应遵守的规则是:客户的付费多寡应与我们的智力劳动匹配。或者,在签约谈判中,双方在付费多寡与解决委托需求之间存在一对矛盾,在这个矛盾之中一定包含一个规则:"支付费用即可解决需求。"进一步分解,它以这样的模式呈现:我们会想,提供这样的智力劳动,应获得多少律师费才合适;准客户会想,支付这笔律师费,能否解决我的问题。最终,大家围绕共同规则展开谈判,并在形成彼此都能接受的平衡或一致时,合约即可签署。这个不约而同遵守的规则是:付费与付出匹配。

又如,在融资项目谈判中,谈判的边界是双方能够接受的最低底线,那么在彼此的最低底线之间,应存在双方都需要面对的一条规则:在最低条件下,各自的利益如何实现或保障。最终,在该融资项目谈判中,或者将条件从最低处往高处抬(或者从高处往低处谈,直至达到最低接受点),或者在权利义务之间不断博弈。促使谈判成功的前提,仍然是彼此尊重了一条共同规则:在投与融之间实现了各自的利益诉求。

这样看来,只要我们能准确划出事物发展的边界线,就能在这条线的中间找到规则,或者,我们只要能准确判断事物发展过程中存在的矛盾,我们就能够在矛盾中确定规则。

只有确定了相应规则,我们才能循着规则找到解决问题的办法,只有在明确了事物发展过程中的一条或几条规则的时候,我们才能在这些规则之间重新整合、优化,以形成新的规则。或者,我们通过寻找,找到两条或两条以上的规则时,即可利用这些规则之间的漏洞确定谈判方向,即可利用这些规则之间的互补性巧妙衔接,形成新的谈判方案。从这个角度而言,谈判中的规则,我们首先得从谈判目标中寻找。我们也可以设定一个或数个规则,前提是这些规则都应该为谈判服务。规则的制定,应在我们可控的范围内;规则的制定,应充分考虑相对方的诉求。

熟悉规则是遵守规则、制定规则与运用规则的前提。如果不熟悉规则,即便我们能成为规则的制定者,最终,在应用规则上,我们可能还不如那些遵守规则的谈判参与者主动。或者说,我们制定规则的目的,就是要娴熟地应用与掌握,无法掌控与应用的规则,制定得再完美,也没有什么用。

二、规则应用的几个原则

其实,律师实务中,我们经常是规则的制定者和应用者。

"李总,我今天只有30分钟时间与您交流,请您说重点。"当我们确定这条见面的时间规则后,接下来的半个小时交流,基本上都在这条时间规则下展开。

"我们今天不应再讨论A,因为A的解决必须以B为前提,理由是……所以,我们必须先对B展开讨论,达成共识。"这条规则一旦确定并获得各方响应,随后的谈判,显然就将围绕B展开。

因而,制定规则,应用规则,在律师实务中,显得相当重要。仅知道制定规则,不会应用或不能完整执行规则,可能最终我们会受规则所累;我们在实务中懂得或善于应用规则,但对规则形成、制定缺乏认识,那么,一定程度上,我们可能或者丧失机会(制定规则掌握主动权),或者被动理解或执行规则,让工作受阻。所以,实务中,以下几条规则应用原则,值得思考。

1. 常识性原则

常识应成为制定规则或确定、寻找规则的一条基本原则。我们认为,缺乏常识的规则,将缺乏生命力,或者它可能是一条假规则。

掌握常识,能让我们更容易的看到事物发展过程中的联系与区别,能看到其中的共性与差异。

理解常识,能让我们更容易懂得解决问题的分寸与尺度,懂得从不同角度研究、思考问题。

接受常识,能让我们在退让之间更容易理解相对方的立场与出发点,能在接受与拒绝、放弃与坚持之间寻找到动态平衡。

应用常识,应成为我们解决问题的出发点。常识,应蕴含在一切解决问题的思路之中。常识的娴熟运用,能让我们在律师实务中,获得更多的支持与理解,获得更多的信任与认可。因为,**常识,是衔接各方利益的一条平衡线,它不偏不倚地将各方应该获得的利益涵摄其中,不应该获得的利益排除在外**。这是常识的基本功能,我们没有理由不把常识更好地应用在业务实践中。

遗憾的是,很多时候,我们经常在常识之间讨论、辩论甚至产生分歧,经常为普及常识而绞尽脑汁,这的确让人费解。

2. 合理性原则

无论制定规则,还是确定或寻找规则,应该遵循合理性原则。合法之外,合理性可能更容易打动人心,更具有普遍意义。毕竟,很多不具有法律评价意义的内容,可以通过道理、情理去阐述,去论证,去说服。

3. 合法性原则

法律的冰冷,会让规则缺乏温情,但却是各方都心照不宣,愿意遵守的底线。基于合法性原则确定的规则,具有生命力、穿透力、影响力与既定力。我们可以做得更好的是,在合法性前提下,我们可以让规则更丰满,更现实,更有针对性。

4. 可持续性原则

一条规则的确立或制定,应能持续适应同一事物发展的不同阶段,或者确定的规则,应成为解决某一阶段或某一方面的一个或多个问题的衔接点。若非如此,我们制定的规则,就不具有普遍指导意义;我们识别的规则,就可能不够准确甚至错误;我们应用的规则,将丧失解决问题的基本作用与功能。

5. 同理性原则

没有什么比站在对方角度考虑问题更容易打动人,更容易让人接受的。因而,制定规则,应考虑同理性,在复杂事物发展过程中寻找、确定规则,应注意站在同理性角度阐述规则的意义与特征,阐述规则对争议解决的作用与价值。

以上原则,可以同时使用或考虑,那可能是最好不过的,很多时候,基于个案需求,不能完全使用,也应尽力将个别或几个原则考虑其中。基于这些原则确定的规则,才更能打动人心,才能在解决问题的过程中,具有普遍价值。才能让我们口若悬河的表达更接地气,才能让我们谈判策略的推进与谈判技能的运用,更具底气,更有大气。

第2节 理论与实务的衔接

我在七年前就谈到一个观点,现在看来仍不过时,我甚至在某高校作实务演讲的时候,仍然拿这个观点说事,尽管我知道这样会让台下的教授们感到不快,但我控制不住地想要去表达,因为现实可能比我说的更糟糕。我的观点很直白,我说,让那些从未参加过庭审辩论的教授教导我们怎么开庭,怎样辩论的技巧,是滑稽可笑的。其他专业可能不需要这样泾渭分明,但法律专业不行,因为实践太重要。这在一定程度上反映了我们国家的教育,尤其是法学教育在理论与实践方面的脱节。

正规的教育体制在很大程度上都是妥协的结果,法律教育自然也不例外。一个学习了四年的法科生毕业后,发现所学知识在实践中很无力,不能得心应手地使用。排除其个人的学习能力、动手能力和解决问题的能力不计,我们也会发现,大学四年学到的知识库存对解决新问题而言,可能还是不够的。于是,为了让"理想和现实"更接近点,大学设置的课程对科目、科目学习程度都作了严格限制,最后的结果就是所有人在深度和广度之间达成了妥协。那些所谓的"核心科目"都是大学严格审定的,问题在于,这些核心科目的教育者大多也是没有任何实践经验的"学院派",很多知识的传播似乎都是"纸上谈兵"。对一些"非核心学科"进行形式上的介绍,介绍也可能主要是着眼于法律的历史,也可能是枯燥地以法律提供法律制度的构架和组织结构相关信息为中心。甚至对法律的介绍还可能是高度理论化的。这些课程与正规法学教育之间的联系就在于,这些课程能够增进对法律发展和法律功能的理解,这种理解是有实用价值的,反过来看,这类课程涵盖在正规法律教育中,也可能被视作仅具有思辨意义。

法学院的教育应该既包括法律知识的掌握,又包括实务技能的掌握,这点应该可以得到所有人的认同。但对知识和技能究竟各自应占多大比重,或者通过什么方式来学习,仍然存在很大争议(目前一些高校在推行双导师制,大概也是看到了实务技能的重要性)。一些技能在大学学习期间毫无疑问是很难融会贯通的,必须通过社会实践的训练才更容易掌握,但很多法律辩论的惯例和分析方法,应该在正规教育期间就让学生掌握。然而,并不是每一个接受正规法律院校系统教育的人都打算进入法律实践领域,或者最终将确定无疑的成为律师。而也正是出于这个原因,人们认识到大学在提供普遍性教育之外,还应该提供系统的实践教育,显然,这很难成为大学教育的标配。因此布赖恩·辛普森在谈到法律教育面临的困境时认为:法学院学生毕业后选择进入职业传统中或是置身法律传统之外的差异选择,是大学教育陷入顾此失彼的教育矛盾中的一个很突出的现象。因为对那些毕业后不从事法律职业传统工作的毕业生来说,其掌握的法律专业知识的多寡,不构成其今后工作是否出色的判断标准。

所以,基于以上,我们讨论理论与实务的"衔接",就显得尤为重要。当然,这种讨论可能也是浅尝辄止,但我们不应放弃。

一、如何识别理论与实务的"衔接点"

在理论与实务之间,一定有一个衔接点,这个衔接点将是我们开展工作的起点,解决问题的切入点,推动谈判策略与方案落地执行的支点。

在律师实务谈判操作中,理论是基于法律关系性质而存在的。比如,在买卖法律关系中,其理论基础是基于民商法(合同)原理及对应的法条而建立;在离婚纠纷中,其理论基础是基于婚姻财产继承法律规定而建立;在单方解除合同的谈判中,其理论基础可能是基于合同关系、侵权关系、人身关系而建立。如此等等,不一而足……因此,在律师实务谈判中,确定理论基础的前提是先确定法律关系或法律性质,然后根据法律关系或法律性质寻找理论支撑,最后根据理论支撑寻找具体的法条指引。

法律实务是或一定程度是基于需求或诉求而产生。因此,我们需要首先确定各方的需求或诉求;当准确识别或确定需求或诉求后,我们接下去需要做的是将具有理论支撑的具体法条与实务需求结合在一起,进一步在具体法条与需求之间来回思考与穿梭,并同时考虑支撑或驳斥需求的事实与证据,或者考虑需要证明的事实与需要搜集的证据。最终,我们在法律规定与需求之间确定一个共同点,这个共同点就是理论与实务的"衔接点"。我们的实务操作与具体法律支撑都将围绕这个"衔接点"展开。以前面提到的买卖法律关系为例：其理论基础建立在民商法（合同）原理及对应的法条基础上，若买方需求是获得货物，卖方需求是获得货款对价，那么，对买方而言，在理论与需求之间形成的共同点是"获得货物的法律依据是什么"，对卖方而言，在理论与需求之间形成的共同点是"支付货物对价的法律依据是什么"。如此，具体法条（理论）与货物获取或对价支付（实务）得到了结合。进一步思考，我们会发现，衔接理论与实务的纽带是"需求"，我们后续工作的开展，都是或一定程度是围绕"货物获取与价款支付的法律依据"而展开，于是，理论与实务的衔接点形成。

很多时候，我们的工作开展出现了挫折或困难，不排除可能是我们在理论与实务之间的衔接点出现了偏差，从而导致我们的很多工作并未取得实效。更何况，**有时，我们的谈判工作，其实并未首先对法律关系、法律理论与实务需求展开判断，也未对事实与证据进行论证与思考，单纯就谈判而展开谈判**，这的确是谈判的一个误区。任何谈判诉求，首先，应该在法律上获得评价与判断，进而在事实与证据方面展开甄别，最后据此设计谈判策略与谈判方案。所以，才有一个观点说，"我们的每一句话，都将可能承担法律责任或产生法律后果"，说的大概就是这个意思吧。

二、衔接点的应用

如何将理论与实务之间的"衔接点"用到最合适程度，或者说，这种衔接点如何在谈判中发挥最大作用，需要我们不断总结，形成经验。我们通过下面的案例进一步阐述衔接点的应用。

例 7-1

在理论与实务之间寻找衔接点

原告覃某光通过法院拍卖方式合法受让涉案房屋一套,涉案房屋位于市政公共建设项目 A 铁大桥建设范围内,因补偿无法达成一致,被告 B 人民政府对涉案房屋进行了强制拆除。覃某光将 B 人民政府诉上法庭,请求人民法院判决:(1) 确认强制拆除违法。(2) 赔偿经济损失 355.5 万元(后当庭减少为 316.5 万元),其中,按当期房屋土地市场拍卖价计算赔偿额为 285.5 万元;基于前述主张的赔偿金额未得到被告支付所导致的银行利息损失 39 万元,房屋内其弟弟的物品损失 30 万元。(3) 因强拆导致的精神损害抚慰金 50 万元并赔礼道歉,理由是其弟弟因强拆精神受到打击,一年后死亡,导致家人精神损害。

被告 B 人民政府答辩称:

首先,拆迁房屋不是被告所为,原告举示的证据不能证明被告实施了强拆行为。

其次,原告的涉案房屋系 A 铁大桥建设业主市城建公司在施工中造成的损害,应属民事侵权纠纷,原告应另行通过其他诉讼途径主张权利。

再次,涉案土地损失、房屋损失、临时安置补偿以及停产停业、搬迁补助、误工费等,均属征拆程序与安置补偿需要解决的范畴,该系列补偿请求市建委已于 2011 年 12 月 31 日作出了《城市房屋拆迁行政裁决书》,该裁决书就房屋补偿方式、补偿金额、安置用房面积和地点、搬迁期限、过渡方式等作出了裁决,原告不服该裁决,应通过其他合适途径向市建委主张权利,故该项请求不属违法拆迁之国家赔偿范畴。

最后,原告的房屋非经营性用房,补偿不能按经营性用房补偿,且主张的损害金额的计算缺乏法律依据与证据支持。

本案在理论与实务之间形成的衔接点如下：

第一，被告否认强拆行为，基于该否认在法律上如何分配举证责任，衔接点为"举证责任分配"。

第二，在违法强拆与市建委作出的《城市房屋拆迁行政裁决书》（原告不服该裁决作出的补偿决定，但未采取相应的诉讼途径主张权益）之间，如何确定损害赔偿责任的认定，衔接点为"损害责任认定"。

第三，赔偿金额的计算依据与精神损害赔偿的法律依据是什么，衔接点为"法律依据"。

根据诉辩意见与庭审调查，一审法院判决：第一，确认B人民政府的强拆行为违法；第二，驳回原告316.5万元及利息的诉讼请求；第三，驳回50万元精神抚慰金与赔礼道歉的诉讼请求；第四，驳回原告其他诉讼请求。

原告不服，上诉至高级法院，二审法院判决：第一，维持一审判决第一项；第二，撤销一审判决第二项中关于"驳回原告弟弟物品损失及银行利息"部分；第三，撤销一审判决第三项；第四，驳回覃某光弟弟被侵权致死的精神抚慰金及道歉的起诉。原告向最高人民法院申请再审，再审裁定：驳回覃某光再审申请。

一审法院在审理时是这样解决衔接点（法院将我们理解的衔接点含摄在了争议焦点范围内）的：关于被告是否适格问题，根据"凡有行为，必有被告"之行政被告确定原则，只要被诉行为在行政诉讼受案范围，就应该有被告承担行政法律责任，且市人民政府的会议纪要及拆迁方案均提到，被告B人民政府系A铁大桥项目的责任单位，负责辖区的征地拆迁工作，又，被告并不能举证证明其并未做出强拆行为，因此本案被告适格（回应举证责任分配衔接点）。关于B人民政府是否有强拆法定职权问题，根据《国有土地上房屋征收与补偿条例》第30条的规定，……政府不能责成有关部门强制拆除。因此，被告B人民政府的强拆行为属于超越职权的行为（进而裁判强拆违法）。关于

316.5万元及利息、精神损害赔偿等是否有法律依据的问题,涉案土地损失、房屋损失、临时安置补偿以及停产停业、搬迁补助、误工费等,均属征拆程序与安置补偿需要解决的范畴,对该系列补偿请求,市建委已于2011年12月31日作出了《城市房屋拆迁行政裁决书》,该裁决书就房屋补偿方式、补偿金额、安置用房面积和地点、搬迁期限、过渡方式等作出了裁决,原告不服该裁决,应通过其他合适途径向市建委主张权利,故该项请求不属违法拆迁之国家赔偿范畴(回应损害责任认定的衔接点)。关于精神损失赔偿和道歉问题,是基于其弟弟受伤死亡要求的精神损害抚慰金和赔礼道歉,与本案被诉强拆行为没有法律上的因果关系,且涉及的具体强拆不涉及人身损害,因而不予支持(回应法律依据的衔接点)。

二审法院在同意一审判决的基础上作出一项纠正,即原告弟弟已死亡,其以弟弟名义提起物品损坏赔偿及精神损害赔偿没有法律依据,相应权利主张应由原告弟弟的配偶、子女和父母等人提起,依法应裁定驳回起诉,一审作出实体判决驳回原告该项诉讼请求错误,依法应予纠正。

基于上述衔接点得出的几点评析:

第一,原告不服市建委行政裁决后,坚持以被告作为违法强拆之赔偿主体,并提出金额巨大的索赔,属于刻意回避市建委的裁决,否认市建委是赔偿主体,解决不了实质问题。同时,表明当事人在启动该诉讼的时候,诉讼策略失当(律师的意见具有至关重要的作用)。

第二,原告主张316.5万元的赔偿,其中包括了利息赔偿与精神损害赔偿。一方面,原告不了解行政赔偿的立法原理与地方政策性的计算依据规定;另一方面,利息赔偿与精神损害赔偿的法律依据不足,仍然坚持,诉讼策略再次失当。

第三,司法实践中,起诉权利与诉讼权利的让渡、委托与继承以及放弃等,容易混淆。起诉权利是一种人身权利,具有身份属性,不能委托、让渡与继承,只能由具有法定人身依附关系的相关人员行使(配偶、父母、子女),诉讼权利是诉讼过程中获得的程序性权利,这种权利可以放弃与变更,两者之间存在根本上的差别。

第四,程序权利不予支持的时候,实务判决中应判决"裁定驳回起诉",而不能判决"驳回原告诉讼请求",前者属于程序性判决,后者属于实体性判决。

如果把该案套入诉讼谈判模版的话,我们认为,原告及其代理人设计的谈判策略、谈判方案与谈判重点都出现了原则性错误,导致整个谈判处处受制,处处被动。事实上,原被告双方也进行了长达1年左右的赔偿谈判,按照市里的赔偿政策规定计算赔偿金额为160万元,为了妥善解决拆迁问题,B政府将赔偿金额提高到200万元。但是,原告代理律师坚决不同意该赔偿金额,要求按260万元赔偿。最终因分歧太大无法达成协议,原告在其律师的指导下走上了漫长的诉讼之路,并无功而返。作为B政府的法律顾问,我们全程参与了该案的谈判与诉讼代理。我的感慨是:懂得判断,进而选择一位靠谱的律师太重要……

第3节 标准化流程的应用

很多律所或律师团队都在进行标准化营运,这是好事。但是,标准化的制定如何与实际情况相结合,以及标准制定出来后如何落地执行并产生标准化应有的效果,就不好说了,或者说,这是标准化营运的难点、热点与痛点。沿着这个角度进一步思考,在谈判实务中,标准化流程的应用更为灵活多变,要求更高,无论是策略制定,还是谈判方案推动,以及谈判中的拒绝处理等,都涉及标准化流程的制定与应用,要想让这类标准化在谈判实务中发挥应有的作用,更加考验我们的专业与实务能力。

一、标准化流程应如何制定

实务中,我们不是不懂得制定标准化流程,而是制定的标准化流程或者无法与实务相结合,或者结合得不到位导致在实务中无法发挥作用,又或者制定的流程虽然能结合实际需要,但是在执行中无法推动落实,进而无法获得想要的效果。所以,我们讨论标准流程的制定,注意以下原则,也许能在一定程度上规避前述存在的弊端。

第一,制定流程前一定要熟悉案情或谈判项目的实际情况。熟悉与案情有关的事实、证据及法律规定。

第二,制定流程应以解决问题或谈判目标为出发点,从问题出发,最终回归问题的解决。

第三,制定流程应结合实际需求展开,流程是为解决问题而服务,因而制定的流程应根据实际需要不断优化与调整,以在谈判中起到应有的效果。

下面的案例是本所在某个著作权侵权诉讼中的和解谈判流程,因该方案需要客户单位相关职能部门的审批与同意,因此我们在流程中加入了方案设计与思考。最终以每个案件 3 000 元(8 个诉讼案件构成系列诉讼)和解谈判成功。

例 7-2

张生起诉 A 政府及多家媒体侵犯著作权的诉前调解流程方案

思非讼研字(2016)第 201 号

A 人民政府宣传部:

广西思贝律师事务所就张生起诉 A 政府及多家新闻媒体侵犯著作权一案,经综合研判全案事实、证据与法律规定,结合李部长在协调会上所作指示,根据《中华人民共和国著作权法》(以下简称《著作权法》)的相关规定以及实务判例,制作本次谈判流程方案如下,供决策参考。

一、案情简介

2015年10月,我城区举办第二届文化旅游节,张圩镇政府作为参与单位之一需要向A区政府宣传部提供10张照片,用作各媒体文化旅游专版的公益宣传。张圩镇政府多年来与刘圩美华工艺服务部有合作关系。由于张圩镇缺乏宣传专业人员及专业摄影人才、器材,故每当该镇组织大型活动,都邀请美华工艺服务部李锋到现场录制影像资料,活动的相关宣传、报道工作也交由美华工艺服务部完成。因此本次为第二届文化旅游节提供照片的工作也交由美华工艺服务部完成。基于长期以来的合作习惯,张圩镇政府工作人员认为,该组照片都是由美华工艺服务部提供,版权和用途不存在问题,故在《当代生活报》《南宁晚报》等媒体及区委宣传部询问照片出处及作者时,张圩镇政府告知写"张圩镇供图"即可。2016年年初,本案原告张生告知张圩镇政府,该镇政府提供的本案宣传图片中有7张是其拍摄,要求张圩镇政府道歉并赔偿,当时张圩镇政府未予理会。2016年4月,张生将张圩镇政府告至城区区委宣传部,指其侵权并要求道歉及赔偿损失。区委宣传部就此事组织双方协商,但双方并未达成和解。2016年7月,张生将第二届旅游文化节主办单位、协办单位及新闻报道媒体(包括城区多部门、机关以及市旅游、民族事务委员会以及《当代生活报》《南宁晚报》等媒体)诉至A区人民法院,要求承担侵犯著作权责任并赔偿相关损失。

目前,《当代生活报》《南宁晚报》等媒体已经收到A法院的正式传票,被诉媒体与张生本人于2016年7月29日进行了庭前调解,但未达成调解协议。《当代生活报》等媒体被诉案件将于2016年8月19日在南宁市A区人民法院开庭审理。

据了解,本次张生起诉与我城区相关诉讼案件的应诉文书尚未送达至我城区。

二、谈判双方背景分析

张生,根据其本人本次提交证据材料得知,张生为南宁市职工摄影协会会员,广西老摄影家协会会员,在广西摄影界具有一定的影响力与威望。

A政府,本案所涉文化旅游宣传节主要由我城区政府主办,张圩镇政府以及城区各部门、机关协办。涉诉新闻媒体均因报道本次文化旅游宣传节,并因使用城区政府提供的照片成为本案被告。考虑到维护与媒体关系的需要,本次城区政府决定,在8月19日媒体被诉案件开庭以前,以城区政府为主导,以美华工艺服务部李锋或者张圩镇为主体与张生进行调解谈判,达到使其撤诉的目的。

三、谈判人员及支援人员

基于A政府系本案当事人,为避免本次谈判产生不必要的冲突,本次谈判的执行由本所指派律师以城区政府法律顾问的身份参与其中。由城区宣传部、文体局、张圩镇等相关涉事部门作为支援,执行、协调与张生及媒体方面的统筹工作。

四、谈判时间、地点

本次谈判的时间、地点拟由城区政府宣传部覃副部长与张生商定,并在谈判开始前两日,将商定结果与我所执行律师协调、沟通。我们建议,谈判地点可选在城区政府相关会议室、本所会议室或其他相对较严肃的场地,忌去咖啡馆、休闲吧或茶馆谈判。

五、双方优劣势分析

(一)张生优劣势分析

1. 据我城区政府相关领导、工作人员了解,本次诉讼张生得到了广西摄影家协会的支持,意欲将此案做成广西著作权维权的典型案件。因此,根据以上情况,结合张生所提起的诉讼案件数量,以及所聘请委托的律师(均为广西××律师事务所律师,共6人)等情况分析,张生专业团队支持与社会资源支持都有比较优势。初步预判,和解谈判很可能由其聘请的律师团队主导。

2. 根据《著作权法》第27条的规定:"许可使用合同和转让合同中著作权人未明确许可、转让的权利,未经著作权人同意,另一方当事人不得行使。",该法条并未规定许可必须采取书面形式。本案所涉照片的取得渠道为美华工艺服务部李锋,在与张生进行QQ聊天时,以张生自行发送的截图方式获得。据美华工艺服务部李锋所述,张生在当时以及事后均承认曾口头同意李锋将本案照片用于张圩镇文化旅游节宣传之用,但张生事后在与李锋的交流中表示,此前的口头同意不是有效的授权许可方式。

3. 本案涉案照片著作权人的确定问题。根据本所已获取的起诉状及证据目录研判,张生提供了涉案摄影作品的数据截图及原件存储光盘,作为证明其为该摄影作品著作权人的证据。我所认为,该证据不充分。理由是,本次涉案摄影作品为数码照片,数码照片区别于传统照片的最大特点是无形性,传统照片在拍摄完成后即在胶卷底片上一次成形,胶卷和底片具有相互对应性,因此底片就是最具证明力的权属证明,在无相反证据的情况下,拥有胶卷底片的人就应被认定为照片的著作权人。而数码照片是虚拟的数字组合格式,必须依附于存储介质而存在,其数据可以反复多次复制、刻录于不同载体中,很容易与原始拍摄介质相分离。本案中,张生仅提供数码照片转存后的光盘而非原始的拍摄、存储设备,根据数码作品的无形性特征,本所认为难以证明其为涉案数码照片摄影作品的著作权人。经宣传部覃副部长与媒体代理律师处获知,目前张生并未将本案照片送至公证处公证,也未将本案照片进行版权登记。由于公证或版权登记将是本案的关键性补强证据,目前我城区尚未正式收到法院诉讼文书并正式应诉,因此如果提前将前述观点让张生获悉,则不排除张生对此证据进行补强制作并提交法院,从而使城区政府在被诉案件中处于不利地位的可能性。

4. 张生在本次诉讼中提出每张照片赔偿经济损失1万元,以及为制止侵权行为的合理花费3 000元的要求。从证据目录内容看,该证据目录缺少证明经济损失1万元的证据,且本次旅游节属非盈利的公益活动,不存在《著作权法》第49条所称的"违法所得"一说,故本所认为,该部分损失法院全部支持的可能性不大。而对于为制止侵权行为的合理花费的主张,如果张生提供的发票单据等经查符合证据"三性"规定的话,根据《著作权法》第49条的规定,制止侵权行为所支付的合理开支属于被侵权实际损失,因此在被侵权事实得以确认的前提下,这部分费用被法院支持的可能性较大。

(二)城区政府优劣势分析

1. 关于本次旅游文化宣传节使用张生照片的授权问题。虽然《著作权法》并未规定著作权人的许可必须采取书面形式,但由于目前尚无确凿证据证明张生曾经口头同意使用照片,并且在使用截图传送时的QQ聊天记录内容的指向性也不够明确,因此,我城区政府在这一问题上存在被法院认定未经许可擅自使用的风险。

2. 关于张圩镇及我城区政府使用本案涉案照片是否属于《著作权法》第22条第(七)款所称"执行公务"的情形。根据本所检索相关案例显示,实务中一些法院认为,对于"执行公务"应予严格解释,不能以公务学习、公务宣传为名随意使用他人作品,只有在因公务需要不得不使用他人作品的情况下才构成合理使用,并且从使用的方式和范围、使用的数量和内容方面也应限于合理范围。本案存在难以证明必须使用涉案照片进行宣传的情况,且本次无论是制作旅游节宣传资料还是在新闻报道中使用涉案作品,均未标注作者姓名,故存在法院不予认定此抗辩理由的风险。

3. 关于张生提出赔偿的相关问题。本次旅游文化宣传节由我城区政府主办,意在推动张圩镇的旅游产业发展,属公益活动,不存在

《著作权法》第 49 条所称的"违法所得"一说，故本所认为，张生主张赔偿全额 1 万元，法院全部支持的可能性不大。而对于为制止侵权行为的合理花费主张，法院支持的可能性较大，理由前已阐明，在此不再赘述。

4. 由于张生所起诉的多家媒体此前与城区政府合作良好，且本案媒体被诉也是因为使用了我城区政府提供的材料。另外，综合本案各方诉求考虑，城区政府也更倾向于诉前通过和解谈判方式解决本案。

六、谈判目标

鉴于张生已提供本次起诉所花费律师代理费的发票，每案代理费发票金额为 3 000 元，根据本所实务经验，该代理费金额尚在合理范畴，本案在被侵权事实得以确认的前提下，这部分费用被法院支持的可能性较大，因此关于这笔费用我所认为谈判上限在 3 000 元为宜。

张生方面对每案 1 万元赔偿额的构成和计算方式没有证据支持，进入法院审理程序后，法官对此金额和自由裁量权较大，一般采用酌定的方式得出赔偿金额。因此，本所认为，关于损失额谈判的下限定在 1 000 元较为合适。而考虑到张生在本案中得到广西摄影家协会的支持，委托的律师人数较多，且具有一定的专业影响力，同时城区政府方面也倾向于谈判解决此案，故此金额谈判的最高上限可定在每案 5 000 元。

七、谈判策略

1. 平和、坦诚开局。将此次谈判的主要目的告知对方。

2. 突出优势。在对对方立场、观点有初步认知后，再将自己在此次谈判事项中所占有的优劣势及对方的优劣势，进行严密周详的列举，尤其要将己方的优势，不管大小新旧，应全盘列出，以作为谈判人员的谈判筹码。而己方劣势，当然也要注意，以免在谈判中陷入被动。

3. 报价策略。我们适宜从金额的下限开始报价，如双方报价差距较大,则采取互惠让步的方式,除坚持谈判底线外,不在具体问题上纠缠与争执,统筹全局,宏观把控,分清利害关系,避重就轻,灵活地使对方在其他方面得到补偿。

八、谈判结束后续工作

如本次谈判目标得以实现,张生方面同意撤诉,则应当以张圩镇的名义(张圩镇政府作为本案被告之一,且不属于城区职能部门,若签署协议或者协议履行过程中发生纠纷,不良影响较小)与其签订相关协议,将谈判成果通过书面形式固定下来。协议应当明确张生的撤诉时间,以及违反协议不予撤诉应当承担的法律责任。实际撤诉工作的相关文件制作,本所将另行指派律师协助跟进。

如本次谈判失败,我们应在分析双方优劣势的基础上,做好应诉准备工作,特别是证据搜集事宜。综合本案相关情况,美华工艺服务部李锋与张生 QQ 聊天的记录,是本案得以胜诉的关键突破口,在积极应诉的前提下,应对此做好证据公证工作。

二、标准应如何落地执行

良好的执行力,对解决问题实在太重要。这是因为,**无论多么完美的方案、策略、步骤或流程,若无人推动执行或执行打折变样,其结果都很难达到预期目标**。我们来看一个古代关于执行力的故事。这个故事原出于《史记》的《孙子吴起列传》。

春秋时候的著名军事学家孙武,他携带自己写的《孙子兵法》去见吴王阖闾。吴王看过之后说:"你的十三篇兵法,我都看过了,能否拿我的军队试试?"孙武说,可以。吴王再问:"用妇女来试验可以吗?"孙武也说可以。于是吴王召集 180 名宫中美女,请孙武训练。孙武将她们分为两队,用吴王宠爱的两个宫姬为队长,并叫她们每个人都拿着长戟。队伍站好后,孙武便发问:"你们知道怎样向前、向后和向左、

第 7 章 律师谈判的经验指引

向右转吗?"众女兵说:"知道。"孙武再说:"向前就看我心胸;向左就看我左手;向右就看我右手;向后就看我背后。"众女兵说:"明白了。"于是孙武命令搬出铁钺(古时杀人用的刑具),三番五次向她们申戒。说完便击鼓发出向右转的号令。怎知众女兵不单没有依令行动,反而哈哈大笑。孙武见状说:"解释不明,交代不清,应该是将官们的过错。"于是又将刚才一番话详尽地再向她们解释一次,再次击鼓发出向左转的号令。众女兵仍然只是大笑。孙武便说:"解释不明,交代不清,是将官的过错。既然交代清楚而不听令,就是队长和士兵的过错了。"说完,命左右随从把两个队长推出斩首。吴王正座在高台上,兴致勃勃地看热闹,忽然看见那两个宠姬被押出去斩首,大吃一惊。他做梦也想不到孙武会这样认真,就马上派人跑去对孙武求情说:"我已经知道将军是很能用兵的了。但是,要是没有这两个女姬,我吃东西都没味了,请不要杀她们。"孙武说:"将军统兵在外,即使是君王的命令,有时也可以不听从!"他坚决地把两个姬妾斩了,同时另外任命两位宫女做队长。宫女们很害怕,孙武再次发令时,所有的宫女都整齐认真地操练,不敢再当做儿戏。吴王也不得不佩服孙武的才能。

不久,孙武向吴王报告说:"军队已经操练完毕,请大王检阅。您可以随心所欲地指挥她们,即使是命令他们赴汤蹈火也不会违抗命令了。"吴王因为失去两个宠姬,正在痛心后悔,就没好气地说:"你回宾馆休息吧,我不想检阅了。"孙武有些不满,叹口气说:"大王只是欣赏我的兵法理论,却不支持我实行啊!"

但是,吴王终究赏识孙武的卓越军事才能,后来还是任命他做大将,统率吴军大破楚军,一直攻入楚国的郢都。吴国威震中原,成为崛起的东方霸主,连晋、齐等大国也甘拜下风。

这个故事,从不同角度会有不同解读。从执行力视角而言,的确可圈可点,甚至震古烁今,说明了执行力的重要性。这是因为,在当下,要具备孙武这样超强的执行力,可能还是比较不容易。

接下来,我们讨论标准应如何得以不折不扣地执行。

首先,应设立项目负责人。根据谈判目标的需要,项目负责人下面成立辅助团队,包括但不限于文字秘书、客服人员、行政秘书、谈判助理等。项目负责人上面设立主谈判律师(首席谈判律师)。以项目负责人为中心,对上,项目负责人对主谈判律师负责;对下,项目团队根据各自职能职责对项目负责人负责。这样的好处是,随时可以核查存在的问题或遗漏、错漏的地方,并适时加以纠正与优化。形成协作与效率的快速联动机制,以适应谈判需要与执行标准流程之需要。

其次,对每个流程的执行环节、执行程序以及谈判过程中反映出来的新问题、新需求进行适时复盘。复盘围绕谈判目标与标准化流程展开,反思问题发生的原因,调整或优化执行步骤或程序,提升执行力,以适应谈判工作的具体需要。

再次,设置执行督导程序,由项目团队以外的人员担任项目督导,根据事前设计的谈判策略、谈判方案、谈判步骤与谈判流程,客观评估谈判效果与谈判进程,并对项目团队各岗位人员的执行过程进行核查与督导,提出督导意见,限时整改。

最后,与绩效考核挂钩评价。没有权利的义务,或者没有义务的权利,在项目谈判中都很难发挥团队化谈判的作用与效果。或者说,在讨论权利的时候我们应附加适当义务,在履行的同时,应考虑必要的权利。而衔接义务与权利的枢纽就是绩效考核,因为这个考核跟我们的收入挂钩。我们的绩效考核,可以是按照律师事务所既定的考核进行,也可以是针对项目专项制定的绩效考核标准。无论哪种绩效考核,一定是与人民币挂钩的。这要求我们在执行绩效的时候,应拿出项目预算,这笔预算要与动态考核相结合。因为,整个项目收益中的很大部分分配是按照所里既定的薪酬分配制度执行,这意味着在推动项目绩效考核的时候,我们可能有两套或两套以上的绩效考核标准,因此需要我们针对项目设计项目绩效考核预算。

综合以上,我们会发现,**执行效果如何,归根结底还是人的问题,人的问题解决了,其他问题都能解决。**而解决人的问题,除了形而上的统一与要求外,还需要形而下的具体规划,这种规划,包括决策的科学性与管理的有效性,包括权利义务的重新平衡与调整。

第4节 人对了,世界就对了

在讨论本节内容前,我们首先熟悉下这个《人对了,世界就对了》的小故事。其实,关于这个小故事,我相信很多朋友都看到过各种版本的表述,我看到的版本是这样的:一个周末的下午,牧师正在家里冥思苦想第二天传教布道的主题,他三岁的儿子非缠着他玩。牧师心烦,就把一张世界地图撕成几片给儿子,让儿子拿走,拼好后就带他玩。不一会儿,儿子就跑过来对牧师说:拼好了。牧师很惊讶,对儿子说:"你又看不懂世界地图,怎么那么快就拼好了?"儿子说:"世界是什么样子的,我不知道,但这幅地图的背面是人的图像,我知道人是什么样子的,所以只要人对了,世界就对了。"牧师恍然大悟:"人对了,世界就对了。"这不正是我传教布道的主题吗!

这个故事,阐述了人在社会活动中的重要性,或者说,在律师实务谈判中,人的重要性应排在第一位。我们应该对人,或者说对自己,有充分的认识与了解。

一、认清自己

我们首先需要认清自己。在马斯洛看来,人类价值体系存在两类不同需求:一类是沿生物谱系上升方向逐渐变弱的"本能或冲动",称为低级需求或生理需求;一类是随生物进化而逐渐显现的"潜能或需求",称为高级需求或精神需求。人的需求是从外部得到满足逐渐向内在得到满足转化,当低层次需求基本得到满足以后,它的激励作用就会降低,其优势地位将不再保持下去,高层次的需求会取代它成为推动行为的主要原因。因而,有的需求一经满足,便不能成为激发人们行为的起因,于是被其他需求取而代之。总体而言,高层次的需求比低层次的需求具有更大价值。从这个角度来看,人最高需求即自我实现是以最有效和最完整的方式来表现自己潜力的。

其实,我们更需要掌握如何做人的"方法",而不是"定义自己"做一个什么样的人。我们对人性既要有横向的、静态的基本认识,还要有纵向的、动态的分析,即人之成长和发展。可是,如何认识自己并在环境中找到自己的位置,也就是人对,世界才会对,的确不容易。人的世界有两个,一个是存在于头脑中的"主观世界",一个是现实中的"客观世界"。存在决定意识,环境造就人。所以说,我们更为主要的是发现并掌握做人的策略与方法,而不是去不断定义自己。因为,人自然性的一面告诉我们人是本能的,而人社会性的一面告诉我们人不能仅仅依靠本能,两者是辩证统一的。

我们的苦恼和困惑往往来自于主客观世界的不统一,因此,我们需要不断暗示自己,而暗示恰恰是意识与潜意识之间沟通的"媒介",每个人在自己的一生中都会受到暗示的巨大影响。有的人接受积极健康的暗示,走向成功,走向健康,走向快乐;有的人接受错误有害的暗示,失去健康,失去成功,失去快乐。我们常说"性格决定命运",这句话有一个小前提:若要获得好的命运,就得先改变我们不好的性格。人的良好性格,大都由各种无形的影响所塑造。换句话说,环境的影响巨大,人生的许多不幸,都与性格息息相关。我们不能控制先天的遗传因素,但有能力掌握和改变自己的性格。因为人可以自己拯救自己,自己塑造自己,自己光扬自己,自己驾驭自己。有什么样的期待,就会有什么样的人生,做最好的自己,说的就是这个意思,这个目标人人都可以实现。真正促使自己成功,使自己变得机智勇敢、豁达大度的,不是优裕和顺境,而是那些常常可以置我们于死地的打击、挫折和对立面。

一个人生活上的快乐,应该来自尽可能减少对外来事物的依赖。如果我们一直觉得不满,那么即使拥有整个世界,也会觉得有所缺憾。所以才说,人生最大的挑战是自己。一个人要挑战自己,靠的不是投机取巧,不是耍小聪明,靠的是信心。人有了信心,就会产生意志力量,人与人之间,弱者与强者之间,成功与失败之间最大的差异就在于意志力量的差异。人一旦有了意志力量,就能战胜自身的各种弱点。

当我们需要勇气的时候,就能战胜自己的懦弱;当我们需要勤奋的时候,就能战胜自己的懒惰;当我们需要廉洁的时候,就能战胜自己的私欲;当我们需要谦虚的时候,就能战胜自己的骄傲;当我们需要宁静的时候,就能战胜自己的浮躁。所以才有这样的鸡汤,说的是:自己把自己说服了,是一种理智的胜利;自己被自己感动了,是一种心灵的升华;自己把自己征服了,是一种人生的成熟。

二、对与错的相对性

这个世界,没有什么绝对的对错,凡事都是相对的,相对性就是承认事物的运动规律,在事物的运动规律中研究对错,我们就能发现对错在相对中的变化。尤其在具体的项目谈判中,此时的错误,彼时可能就是对的,或者说,在某个环节的错误,在另外的环节,可能就未必是错误。掌握对错的相对性,无论对我们的为人处世,还是对我们的具体工作或谈判实务,都有较高的指导价值与意义。那个著名的寓言故事《刻舟求剑》,说的是"楚人有涉江者,其剑自舟中坠于水,遽契其舟曰:'是吾剑之所从坠。'舟止,从其所契者入水求之。舟已行矣,而剑不行,求剑若此,不亦惑乎?"这个寓言故事告诉我们,事物都是发展变化的,以静止的眼光看待变化发展的事物,必然导致错误判断。

懂得判断什么时候、何种行为可能是错误或正确的,需要能力;懂得判断什么时候、何种情况下不犯错误,何种选择是正确的,除了能力,还需要智慧。而无论能力还是智慧,都需要长久的实践,持久的训练,良久的修炼。

这意味着,在学会把握对错之前,我们首先得学会做一个正确的人,学会做一个让自己充满吸引力的人,学会做一个"有料"的人。

先说一个刚遇到的应景小故事。我在写这节书稿的时候,正在参加一个由省某司法机关组织的一次民主党派联合调研。我是调研组成员之一,随行11人的调研组,加我一起有四位律师同行。其中一位同行已于10年前歇业,现在开了一家法律咨询公司。调研的内容是本省部分地级市司法体制改革的落实与执行情况。调研三个城市,目前已到第二站。那位歇业的同行总是与当地受调研部门的一把手走在一起,无论会前还是会后,不时宣传自己现在做什么,拥有多少资产,某某领导是自己的同学、校友云云。第二位同行在调研会上不时有惊人之语,当然我并不苟同,比如,他说为了解决司法机关书记员和辅助人员的短缺问题,建议让实习律师到司法机关实习几个月,以此作为实习合格的必经程序。当随行一个高校教授质疑这样做的法律依据时,他说省律协就可以决定,后觉不妥,又称让司法厅出一个规定即可……我实在听不下去,若是过往,我一定会较劲驳斥,但现在学会了忍受:认真不能用错地方,言论自由,随他去吧。第三位同行则不断留当地司法机关主要领导的电话号码。我在第一站的调研座谈会上问了三个问题,然而受调研单位的主要领导轻描淡写地解释了一下,最后说这些问题权力清单里都规定得很清楚了,应无争议。随后组织本次调研的省司法机关某研究室主任对我的问题进一步阐述与解释,我认为都没回应到点子上。后来我也想明白了:让我们参与调研,只是履行相关程序,若太当真,就有点摆不正位置了。因此后面我决定不再发言,全程旁听……

我啰唆说这个小故事,是想表达,我这几位同行,都在用自己比较熟悉或自己一贯践行的交往方式建立自己新的人脉，积累新的资源或社交圈子，目的都无可厚非，方式我不认同。

可能有人会问我，那你在这个调研行程里是如何搭建自己的人脉或圈子的？抱歉说一句，我压根儿就没想通过这样的调研活动建立自己的人脉，或者说我想通过调研会上的专业表达获得认可的想法失败了，期望采用危言耸听或吸引眼球的表达获得领导赞赏的做法，我又做不到，尤其这样严肃的调研主题。所以，最后我把自己定位成一个"打酱油"的人。

那么，为何我不认同这样搭建人脉、积累资源、扩大圈子的方式呢。理由如下：

首先，这样的调研，当地受调研单位主要领导只是把它当成众多接待上级、应付检查、调研考核等工作中再正常不过的一次活动。不要以为自己能参加这样的调研就很厉害，可能我们只是来"打酱油"的，如果硬拿鸡毛当令箭，刻意拔高自己，未必合时宜。所以，这个调研定位一定要清晰与准确。因而，在这样的场合展示自己事业做得多成功，极力推广自己的行为，我个人认为没有多大价值。

其次，调研发言，靠噱头或帮受调研部门发发他们不敢、不便发的牢骚，靠夸大或言之无物而又危言耸听的表达，以其吸引领导眼球，引起领导注意，进而获得领导认可的思路，我认为是很傻、很天真的。必须明确，本轮司法体制改革，是由上而下的顶层设计，很多未明确、不够具体的改革空白或利益博弈深水区，不由地级市受调研单位决策，有的甚至省里都无法定调，需要中央全面宏观统筹（这个组织叫深化改革领导小组，简称深改组）。受调研单位的主要领导比谁都清楚问题的根源在哪里，因为他们是改革的当事人与执行者。基于这样的前提，我们的发言如果不专业或言之无物的话，徒增笑料而已。人家不反对我们，是因为我们是客人，是上级组成的调研组成员，是民主党派，从哪个角度他们都会给我们留足面子，并热烈迎合，这是基本的工作礼仪。如果我们搞不清楚状况，以为领导真的很认同我们的观点，那就未免肤浅了。至于四处要领导电话号码，更不值一提。没有任何技术含量与可行性，在社交快餐化的当下，不要说留电话后几个月甚至几年没有来往或联系，就是同台吃饭互留姓名、联系电话，饭还没吃完，饭局还没散场，可能都忘了彼此的姓名与职务。这表明，很多社交活动需要不断重复性来往，而这样的来往还需要寻找到让对方觉得合适或舒服的理由，才有可能搭建起来……

最后，我想重点表达的是，活在这个熟人社会，谁都想拥有良好的人脉资源，谁都想拥有自己的大咖朋友圈，以便自己在工作、生活中与事业上获得更多的机会与资源。但是，要拥有这些，必须以自己强大作为前提，缺少这个前提，费尽心机四处奔波，极尽阿谀奉承或吹捧之能事，然而，并没什么用。因为，不在同一个层面与档次，不在同一个频道与范畴，如何搭建圈子？自己没有任何可以吸引对方的资本，没有任何可圈可点的经历，没有任何可以期待的未来，别人凭什么给我们机会与平台？

与其经营别人，不如先经营好自己，让自己充满"麝香"，让自己"有料"。唯有如此，我们才能在经营圈子与人脉的路上，简单、轻松、不辛苦，还能成。进而，我们在对错相对性的语境下，才能娴熟玩转其中门道。所以才有一句话说：自己就是最大的资源与人脉。

我们再来重温《卧薪尝胆》的故事。

春秋时期，吴国和越国曾经发生一次大规模战争，越国大败，越王勾践夫妇及其大臣文仲、范蠡都被吴国俘虏。

越王夫妇由范蠡陪着，在吴国做了三年奴隶，他们每天砍柴剁草，牧羊饮马，什么粗活都干。有一次，吴王生病了，范蠡建议越王替吴王尝一下粪便，以取得吴王夫差的信任，趁机请求回到越国。勾践开始很为难，但想到亡国灭种之恨，心就像刀绞一样，于是咬咬牙，采纳了范蠡的建议。果然，勾践替吴王尝了粪便以后，吴王大受感动，答应了

第 7 章 律师谈判的经验指引

越王的回国要求。

勾践回国之后,立志报仇雪恨,于是想尽种种办法磨炼自己的意志。夏天的时候抱着火炉,冬天的时候抱着冰块,脚冷的时候反而把脚泡在水里。除此之外,他在极其简陋的卧室门口悬挂了一个苦胆,进出都要尝一口,提醒自己不要忘了亡国之后所受的苦楚。每天晚上勾践都睡在柴草堆上,防止自己被奢华的生活所腐蚀,同时提醒自己一定要保持清醒的头脑和坚强的意志。

勾践除了卧薪尝胆锤炼意志之外,在贤臣文仲和范蠡的辅佐下,励精图治,使越国的国力不断增强。而吴王本来就生性放荡,年轻的时候虽然也曾经振作过一番,但是自从打败越国之后,那些潜藏的本性就开始逐渐暴露,慢慢地变得骄奢淫逸。不仅不再训练军队,加强军备,反而不断征调民工,花了整整九年时间来扩建姑苏台。与此同时,越王听从文仲的建议,从民间选取美女,准备送给吴王。于是越王便派范蠡周游全国,访求美女。

后来范蠡在苎萝山找到两个绝世美女,一个叫郑旦,一个叫西施,尤其是西施,国色天香,沉鱼落雁。范蠡把她们带回去之后,越王赐给她们绫罗绸缎,把她们装扮起来,然后又请女教师教导她们学习仪容举止,洗掉她们身上的山野气息。这样整整接受了三年教化,学成之后,越王便用香车宝马,把她们当作贡品送给吴王。吴王一见这两位倾国倾城的美女,便被迷得神魂颠倒,不仅丝毫没有防范越王的用心,反而把越王大大称赞了一番。

在使用美人计的同时,越王又大力发展生产,加强军备,特地聘请当时剑术名家南林处女和弓弩名家楚人陈音,让他们教练士卒,训练军队,在短时间内建成一支能征善战的精兵,以备将来对付吴国的尖锐部队。

就这样,吴王沉湎于女色,不理政事,后来又杀了忠直的伍子胥,而越王则积极备战,寻找报仇的机会。伍子胥死了十年之后,吴国的处境日渐艰难,而越国则逐渐兴旺发达起来。终于,在经过好几次较量之后,越国彻底打败吴国,把吴王逼死在姑苏山上。

读完这个故事,是否与我一样很有感触呢?的确,帝王将相要成就一番事业尚且如此,何况普通平民百姓乎?那副著名对联:"有志者,事竟成,破釜沉舟,百二秦关终属楚;苦心人,天不负,卧薪尝胆,三千越甲可吞吴。"说的就是这个故事所蕴含的人生哲理。

所以,**我们的人生,哪有什么失败,只是暂时没有成功**,又哪有什么成功秘诀,我们只是在负重前行。

第8章

律师谈判的法律+商业的综合应用

1. 所有的工作与规划，一定是以解决问题为目的，而法律在实务中的应用，也应该以解决问题为导向。

2. 只要我们在任何一次项目谈判中，都保持对商业的足够敏锐性，就可能在任何环节发现可能的商业合作机会。

3. 无论我们的商业模式多完美，如果没有不折不扣的执行力或执行团队，那么，很难确保商业模式的顺利推进。

4. 很多事情之所以无法达成目标，无法获得成功，不是因为我们的方案不正确，不是因为我们的思路不完整，而是在方案落地执行过程中，我们的执行力出现了偏差甚至失误，最终导致想要的结果没有得到。

5. 没有明确的执行目标，执行力无法落到实处。

6. 目标明确后，需要我们设计具体的执行流程与步骤。

7. 团队配置涉及用人问题，是项目执行的关键。

8. 执行激励应当科学与合理，应当客观与公正，应当有可持续性与普遍性，应当设置合理标准与要求，应当物质激励与精神激励并进，让激励机制充满诱惑力与可实现性。

谈不下去或需要各方利益最大化的时候，让我们与相对方一起，进入商业项目的运作，整合作为律师的我们的专业优势与合作相对方的资源优势及项目本身的优势，大家撸起袖子一起干，这是本章我想分享的核心。

第1节 研究法律在谈判中的落脚点

实务中的问题最终会转化为法律问题，或者说，谈判中的分歧与需求，最终需要在法律上获得一致评价，在各方均认可这种一致的时候，才有促成或双方妥协的可能。这是讨论法律在谈判实务中落脚点的意义。

一、法律适用在实务中如何体现

1. 在事实部分，法律会进行定性

无论是已经确定的客观事实、没有异议的法律事实，还是待证事实，法律都会进行定性。换句话说，这些事实在法律上应如何理解，法律会给出对应答案。因为这些事实，将会对谈判目标、谈判需求或谈判分歧产生影响，而这样的影响，最终要放到具体法律条文之中去理解。比如，在侵权损害中，侵权的事实，无论是否确定，无论还有多少事实需要证据证明，这个事实能否成立，都需要首先放到具体法律条文中定性，通过具体法律条文来判断这个事实将在接下去的损害赔偿中扮演什么样的角色，处于何种法律位置。以小张打伤小王为例，小张打人的事实，可能已经确定，可能还需要证据证明，甚至小张打小王的事实都不存在。无论何种情形，法律的具体评价是：小张打人这个行为是否存在正当防卫性，是否属于一种过失，是否小王也有过错，小王受到伤害的程度如何，小张没有打人的事实如何认定等，都需要在这些确定或不确定的事实之间完成一次法律定性，这种定性所依赖的恰恰是具体的法律条文，或者说，这些确定或不确定的事实在法律上应如何评价，我们需要套用具体法条进行评析。因为，我们在打人这个事实发生后，就其后果，就需要讨论损害赔偿责任如何承担。那么，我们在就损害责任承担问题上展开谈判的时候，必须依赖相关事实展开谈判，或者说这种谈判不能离开或偏离相关事实去讨论责任分担。但是，这些事实在法律上怎么评价，就需要参与谈判的各方展开法律适用的辩论。于是，我们会基于某个事实的细微区别，得出不同的法律适用结论，谈判的价值有时候就是通过这些细节来体现。

2. 在证据部分，法律会进行识别

证明事实的这些证据，是否具有法律上的价值与意义，唯一的谈判标准只有法律的具体规定。就展示出来的证据是否可以支撑相关事实，是否完成了相关证明责任，均需具体法律条文予以论证：证据是否符合法定形式，证据是否过于薄弱，证据是否需要补强等。根据这些证据情形，我们才能对相关事实展开评价：哪些是可以确定的，哪些是没有异议的。进而，我们的分歧或需求，都围绕相关事实展开，支撑我们谈判论点的事实，背后一定要有扎实的证据予以支撑。我曾随客户参与一个三产项目的投资合作谈判。我问三产项目拥有方（甲方），与村集体是哪种合作模式？甲方说是租赁模式，四十年；每年固定给予租金，并在每五年上涨一次；村里不承担任何亏损，且可从我们的收益里按比例分红；租赁期满，租赁物交回村里。我又问，批准建设三产用地的行政审批与许可到了哪个环节？甲方回应我说，审批与许可已全部完成，只需要缴纳一些行政许可的法定费用后，即可开工。我再问，未来主要的成本开支包括哪些，建设成本如何融资，销售与招商引资方案的可行性如何评价？甲方均做了详细介绍。显然，双方的合作正是基于这些事实讨论具体权利义务，比如股权如何配置，比如我们投入的股金如何支撑前期运作（后期建设通过施工方垫付资金的模式展开),比如我们接下去的操作风险有哪些,这些都需要依赖现有的事实展开评价,但是,这些事实是否属实,甲方对这些事实是否存在陈述遗漏或错误认识,均需要证据支撑。在我们查看完毕所有的证据(合同、行政申请与许可审批以及垫付的成本票据等)后,我们需要重新梳理一次甲方陈述事实的客观与真实性,并进一步判断这些事实在法律上的评价,然后最终确定对自己有利的谈判方案,就项目合作的具体权利义务展开谈判……

3. 对双方存在的分歧与需求及法律适用进行分类

各方的需求或分歧,正是谈判需要解决的问题,而这些需求或分歧,可能来自对事实的不同理解或对事实的不认同,可能来自对证据的否定与担心,可能来自基于事实与证据带去对己方不利的因素等。在这样的前提下,讨论分歧与需求的出发点还是基于法律适用。当出租方认为租金应按 300 元/平方米收取合适,而承租方予以反对的时候,这个分歧在法律适用上,就会考虑双方支持与反对的理由。当法律适用对出租方有利的时候,就支持出租方的主张;当法律适用对承租方有利的时候,就支持承租方的抗辩;当双方对法律适用都有了充分了解与认识后,在坚持或放弃己方诉求或主张的过程中,各方均会趋于理性与平和,重新调整与考虑己方诉求,重新协商沟通双方存在的分歧或需求,我们把法律适用在这个过程中的调整,理解为分类:分歧与需求分为不同层次或不同比例的"类",然后,各方根据这种"类"的分别,重新展开谈判与协商。在放弃与坚持的背后,仍然是法律适用在起着调节作用。

上述观点,其实我在前文已有所阐述,放在本节进一步讨论,是因为在法律+商业模式下,这些事实与证据的理解与识别,对我们启动商业模式太重要,它将直接决定我们在风险控制上的认识与措施,进而直接决定我们能否通过这些商业模式获利。

二、法律适用如何为实务需求服务

在实务中,我们的思考路径通常是这样的:将需求进行精简与分类,然后将这些需求套入具体的法律规定进行评价,根据这样的评价,得出可行的解决思路。

例 8-1

解除水库租赁合同的法律适用与需求衔接

某局所辖的青龙水库管理所与 A 公司于 2013 年签订了一份水库租赁合同,约定由 A 公司使用青龙水库水面资源,A 公司按约定支付租金,租赁期 20 年。现在由于该局要收回水库水面的租赁权,改由市政府推动的一个"市民农庄"项目进驻,由 B 国有企业经营。该局要求本所出具书面意见,研究解除合同的风险与损害赔偿的可控性。

1. 关于该局单方面解除合同的实务需求

我们认为,签订于 2013 年 3 月的租赁合同,实质是水库管理所将青龙水库水资源的使用权租赁给 A 公司使用。该租赁合同并不违反法律强制性或禁止性规定,我们认为合法有效。合法有效的民商事合同,应得到签约各方的善意履行与遵守。

因而,在单方面行使合同解除权时,必然涉及合同违约责任的承担与损害赔偿问题。而根据合同约定,在类似"市民农庄"的这类项目进驻时,水库管理所可以单方面解除合同,并约定不承担可预期利益损失。但对 A 公司的前期投入与经营中已经发生的损失是否需要赔偿,租赁合同并未约定。这表明,不能当然免除水库管理所的违约与损害赔偿责任。

[评析:这段观点,我们研究了租赁合同、单方面合同解除权、违约损害赔偿等具体的法律条款,并根据这些具体的法律条款得出结论,该结论满足了客户关于解除合同会有何种风险的需求。]

2. 关于解除租赁合同过程中不同阶段存在的风险

第一，我们认为，当双方因损害赔偿分歧过大，从而无法达成一致的时候，解除合同与推进"市民农庄"的时间成本、机会成本都将不可控。

第二，在赔偿谈判过程中，不排除A公司人为做大各项投入与经营管理成本，以为下一步协商赔偿或诉讼做证据准备。从A公司提交的员工工资及其他费用支出清单看，不排除该风险发生的可能性，虽然均是单方面且未有公章确认的清单，并不具备法律上的证据效力，但是从协商谈判角度，我们不能回避这样的诉求与主张。

第三，因强制解除合同导致清场风险。当A公司不愿将租赁标的物交付水库管理所的时候，发生争执、拉锯或群体性冲突的风险将现实存在。

第四，A公司提出的3 000多万元赔偿，一则没有法律上扎实过硬的证据，二则在赔偿数额构成上多数不符合法律规定。在该前提下，双方达成赔偿协议，可能会带去不可控的行政风险与政策风险。因为这类民事合同的赔偿协商与征地拆迁的赔偿区别很大，前者基于双方的合意与协商，后者基于征拆补偿的政策规定，这意味着前者没有明确的法律依据而仅仅是基于合同各方的意思自治，但这类意思自治的结果又是由财政支付，涉及财政预算与使用的合法性问题；后者有政策法规依据，基于此，无论赔偿多少金额，都很难规避行政决策风险。

[评析：本段观点，主要从解除合同后的损害赔偿法律条款、支持损害的证据认定规则等方面展开阐述，从而解决本环节实务的需求。]

3. 关于本案实务操作措施的需求

首先，搜集固定A公司的财产证据，包括投放鱼苗、喂养管护养鱼的损失证据，双方清点动产物品和不动产物品清单，并由双方签字确认。这是在未来可能的诉讼中讨论赔偿的基础与前提。

其次，发出单方面解除合同的通知，走完单方面解除合同的法律程序，包括但不限于通知内容拟定，送达，回复等法定程序。解除合同程序与协商谈判可以同步进行，而推动落实解除合同的程序，是谈判失败后为使强制接管清场做到有备无患。

再次，双方进一步协商，如果赔偿金额能有法律上的证据支持，也具有法律依据，且在双方都愿意接受的范围内，则可以考虑协商结束双方的争议(但需要履行内部法定的行政审批程序)。反之，由A公司通过诉讼途径解决赔偿争议，是最保守、安全的策略。

最后，经本所反复测算，解除合同的损害赔偿包括但不限于预付的租金损失，地上建筑物重置成本损失，动产财产因解除合同而导致的损失，其他与解除合同有关的零散损失。这些损失项目通过诉讼方式解决，应在可控范围。至于其主张的工资与经营管理成本，通常不在法定赔偿范围，不受法律保护。

[评析：本环节实务需求的判断，均是从民事证据规则的相关规定出发，通过具体法律规定反推在实务中的应用。]

三、法律适用以解决问题为导向

所有的工作与规划，一定是以解决问题为目的，而法律在实务中的应用，也应该以解决问题为导向。丧失这个前提与基础，我们的法律适用就不能解决实际问题，就无法指导我们的谈判工作，就无法解决我们的谈判需求，就无法实现我们的谈判目标。换一个角度，我们必须明白，没有具体的法律规定作为指导和出发点，我们的谈判工作与谈判目标就会陷入没有秩序的混乱，最终无法解决客观存在的问题，进而无法解决各方的需求。

我们遇到任何谈判障碍，首先思考的是，这个问题在法律上如何评价，有没有明确具体的规定，如果没有具体规定，法律原则与原理怎样理解，有没有类似的判例参考，以解决类似需求与问题。

我们设计谈判方案时，首先研究的是这些方案步骤在法律上有没有依据，有没有明确具体的规定，如果没有具体规定，法律原则与原理怎样理解，有没有类似的判例参考，以支撑我们的方案与步骤。

谈判中，因各自的需求僵持不下、分歧严重时，首先应当考虑，如果我们妥协让步，会带去什么样的法律后果，会承担什么样的风险和责任，这些是不是我们能承受与承担的。而要想明白这些问题，其中一个指引一定是这些可能的后果在法律上如何评价，这会要求我们去寻找与探索具体的法律条文的规定。

所以，只有将法律适用与需要解决的问题无缝对接，结合评价，综合思考，我们才能在解决问题的技术与能力上有所提升与改变……

第2节 研究商业机会在谈判中的表现形式

一、如何识别谈判中的商业机会

怎样在谈判中发现与识别、比较与辨析商业机会，的确是一个问题。要在错综复杂的商业项目或商业环境中发现商业机会，并全部或部分合作成功，进而在这样的合作中实现商业诉求，其实不是一件容易的事，我先说说自己一年半前的一个经历，然后再进一步总结自己的一些未必成熟的观点。

我们是D集团的法律顾问，D集团属于国有控股的木材深加工经营企业。W总是D集团的CEO，持股45%的自然人股东。她拟在贵州的C县设立D集团公司的生产企业。C县是木材大县，但木材深加工企业几乎为零，当地一家政府扶持的木材加工企业因负债过多，企业所种植的上万亩林场已在银行设置抵押。W总希望D集团通过兼并或收购的方式完成在C县的企业重组，将该县发展为D集团的材料供应基地。但由于 D 集团属国有企业，决策机制相对滞后，恰巧 D 集团主管部门的主要领导人涉嫌贪污，闹得人心惶惶，D 集团的国有控股企业负责人不敢拍板让 D 集团进入贵州的 C 县。事情陷入僵局，W 总把情况介绍完后，问我怎么办。我说了两点：

第一，目前看来，D 集团进驻 C 县不具备现实可能性，即便要推动落实，时间成本也较大，那么是否尝试以自己的名义或另外寻找企业进驻 C 县，与该县的扶持企业展开关于合作或兼并的谈判。但这样操作，W 总您需要规避同业禁止或关联性交易的法律强制性规定。

第二，无论以哪种模式进驻 C 县，律师需要面对的工作量都很大，包括但不限于收购兼并或合作入股的尽职调查与商务谈判，系列涉法文件的制作与审改，股权架构设计与融投资规划，企业治理结构设计与营运风险控制等。从开始启动并购或入股程序到新公司正常营运，至少需要一年的服务周期，这样的律师工作量所产生的律师费会非常巨大，这大概不是目前 D 集团能接受的……

我们继续就入驻 C 县交流了很多细节，我们也讨论了很多次操作模式，但将近 200 万元的律师费，双方始终没有讨论出可行的结果，但 W 总也清楚，也许，只有我们才是这个项目的合适律师，这除了信任，可能还有每次讨论后我们的一些解决困难与问题的可行措施，增加了我们在她心中不可替代的分量。

最终 W 总开口了："阮律师，你看这样行不，将你们拟收取的 200 万元律师费作为股金，我们一起干……"

这个项目前后运作了一年多，新公司正常营运后，基于客观需要，我们又将公司整体转给了一家福建企业。总体而言，项目并未达到预期，但也算不上失败，无论是 W 总的投入还是本所的利益，基本得到了保障。

基于上述，我们讨论商业机会在谈判中的表现形式，需要注意这样几个问题：

首先,法律关系相对复杂时,不同法律关系、不同法律性质的情形在谈判中有比较复杂的表现。这样的前提下,律师的工作量较大,专业要求较高,工作周期较长,为我们能在商业项目中发挥必要甚至唯一的作用奠定了基础。

其次,我们需要在谈判中不断通过专业的展示与为人处世的展示,在各方之间建立良好信任。这种信任分两个层次:一是通过专业展示与专业表现建立专业信任。这种信任的核心在于,参与各方完全信任与肯定我们的专业表现,且是别的同行无法代替的信任。二是通过我们为人处世的气场与人品感染各方,让参与其中的人都能从与我们的相处中感受到愉悦,让参与各方确信,与我们这样的人合作,除了风险可控,收益可期待外,还能让相处的过程充满愉快。

最后,让参与各方仅与我们讨论商业合作,成为各方唯一可行的选择。我们需要制造这样的条件,寻找这样的机会,建立这样的信任,形成这样的合力,最终达成这样的意愿:只有与我们合作,才可能让事情往更好的方向发展,反之,事情将不可控制地糟糕……

把握好以上几点,我们就能在任何一个谈判项目中,尝试寻找商业机会,识别商业可行性,最终确定商业合作可能。

二、商业机会在谈判中有哪些表现形式

注意力在哪里,财富就在哪里!注意力在哪里,机会就在哪里。**因而,只要我们在任何一次项目谈判中,都保持对商业的足够敏锐性,就可能在任何环节发现可能的商业合作机会。**通常而言,以下几方面,是容易找到切入口的地方。

1. 资金缺口

谈判中的很多问题与分歧,很多挫折与障碍,很多困难与规划,多数时候都与钱有关,与资金有关,与现金流有关。解决需求方的资金缺口,就能激活所有的商业环节。对律师而言,解决资金缺口的思维

有这样一些路径：

第一，通过质押、抵押物向银行、小额信贷、自然人融资贷款。我们的努力方向是，代为寻找合适的融资金融机构或自然人，代为审查或寻找合适的质押、抵押物，代为参与融资谈判并起草或审核融资涉法文件。

第二，通过知识产权、专业技术、产品等折价入股或折现，降低或增加资金缺口的需求。我们的努力方向是，评估这类无形资产在实务中发挥作用、产生利润、解决现实困难的可能性，进而设计出可行的专业方案并达成合意，最终将各方的权利义务形成具有法律约束力的书面文件。

第三，通过债转股、稀释或收购股份、寻找新的合作伙伴（股东或项目合作）等方式，弥补资金缺口的不足。我们的努力方向是，如何应对这类复杂的专业关系，通过专业文件的设计维护各方权益，或者对新的合作伙伴与股东展开必要的尽职调查，为各方决策提供参考依据。

第四，我们将专业服务产生的律师代理费转换为债权或股权，通过适当且合法的方式，参与到项目合作中去，为项目各方提供高效、优质、专业的服务，与项目各方一起面对所有的困难与风险，以降低资金缺口的需求。我们的权益，将在项目运作中或项目运作成功后，通过其他可行方式转换为现金收益。

2. 技术缺口

技术包括生产技术、管理技术、专业技术以及待研究开发攻克的技术等。这些方面的缺失或缺陷，会让项目开展举步维艰。如果我们能在技术缺口方面提供帮助与切实可行的操作思路与方案，将是我们获得参与商业项目合作的不错机会。我们的努力方向通常是，独立或协助需求方寻找技术或识别技术的可行性，或者提出切实可行的技术解决综合方案，最终解决需求方的核心问题。

3. 人力资源缺口

人力资源是企业发展动力的源泉，是企业可持续发展的根本保障。做好人力资源的管理工作，对企业发展与企业效益有着不可或缺的重要作用。人力资源管理的任务主要是吸引、激励、保留、开发人才为企业所用。对人力资源的管理与对企业其他资源的管理不同，技术和社会环境的变化会对工作内容和人员提出新的要求。这就要求人力资源规划要有前瞻性、及时性、准确性，以保证企业获得足够的合格人员，实现生产经营目标。

但是，如何寻找与培养合适的人力资源管理与规划人才，这是很多企业面临的困难与挑战。我们的很多谈判项目所涉及的利益，不仅需辐射项目本身，还波及或影响到项目背后利益各方的企业发展与规划。或者说，项目背后，通常都有企业或公司在支撑，在这样的背景下，就不难理解人力资源匮乏对项目和对企业的影响。当我们发现项目或企业营运中，需求方存在人力资源的短板时，如果我们能通过我们的资源与优势，弥补或一定程度补救这样的短板，我们就会为项目或企业创造价值与利益。在价值与利益的背后，是我们如何与需求方展开商业合作并做好框架设计。

我想谈谈人力资源的另一层意思，即如何在这个熟人社会，将我们的情商发挥到极致，在各种错综复杂的社会关系中，将为人的圆润与原则结合，将人品与专业结合，将大气与豪气结合，将八面玲珑与恰到好处结合，把我们的人力资源进行整合、优化、升级，进而形成不同类型与不同性质的"朋友圈"。这些人力资源所展示出来的影响力，将成为我们人生路上一道不可或缺的风景。在关键时候，基于项目或参与谈判各方的需求，这些人力资源终将会发挥作用，解决我们的困难，帮助我们成长，消弭我们的被动，助推我们的事业，在我们的实务谈判中对我们的商业合作发挥重要影响。

可能会有人对这样的观点不以为然，我想强调的是，保持对法律与法治的敬畏,保持做人的底线与做人的原则,在追求正当利益的路上,我们可以把这些人力资源用好、用足、用够、用透。因为,一把菜刀,它可以用来切菜,也可以用来杀人,区别在动机,而已。

4. 管理缺口

现代企业治理架构中,管理能力与管理人才对项目或项目背后的企业发展太重要了,那些满大街的 MBA、EMBA,还有各种领导力训练与培训班、研修班、总裁班,目不暇接,人满为患。一定程度说明了管理人才的缺乏与重要。

曾经有这样一段时间,我严重质疑自己对律师事务所的管理能力,后来参加了 MBA 全国统考,想通过这样的继续教育方式解决我管理中的一些瓶颈。遗憾的是,成绩离全国复试线还差 20 多分,后来因为工作太忙,就没继续考试了。这事曾经让我耿耿于怀好长一段时间:我们这些在管理岗位辛勤干了十来年的人,竟然考不上工商管理硕士(MBA),而那些大学刚毕业没有任何工作经验,更遑论管理经验的同学,却能高分通过考试。这样的教育初衷设置,我只能说,的确不是我们普通人能理解得了的。

我想说的本环节的重点是,指出与识别项目管理中的漏洞与致命缺陷,为需求方提出切实可行的解决方案,包括但不限于建议换人换岗,招高人,寻优秀的人,猎出色的人为我所用,或推荐、派驻适当的人进入项目管理岗位,为项目各方发挥高效、专业的管理作用。我们在一些政府或国有企业专项业务中,曾派驻优秀的法律秘书进驻企业开展项目执行,最长的达到了 6 个月。在派驻过程中,我们的话语权与专业影响力得到进一步加强,最终为我们的商业合作寻找到了合适的切入口,使我们得以开启更大项目的合作与共赢。

5. 人才缺口

"21 世纪什么最珍贵?人才!"这是电影《天下无贼》中一句非常经典的台词,道出了当今社会人才的重要性。在市场经济日益发达的今天，企业之间的竞争，归根到底是人才的竞争。"萧何月下追韩信"这个典故我们基本都能耳熟能详：秦末农民战争中，韩信仗剑投奔项梁大军，项梁兵败后，韩信归附项羽。他曾多次向项羽献计，却始终不被采纳，不得志之下转而投奔刘邦的汉军。汉军大将夏侯婴见韩信言论不凡，相貌威武，便向刘邦推荐，但仍然未被重用。后来，韩信多次与萧何论兵，颇得赏识，但仍不能舒展志向。刘邦行军至南郑时，郁郁不得志的韩信面对当空明月，仰天长叹前程渺茫，便骑马而去。萧何听说后，来不及向刘邦报告，连夜追赶，天至拂晓，方才追及。在萧何的再三恳求下，韩信勉强留了下来。此时刘邦正准备收复关中，萧何就向他推荐韩信，希望重用。刘邦起初只想将其封为将军，然而萧何竭尽所能争辩，说明韩信是争夺天下必不可少的大将之才。于是刘邦便择吉日任命韩信为大将，终于夺取了天下，建立西汉。细品这个故事，我们不得不感叹萧何对人才识别的独到之处。他懂得高端人才对事业发展的引领推动作用，并且这种作用往往是能够改变全局的关键性环节。试想，当年随刘邦入汉中的军士，难道没有一批各式人才？当年熬不住逃跑的人中间，难不成都是庸庸碌碌之辈？能够起心另攀高枝儿的人，谁没有两把刷子？但是，萧何并没有全去追，他就认定了韩信，看准了韩信。假如当年韩信真的另谋高就去了，楚汉之争的历史或许真要改写。

所以，人才也分好几种，但是顶尖的高端人才总是稀缺资源，而且是能够起到决定性、变革性作用的人力资源要素。我们要讨论的就是这样的高端人才，他们一定会在我们的项目谈判与商业合作中，起到身先士卒，行云流水，甚至杀伐决断的作用。

我们在很多商业项目的谈判中，为项目各方推荐或引进的多语种翻译人才、行业专家、知名经济师或注册会计师等，为项目的谈判与商业合作提供了切实可行的契机或保障。

如果我们在相应项目中多留些心眼，改变人才的使用模式，我们同样可以将可能的人才用到具体的商业谈判与商业合作中去。

第3节 研究法律+商业模式的应用

在提供法律服务的基础上，寻找合适的商业模式，以法律服务产生的对价作为基础与商业模式结合，形成新的合作模式，并基于这样的模式产生商业利益，这是研究法律+商业模式应用的基础与前提。

一、债转股的应用

在全部或部分提供法律服务模式的前提下，基于需求方（可能是一方或参与各方，因有的谈判项目属参与各方根据约定共同承担律师费）不能或不愿支付已产生的律师费或继续产生的律师费，经协商谈判，需求方同意将律师费（债权）转为项目股权，由律师事务所指派合适的主体参与项目经营，最终将律师费及律师费产生的溢价回收的商业模式。我以讲故事的方式，将本所2014年的一个"新三板"案例说清楚，以进一步阐述本节核心。

2014年，在广西，"新三板"挂牌成功的企业，全省数不出10家。而我去武汉出差，发现已有同行准备出来开所，专门做"新三板"业务。据她们介绍，每个月都可以接三四件以上新三板业务。回到准二线城市的南宁，除了我们一直在跟踪的一家国有企业控股民营企业的公司在走"新三板"流程外，我们并不懂如何寻找这类新生业务。事实证明，后来这家国有控股的民营企业也没有挂牌成功，尽管当时市金融办同意挂牌成功就补助120万元现金（支撑新三板业务，国家政策性补贴）。与此同时，大众创业，万众创新方兴未艾。一个老乡找到我，说他正在做一个互联网+大学生园区孵化器项目，邀请我出任顾问律师。往来谈了几次后，我婉拒了，认为没有提供法律服务的价值。一则我不看好他的商业模式,二则我不完全认可他那种浮夸的处世方式(做普通小项目创投的人,好像都有点石成金的嘴皮子),三则对他支付律师费的能力表示严重怀疑(这可能是重点)。最后一次,他说:其实,我找过很多家律师事务所询价与对比,包括本市的一些老牌大所,但最终我还是希望贵所与我们合作,因为虽然你们收费都比别人贵,但是我感觉只有听你的分析与表达,我的思路才会更清晰……你担心我们付费能力有限,我们可以分段计费,也可以把部分律师费转由我的企业股东支付,他们有支付能力,将来这些计入我与股东的营运成本就好,我们还想三年后挂牌"新三板"……我只能承认,我虚荣心得到了满足,这是一段很有说服力的促成手法,在这位老乡没有任何付费能力的前提下,我们开始了相应服务。半年过去了,我的团队为这家大学生创业孵化企业提供了尽职调查、股权架构设计、内部治理架构设计、员工培训、薪资架构设计、创始股东与一、二、三级股东结构设计、各地分公司设立模式与股权架构设计、各地分公司与总公司财务流水与中转设计、参与相应招商项目的合作与谈判等,累计律师费已接近200万元。这位老乡(姑且叫他H总)没有任何付费的意思表示,而正在启动的与团中央的青年创投项目正在如火如荼地展开合作谈判。

　　几经周旋无果后,我要求团队停止对该孵化企业的所有法律服务,不到两周,H总来找我,要求继续提供法律服务。后来我才知道,我们停止服务后,与团中央的系列涉法文件的审核与制作基本衔接不上,也找了新的合作律所去参与服务,但由于付费能力有限(很少有律师愿意在律师费没有着落的时候提供一揽子服务),没有专业团队愿意提供服务,不是特别专业的律师又不能适应该公司对法律服务的需求。而在过去的六个月,我已与各地分公司加盟股东、创始股东(法人企业)、公司中的高层建立了良好的私人关系,我们的服务团队建立了一整套标准化的服务模式与流程,所有这些都是我们得以被要求重新提供服务的筹码。

我们重新研究沟通了接下去三年(按"新三板"挂牌预期)可能产生的法律服务内容以及费用，重新沟通协商了新的合作模式与基础，重新调整了服务方式和服务重点，重新和重要的股东进行了商讨与谈判，最终，将我们团队提供三年服务所产生的律师费折算成了股金，进入集团总公司持相应股份，并对退出机制以及回购、出售机制进行了约定。接下去，我们按集团公司(半年时间已孵化了20家分公司或二级子公司)往"新三板"靠的发展思路设计业务与财务流水模式，并提供必要的涉法监管，以符合"新三板"挂牌的程序性要求。

现在看来，值得一提的是，这个模式最终并未完全成功，因为就全国"新三板"挂牌市场而言，"新三板"已被聪明的中国人做烂做绝。但是，由于我们设计了恰当的退出机制以及兜底付费担保模式，在"新三板"危机全面爆发前夕，我的团队安全撤离……

这是我理解的且比较有代表性的债转股商业模式。我们能成功获得债转股的话语权：一是律师费比较高，高到即便客户有付费能力也不愿意支付，而是想拉着我们一起共担风险、共享收益的程度；二是我们的专业服务已产生不可替代性，对这种一揽子成长且发展迅猛的企业，中途换非专业律师团队，效果并不理想；三是客户团队的初级理想是上"新三板"，为最终进入IPO市场奠定基础，他们这种想做成大事的一致追求与愿景，让我们获得了专业展示的机会与平台，并最终得到了肯定与信赖。这是重要的一点，缺少这个支撑，我们的债转股模式几乎很难成功。

二、引进第三方资源的应用

这种第三方资源，通常从综合性去考虑研究，包括但不限于社会资源、管理优势、资金优势、团队资源、技术资源等。换句话说，这种第三方资源的引进，应是能够一揽子解决项目各方的需求。如果只能解决部分或某方面的问题,这样的资源引进就需要谨慎,因为这除了让我们将战线拉得太长外,还可能引发新的问题与新的矛盾。毕竟,在项目需要第三方资源解决的彼时,各方更多考虑的是利益的实现与平衡,很少或者说很难考虑各方参与合作的"人合性",这就不排除严重甚至原则性分歧发生,进而带来新的问题与新的不可调和的矛盾。

我们继续来读关于苏秦与张仪的老故事,以从另一个视角,了解利用第三方资源解决己方需求的策略与思维模式。

当苏秦遇到燕昭王在广招天下贤士,便前往燕国应聘,深受燕昭王信任。苏秦认为,燕国欲向强大的齐国报仇的话:首先,必须先向齐国表示屈服顺从,将复仇的愿望掩饰,赢得振兴燕国所需的时间;其次,要鼓动齐国不断进攻其他国家,以防齐国攻打燕国,并消耗其国力,为此,他劝说齐王伐宋,合纵攻秦。

公元前285年,苏秦到齐国,挑拨齐国与赵国的关系,取得齐愍王的信任,被任为齐相,暗地却仍在为燕国谋划。齐愍王不明真相,依然任命苏秦率兵抗御燕军。齐燕之军交战时,苏秦有意使齐军失败,五万人死亡。他使齐国群臣不和,百姓离心,为另外五国联军攻破齐国奠定了基础。之后,苏秦又说服赵国联合韩、魏、齐、楚、燕攻打秦,赵国国君很高兴,赏给苏秦很多宝物。苏秦得到赵国的帮助,又到韩,游说韩宣王;到魏,游说魏襄王;至齐,游说齐宣王;又往楚,游说楚威王。诸侯都赞同苏秦之计划,于是六国达成联合的盟约,苏秦为纵约长,并佩戴六国相印。回到赵国后,赵王封他为武安君。秦国知道这个消息后大吃一惊。此后十五年,秦兵不敢图谋向函谷关外进攻。苏秦先仕于燕,其主要活动是,离间齐、赵关系,以减轻齐对燕的压力。又联合五国以攻秦,后他又离燕至齐,受到愍王的重用,但苏秦仍忠于燕,暗中为燕效劳,让合纵成功。

而在苏秦挂六国相印之后,张仪西去投秦受到秦惠文王的重用,颇有政绩。公元前328年,张仪正式出任秦相,并开始实行"连横"的战略。他与秦王商定,由自己先去魏国任相,设法使魏国首先背离合纵之约,与秦国结好。到魏国之后,他向魏王指出,就算是亲兄弟,也尚且会争夺财产,更何况六国各有"计谋",同盟不可能长久。魏国处于各国包围之中,地势平坦,无险可守,只有依靠秦国,才能保证安全。但是魏王并没有采纳他的建议,于是张仪暗告秦王发兵攻魏。在他软硬兼施、打拉结合的策略下,魏王终于背弃合纵之约,转与秦国结盟。以"横"破"纵",张仪回到秦国之后,又主动向秦王要求出使楚国,以拆散齐、楚联盟。晋见楚王时,他说道,当今七雄之中,以秦、楚、齐最为强大,三者之中,又以秦国最强,齐、楚两国相当。如果楚国与秦国联盟,则楚国就比齐国强大。反之,如果齐国先与秦国联盟,则齐国就比楚国强大。所以,楚国最好的出路就是与秦联盟。他又许诺在楚国与齐国断交、同秦国结盟之后,秦国会把商、于之地六百余里归还楚国。楚王被眼前的利益所动,不顾众大臣的反对,受张仪相印,与齐国断交,并且派一名将军随张仪回秦国取回商、于之地。谁知张仪回秦之后,佯装摔伤脚,三个月不露面。楚王得知之后,竟以为是因为自己与齐国绝交不够,于是又派人到齐国大骂齐王,齐王大怒遂决定与秦结盟。这时,张仪告诉随行的楚国将领,自己答应楚王的,不是六百里商、于之地,而是自己的奉邑六里。楚王得知此事大怒,起兵十万攻秦,楚王最终败于秦并壮志未酬而去世。这是秦相张仪推行连横策略的重大成功,秦从此取得汉中,使关中和巴、蜀连成一块,排除了楚对秦本土的威胁。张仪凭借高超的智谋和说辩之术,瓦解了苏秦生前所创的六国合纵。在他死后,虽然六国背离连横恢复合纵的情况,但已无法持久。可以说,张仪的连横之术成为后来秦灭六国、统一天下的基本战略。

评价苏秦与张仪"合纵连横"术的角度很多,但无一例外,他们都善于使用第三方资源为己用,以弥补自身不足,进而满足现存的需求,达成目标。这种将资源整合到极致的思维方式,在现代商业谈判与合作中,值得我们深入研究,尤其在情势对自己严重不利的时候,如何将强大的对手说服,以为己用,这的确是一门技术,甚至是艺术。

三、项目打包出售的应用

很多时候,项目推行到中途,我们会发现,继续开发与利用,力不从心,甚至可能成为鸡肋,此刻,放弃可能是最好的选择。但如何让放弃后的利益最大化,或者说让放弃后获得的利益能够弥补之前的成本付出,甚至有所盈余,成为各方都纠结思考的问题。

将项目重新策划包装后,寻找合适的接盘方,一揽子抛售,可能是实务中比较容易操作的思路之一。

广西较大的出口东南亚的集装箱生产企业拟在贵州某州成立生产基地,在前期筹备与州政府谈判中,基本都是我陪同该企业的董事长前后奔波。项目落地后,改为项目团队跟进,提供日常的涉法服务。半年后,该企业董事长再次找到我,说该生产项目无法继续推进下去,想打包抛售,要求我重新组建团队跟进。我问何故,董事长说了几点做不下去的理由:首先,该州木材资源丰富是事实,但进山道路基本需要我们自己掏钱修复,州政府所辖几个木材资源较好的县预算不足,拒绝履行当初项目落地时答应修路到木材基地的承诺;其次,州政府当地扶持的与我们合作的企业,隐瞒了将近2亿元的银行贷款,现在新项目合作落地后,银行接踵而至,搞得项目运作很被动;再次,贵州多雨,每年生产周期有限,与东南亚出口国的大型订单很难如期完成,违约风险很高;最后,贵州各项人工成本较高,继续营运该项目,估计还要投入将近1亿元的现金流,压力太大。如果完全放弃,前期投入的几千万成本,将无法回收,所以希望能寻找到合适的第三方接盘。

针对客户需求和其提供的商业线索,我们重新设计抛售方案与运作步骤;与招商部门一起,在贵州、云南、四川等地寻找项目合作伙伴,一路折腾,无功而返。最后无意中找到一家在南宁营运的福建企业,该企业也在做木材深加工,但重点经营的环节有差别,如果该企业接受我们的贵州项目,等于该企业扩大了深加工的环节,对企业整体规划与发展具有较大的战略意义,分歧就在于收购价。经过前后十几轮谈判,最终以平价抛售成功,客户基本没有损失,只是基于我们巨大的涉法服务的付出,在律师费方面,说服了各方按一定比例承担,最终差强人意地收场。

第4节 商业模式的落地与执行

谈判中发现商业机会与商业诉求当然很重要,但是从商谈合作到权利义务的建立,再到最终落地实施,有很长的一段路要走,并且,在商业模式落地后执行过程中,能不能基于有效的执行,获得各方预期的商业利益,又可能是一场艰难挑战。因此,我们接下来研究,商业模式如何才能落地,以及落地后的执行中应注意哪些细节问题,才可能确保商业诉求得以实现。

一、商业模式落地的几个关键要素

从商业模式的确立,到商业模式落地,其间还有好几步路要走。这个过程中,以下几点需要研究与思考。

1. 明确共同需求

我们需要将有分歧的需求逐渐商谈一致,并在一定程度上通过中短期规划实现共同需求。因而,在协商谈判过程中,我们需要明确共同需求明细与具体项目,明确不同需求之间的差距与分歧,然后基于这些共同需求,设计商业项目合作方案与落地执行的基本步骤。

2. 建立有效利益共同体

共同需求的结果是商业项目各方利益具有全部或部分一致性,我们的其中一项工作任务,是将这些全部或部分共同利益形成一个可以在合同中予以评价,在实务中容易实现的共同体,能够让项目各方明确在实现利益过程中各自的职责范围与各自需要协调配合的工作步骤,能够形成共同的目标与方向,将有效利益共同体的追求目标落到实处。

3. 新参与方是实现利益或利益最大化不可或缺的力量

在各需求方已有的格局状态下形成新的商业项目或商业格局,通常是对原有格局的升级、优化,是利益的重新组合与分配,是在原有模式无法实现各方利益前提下的被动重组与资源的重新配置与调整。基于这样的前提,引入新的参与方与资源优势,将是实现商业项目落地不可或缺的力量,将是实现各方利益最大化不可或缺的力量。

4. 将商业模式中的权利义务以合同形式予以明确

商业模式落地的前提应通过一份或几份有效的书面合同确定各方权利义务,并让合同签署生效,这是商业模式落地并执行的前提与基础。如果没有这样的前提与基础,容易让各参与方的诉求出现差异,也容易让共同的合作基础丧失稳定性,导致利益配置出现反复或不确定性,最终让商业项目落地执行成为不可实现或很难实现的空想。

二、商业模式执行中应注意哪些问题

执行的确是一个无法回避且极其重要的问题,**无论我们的商业模式多完美,如果没有不折不扣的执行力或执行团队,那么,很难确保商业模式的顺利推进。**我们先来看看雷曼兄弟公司破产的故事。2008年9月15日上午10时,拥有158年历史的美国第四大投资银行——雷曼兄弟公司,向法院申请破产保护,消息转瞬间通过电视、广播和网络传遍地球的各个角落。令人匪夷所思的是,10时10分,德国国家发展银行居然按照外汇到期协议的交易,通过计算机自动付款系统,向

第 8 章　律师谈判的法律+商业的综合应用

雷曼兄弟公司即将冻结的银行账户转入3亿欧元。毫无疑问，这笔钱将是肉包子打狗有去无回。

转账风波曝光后，德国社会各界大为震惊。财政部长佩尔·施泰因布吕克发誓，一定要查个水落石出，并严厉惩罚相关责任人。一家法律事务所受财政部的委托，进驻银行进行全面调查。几天后，他们向国会和财政部递交了一份调查报告。调查报告并不复杂深奥，只是一一记载了被询问人员在这10分钟内忙了些什么。我们通过以下文字记录，看看他们忙了些什么：

首席执行官乌尔里奇·施罗德：我知道今天要按照协议预先的约定转账，至于是否撤销这笔巨额交易，应该让董事会开会讨论决定。

董事长保卢斯：我们还没有得到风险评估报告，无法及时做出正确的决策。

董事会秘书史里芬：我打电话给国际业务部催要风险评估报告，可是那里总是占线。我想，还是隔一会再打吧。

国际业务部经理克鲁克：星期五晚上准备带全家人去听音乐会，我得提前打电话预定门票。

国际业务部副经理伊梅尔曼：忙于其他事情，没有时间去关心雷曼兄弟公司的消息。

负责处理与雷曼兄弟公司业务的高级经理希特霍芬：我让文员上网浏览新闻，一旦有雷曼兄弟公司的消息就立即报告，现在我要去休息室喝杯咖啡。

文员施特鲁克：10时3分，我在网上看到雷曼兄弟公司向法院申请破产保护的新闻，马上跑到希特霍芬的办公室。当时，他不在办公室，我就写了张便条放在办公桌上，他回来后会看到的。

结算部经理德尔布吕克：今天是协议规定的交易日子，我没有接到停止交易的指令，那就按照原计划转账吧。

结算部自动付款系统操作员曼斯坦因：德尔布吕克让我执行转账

操作，我什么也没问就做了。

信贷部经理莫德尔：我在走廊里碰到施特鲁克，他告诉我雷曼兄弟破产的消息。但是，我相信希特霍芬和其他职员的专业素养，一定不会犯低级错误，因此也没有必要提醒他们。

公关部经理贝克：雷曼兄弟公司破产是板上钉钉的事。我本想跟乌尔里奇·施罗德谈谈这件事，但上午要会见几个克罗地亚客人，觉得等下午再找他也不迟，反正不差这几个小时。

德国经济评论家哈恩说，在这家银行，上到董事长，下到操作员，没有一个人是愚蠢的，可悲的是，几乎在同一时间，每个人都开了点小差，加在一起，就创造出了"德国最愚蠢的银行"。显然，这种低效、冗长、烦琐的执行力导致了悲剧发生，进而，我们是否有这样的体验：**很多事情之所以无法达成目标，无法获得成功，不是因为我们的方案不正确，不是因为我们的思路不完整，而是在方案落地执行过程中，我们的执行力出现了偏差甚至失误，最终导致想要的结果没有得到。**

我也在某个培训课程中听闻某教授讲了一个关于执行力的小案例：一位老板叫员工去买复印纸。员工去买了三张复印纸回来。老板大叫，三张复印纸，怎么够，我至少要三摞。员工第二天就去买了三摞复印纸回来。老板一看，又叫，你怎么买了B5的，我要的是A4的。员工过了几天，买了三摞A4的复印纸回来，老板骂道：怎么买了一个星期？员工回：你又没有说什么时候要。就为了买复印纸，员工跑了三趟，老板气了三次。

老板会摇头叹道，员工执行力太差！员工心里会说，老板能力欠缺，任务都交代不清楚，只会支使下属白忙活。

问题出在哪呢？员工为什么不能站在上司的角度想这个简单的问题。去买复印纸之前，应该去相关部门了解一下平时都用什么类型的纸，一般一次要采购多少，然后再行动。无所不包的计划是僵化，理性的执行才是真正的执行，古语说"知人善用"，大概就是这个意思吧。

基于执行力在商业项目落地推进中的重要性与必要性,我们总结了一些执行中应该注意的问题,以期引起大家的注意与思考。

1. 目标要明确

没有明确的执行目标,执行力无法落到实处,或者说,执行力会因此出现偏差。我们讨论目标要明确,不仅仅是指项目设定的最终目标,更多需要研究与讨论那些不完全明确的动态目标,研究与讨论那些不断变化的小目标,研究与讨论那些实现终极目标路上的组合目标,这些目标的实现或完整执行,将对终极目标的实现具有重要影响。我们在推动落实项目的过程中,每一件事情的实现或落实,都是为了终极目标的实现而努力。以律师代理费债转股项目合作为例,双方洽谈以 500 万元律师费作为项目投入,并提供一揽子法律服务,共同完成 A 项目的营运。这个商业项目的终极目标是 A 项目成功营运并让合作各方获得商业利益。在实现该项终极目标的过程中,会有多个大大小小的目标需要实现,这些大大小小目标的实现与否,是终极目标能否实现的保证,包括但不限于合作各方项目合作合同要落地签署,项目营运团队要组建,项目营运管理要不断优化与调整,项目营运风险要有切实可行的把控方案,项目营运的投入资金测试,成本预算,财务管理等,都需要去执行与实现。而这些大大小小的目标是动态的,变化的,甚至可能是不明确的,需要我们不断去沟通与讨论,敲定与落实,进而,展开相应的执行。这个执行的前提,我们把它理解为:执行的目标要明确。

2. 执行流程与步骤要具体

目标明确后,需要我们设计具体的执行流程与步骤,需要我们对执行流程与步骤进行可行性评估与研究,需要我们根据项目实际情况与项目发展需要调整与优化执行流程与步骤。唯有这样,执行才有章可循;唯有这样,完美执行力才能得以实现与产生预期的执行效果。

例8-2

阳光餐饮的方案步骤

这是我们给某政府客户设计的一个具体工作方案,我们将具体的执行流程与步骤细化其中,让方案落地执行具有可行性,方案全文如下:

为贯彻落实南宁市政府关于治理"餐桌污染"和提高餐饮业质量与安全的工作要求,推进餐饮服务单位食品安全信息公开和食品加工操作过程可视化,让人民群众的餐饮消费更安全、更放心、更满意,结合城区实际,特制订本工作方案。

一、工作目标

通过3年时间,城区餐饮企业、中央厨房、集体用餐配送单位、集体食堂等各类餐饮服务单位,基本完成"阳光餐饮"工程的建设任务。餐饮业诚信自律意识和食品安全保障能力全面增强,"餐桌污染"问题得到有效治理,人民群众对食品安全满意度进一步提高。

二、重点任务

(一)大力推进餐饮服务单位食品安全信息公开

督促城区各类餐饮服务单位严格落实食品安全信息公开要求,主动在其经营场所、"青秀阳光餐饮"手机APP和网络订餐平台经营活动主页面显著位置,公示食品经营许可资质、餐饮服务食品安全量化分级等级、食品从业人员健康证明以及主要食品原料采购来源、食品添加剂使用等信息,让人民群众明白消费。

(二)全面实现食品加工操作过程可视化

引导城区各类餐饮服务单位全面推行"明厨亮灶"。通过改造建设透明玻璃隔断墙、隔断窗或者安装图像采集和视频传输设备以及运用手机APP等形式,使食品粗加工、切配、烹饪和餐饮具清洗消毒、餐厨废弃物管理等关键环节,以及备餐、分餐场所等重点场所公开可视。

城区各类餐饮服务单位后厨可视部分需连接到"青秀阳光餐饮"手机APP平台,在申请办理食品经营许可的同时,需达到"明厨亮灶"的硬件要求。网络订餐平台要加强对入网餐饮店铺的管理,引导其在经营活动主页面公开其后厨加工操作等关键环节及重点场所的实时影像信息。

(三)加快建设餐饮业公众评价系统

充分利用移动互联网、云计算和大数据等现代信息技术,在"青秀阳光餐饮"手机APP平台,加快建设餐饮业公众评价系统,归集城区各类餐饮服务单位的食品安全相关信息,积极引导消费者广泛参与对餐饮服务单位的用餐环境、食品安全状况、服务质量等方面的评价,形成餐饮服务单位社会评价信息。

(四)不断增强餐饮业诚信自律意识

加大对行业协会、企业联盟等社会组织的培育扶持力度,支持其制定行规行约、自律规范和职业道德准则,加强行业监督和培训,引导企业自觉履行食品安全第一责任人的责任。督促城区各类餐饮服务单位建立完善食品安全管理制度,严格执行各项规范要求,严防、严管、严控食品安全风险,切实保障餐饮环节的食品质量安全。督促网络订餐平台切实履行对入网餐饮店铺食品安全信息的审查责任,建立健全食品安全日常管理制度、食品安全事故信息报送和应急处置机制,妥善处置消费者投诉举报,主动禁止不符合法律法规和入网经营要求的餐饮店铺在其平台经营。

(五)严格餐饮业质量安全监管

进一步加强对餐饮服务的全过程监管,严厉打击餐饮业违法经营"潜规则"。以原材料采购贮存、食品加工操作、餐饮具清洗消毒、餐厨废弃物管理等环节为重点,加大执法检查力度,坚决查处食品原料非法添加、回收食品再次加工等违法行为。加强行政执法与刑事司法的衔接,对餐饮服务单位的违法行为追根溯源,涉嫌犯罪的,依法追究刑事责任。将失信单位纳入企业信用信息系统,向社会公开其违法信息,并实行多部门联合惩戒。

三、实施步骤

(一)2017年10月底,完成"青秀阳光餐饮"手机APP的开发试点工作,出台工作方案并进行动员部署,各街镇、各有关部门根据方案细化具体措施,启动相关工作。

(二)2017年12月底前,城区餐饮服务企业"阳光餐饮"工程建设完成200家以上,其中城区规模以上(大型以上)餐饮服务企业"阳光餐饮"工程建设完成率达到50%以上;城区学校、托幼机构、养老机构食堂和中央厨房、集体用餐配送单位"阳光餐饮"工程建设完成率达50%;网络订餐平台青秀辖区餐饮店铺"阳光餐饮"工程建设完成率达30%以上;每个街道至少打造1条"阳光餐饮"工程示范街区。

(三)2018年12月底前,城区餐饮服务单位"阳光餐饮"工程建设完成率达到70%以上,其中网络订餐平台青秀辖区餐饮店铺完成率达70%以上;打造30条以上"阳光餐饮"工程示范街区。

(四)2019年12月底前,城区各类餐饮服务单位"阳光餐饮"工程建设任务基本完成。

四、责任分工

(一)各街道(乡镇)负责落实食品安全属地责任,组织推进辖区内"阳光餐饮"工程,确保落实到位、见到实效。

(二)城区食药局负责牵头推进全城区"阳光餐饮"工程,将其纳入餐饮服务单位量化分级评定工作,建立餐饮业公众评价系统,严格监管餐饮业质量安全。

(三)城区教育局负责将"阳光餐饮"工程纳入"平安校园"建设,引导学校、托幼机构食堂和承担学校集体配餐的企业参与"阳光餐饮"工程。

(四)城区民政局负责将"阳光餐饮"工程纳入养老机构服务质量

建设工作，引导养老机构食堂参与"阳光餐饮"工程。

（五）城区住房城乡建设局负责引导建筑工地食堂参与"阳光餐饮"工程。

（六）城区商旅局负责将"阳光餐饮"工程纳入生活性服务业品质提升工作，引导品牌连锁餐饮企业参与"阳光餐饮"工程，发挥行业引领作用。落实国家旅游局和市商旅局关于"阳光餐饮"工程中涉及本部门的相关工作。

（七）城区卫计局负责鼓励、引导各街道（乡镇）在创建国家卫生区工作中加大"阳光餐饮"工程推进力度。

（八）城区工信局负责对"青秀阳光餐饮手机APP"项目进行技术审核，通过审核后将其纳入项目建设库。

（九）城区财政局负责青秀区各相关部门、各街道（乡镇）推进"阳光餐饮"工程所需的经费保障工作。

五、具体要求

（一）加强组织领导。各街道（乡镇）、各有关部门要高度重视"阳光餐饮"工程，将其作为一项重要的利民惠民工程来抓，认真制订落实方案，细化工作任务，明确时间节点，全力以赴落实，确保取得实效。同时，将此项工作与南宁市创建国家食品安全示范城市、提升生活性服务业品质等工作有机结合、协同实施。

（二）狠抓督查落实。城区食品药品安全委员会办公室将会同城区政府督查室将各街道（乡镇）推进"阳光餐饮"工程进展情况纳入重点督查事项，通过开展现场检查、委托第三方机构暗访暗查以及群众满意度调查等手段，定期对各街镇推进"阳光餐饮"工程情况进行督查，推动各项工作的落实。

（三）注重宣传引导。充分利用广播、电视、报纸以及互联网、微信、微博、移动客户端等媒介，广泛宣传实施"阳光餐饮"工程的重要意义、重点任务和实施步骤，树立先进典型，推广成功经验，引导餐饮服务单位落实主体责任,加快推进"阳光餐饮"工程建设。

3. 执行团队配置要合理

团队配置涉及用人问题,是项目执行的关键。懂得用人,的确是一门学问,在项目执行过程中,哪些环节需要什么样的团队成员执行,需要我们慎重思考,需要我们根据项目的实际情况,结合团队成员的性格特征、能力大小,进行调整与优化,关键时候,可能还需要我们换人换岗,重新组建团队。什么样的执行环节用什么样的人,还跟我们对项目的熟悉与了解有关,只有充分熟悉与了解项目的实际操作流程,才能根据实际需求,客观评价相关工作,并妥善配置团队成员开展相应工作。本所在团队化营运中,经常需要组建项目团队开展法律服务工作,我们在确定项目负责人的时候,经常需要考虑,该项目是对专业要求高,还是对综合统筹要求高;是对服务效率与服务品质有具体要求,还是只看结果如何。我们通过项目特征与项目本身反映出来的需求,确定合适的项目负责人,组建项目团队,开展相应涉法服务工作。

我们很容易理解,把精通财会专业的团队成员搭配到涉法文书撰写岗位是错误的,把统筹能力强的团队成员搭配到具体环节的执行,是大材小用的。这些非此即彼的搭配与用人其实真不难,难的是我们要在复杂的项目变化与工作开展过程中,根据实际需求搭配团队成员的时候,这才考验我们的智商与情商。**如果唐僧让孙悟空去挑担,或者刘备让诸葛亮干张飞的活,想一下那会是什么后果**。可能我们会认为这谁都懂,哪个会去犯这种傻啊。不见得,恰恰是这些小错误,经常被有的律师犯着。我的一个同行朋友,他干什么都喜欢用他的那个 Y 助理,恨不得上厕所都让 Y 助理代劳了。我就问他是不是只有一个助理,他说怎么会呢,我的律师团队有 3 个底薪助理,还有两个实习助理呢。我说那为什么你总喜欢叫这个 Y 助理,其他助理都不见干活呢?

他说:"没有啊,其他人也做啊,我只是觉得这个助理能力强点,很多事情他都可以做得很好。"真的像他说的那样吗?我看不见得。

春秋战国时期,庄子讲过这么一句话:"快马先死,宝刀先钝,良木先伐。"在我那位同行朋友那里,这位Y助理就是一匹快马,结果出庭是他,做材料是他,送材料还是他,这个Y助理估计很快就要累死了。杀敌用这把刀,切肉也用这把刀,劈柴还用这把刀,这把刀很快就钝了。首先,如果什么都用这个"能力强点的人",对"能力强点的人"本身不公平,你会活活把他累死;其次,如果我们眼中永远只是那个Y助理,对其他人也不公平,莫非其他人都在吃闲饭吗?这表示我们容易漠视别人的贡献。

本所的某位主管不时会与我抱怨,说某项工作安排张律师推进,至今未有结果;某个项目已在会议上明确由李律师负责,但是时间过去了一周,至今未组建项目团队;交代黄律师的客户对接与请款事宜,目前仍然没有落地执行……我的回应一贯平淡:**你不能以主管的标准来要求普通律师,你更不能把未来合伙人的培养标准套到普通律师身上**……这是因为,我非常清楚我的团队成员中,哪些人合适做哪些事情,他们是什么性格,有什么特长与短板,能够做什么不能够做什么,我心里都明白、有数。我们的主管之所以出现那样的抱怨,根本上还是不懂用人导致。

我再多说下团队配置与组合的问题,盖因这个问题的确比较重要。如果,我们有机会和条件组建律师团队的话,这个团队的成员如何组合就显得相当重要。当然,在同一个律师事务所里和几个志同道合的律师团结在一起,抱团打天下,如何配置团队成员仍然是我们必须要解决好的问题。我们来看看历史上的这样几个团队,你就知道团队成员的组合有多重要。

A队:唐僧团队。以唐僧为首的取经团队,靠唐僧的人格魅力和执著精神选择了三个本事、品行、性格各异的徒弟,组成了最佳的互补性团队，经历九九八十一难，最终取得真经，修得正果。

B队：以刘备为首的"汉室"团队。靠刘备的厚道和"匡复汉室"的目标，聚集了最好的文官武将为他效力，实现了三分天下的梦想。

C队：以宋江为首的梁山团队。靠宋江的仁义和"替天行道"的精神，把一帮杀人放火的"乌合之众"培育成一支纪律严明、求同存异、从弱到强、百战百胜的可和朝廷抗衡的梁山大军。

你觉得哪个团队更好呢？有人说，唐僧团队最理想。其成功的地方在于个人目标与组织目标完全一致，领导人对下属的制约除个人魅力外，还有效的规章制度——紧箍咒。另外，唐僧还有一个持久固定的盟友——观音。但是另外两个团队都没有这样的盟友。刘备的团队主要靠个人魅力，复制性差；宋江的团队组建方式完全不可取，基本都是靠"大口吃肉，大碗喝酒"的义气聚拢在一起，这不可适用于企业。此外，唐僧团队虽然完全虚拟，但是现实性却最强。换言之，刘备和宋江的团队都太理想了。团队里的成员每个人都塑造得太完美，没有现实可行性。试问哪个团队没有扯后腿的？一样米养百样人啊。

也有人认为，这三个团队代表的不同风格，为不同企业发展时期所需要。一家企业开创之初需要执行力和凝聚力都很强的团队，因为要开山辟地，需要领导推心置腹，才能让下属拼命为你死干，所以宋江的团队是属于此类的团队，但也因宋江未调整后期管理的策略，受短见愚忠影响而使这个团队走向没落，如果不经过变革，此类团队最终逃脱不了失败的宿命。而刘备的团队是属于发展中的组织，经历了一次组织变革后，有非常明确的团队目标，聚拢了不少出色的人才，如果此类团队能搭建好人才梯队建设，这种团队是非常棒的。如果刘备能把家族式经营向全球化经营转型，也不至于汉室最终未能光复。唐僧的团队是稳健发展及带有专业性质的团队了，人少效益高，基本都是采取外包式的经营策略，下属可利用的资源非常丰富。

一个团队能有一个多元化的氛围，容许个性的东西存在，不是目前国内一般企业能做到的水平。也许律师行业可以实现,因为在这个行业,律师与律师之间本来就比较松散和个性化,相对自由的特性可以容许很多个性的东西存在。

4. 执行监督要到位

没有监督的执行,很难获得想要的效果。这是因为,让项目执行变成自觉自愿的主动性甚至创造性行为,很多时候不太符合实际,也很难要求每个执行人都具有这样的精神与品质。人的惰性、能力、意愿、品质都将在一定程度上影响执行力与执行效果。所以,设置恰当的监督体系与监督重点是必要的,这是我们执行力得以不打折扣地推行的强制性保障。

5. 执行激励要科学

没有激励的监督与执行,容易导致冲突与对立,无法聚拢人心与形成合力,人心散了,队伍怎么带?所以,任何项目的执行,一定要有激励。并且,这种**执行激励应当科学与合理,应当客观与公正,应当有可持续性与普遍性,应当设置合理标准与要求,应当物质激励与精神激励并进,让激励机制充满诱惑力与可实现性。**

本所在执行某政府客户诉讼系列案过程中,为了让该系列案件的诉前风险研究与协商谈判、诉中举证与代理等工作获得团队的高效协作,我们把将近一半的律师费分成若干绩效权重,设计专项绩效考核标准,放入具体工作的执行环节,将整体协作与个体负责具体环节的要求与标准形成激励标准,放入执行监督中去考核,最终顺利完成了该系列案的代理工作(十家企业的拆迁赔偿,涉案金额高达一亿多元,证据卷宗有 80 卷)。

第9章

律师谈判的复盘研究

1. 认识自我可以让我们看清问题,明白局限,知道长处与短板在哪里,从而更好地调整谈判策略,更好地处理自身与外部世界的关系,获得世俗意义上的丰硕果实。

2. 复盘的目的是为了更好的赢,或者明白我们为什么会输。

3. 我们在复盘过程中,一定要敢于追问为什么,敢于直面问题的核心,敢于指出客观存在的短板或缺陷,敢于要求团队成员改正错误或纠正不可行的方案与措施。

4. 谈判结束后,应在最短时间内召开复盘会议。

5. 参与复盘的团队成员应坦诚剖析,既不推卸责任,也不妄自菲薄,尽可能呈现一个完整真实的谈判过程。

6. 要有专人控制时间和记录要点,复盘会忌讳不着边际,没有掌握重点与核心,开得又臭又长。

7. 和原定目标相比有哪些亮点和不足,结果对比的目的不是为了发现差距,而是为了发现问题。

复盘指阶段性谈判结束后,对谈判内容与流程、谈判目标与需求进行回顾与总结,对经验或教训、得失与对错进行反思、调整、优化,以便在接下去的谈判工作中,避免重复犯错,避免陷入不利局面与谈判困境。这种自我反思与自我纠错的过程,充满痛苦与困难,因为认识自我太难,自我改变更难,但也充满快乐与成就感,因为复盘后,会让我们少走弯路,少走错路甚至歧路,以让我们在后续的谈判工作中,走得更稳,走得更准,走得更快,进而实现可能的谈判目标。

从实践意义来说,复盘就是重新认识自我的过程。**认识自我可以让我们看清问题,明白局限,知道长处与短板在哪里,从而更好地调整谈判策略,更好地处理自身与外部世界的关系,获得世俗意义上的丰硕果实。**这也是复盘中关于认识自我的世俗价值所在。

认识了自己,就认识了世界。

第1节 复盘的目的是什么

每一次业务谈判,都可能是非常全面的尝试,会有谈判需求展示出来,会有变化的谈判目标浮现出来,也有参与谈判各方的意见反馈、项目优劣及综合竞争力体现出来,基于每次谈判所展现出来的信息与资料,新的事实与证据,具有非常值得挖掘的价值。因此,我们通过复盘能够看到自身的不足,项目的优劣也进一步清晰,包括对手的综合情况或诉求等都将具有研究价值。

如果不复盘,就失去重新设计、调整、优化谈判方案的大好机会。一旦对手每次都复盘,我们几乎没有胜利的可能。

就像一场选美大赛上,一个不用镜子化妆的美女和一个有镜子化妆的美女PK,没有镜子化妆的美女胜算的概率将大大降低。

所以,马云说过一段话:"赢的人要反思,我们侥幸在哪里,输的人

第 9 章 律师谈判的复盘研究

要反思,我们输在哪里,是哪些事情我们做好了,我们就会赢,把时间专注在这,可能会好些,否则永远把时间停留在这个没做好、那个没做好的自我抱怨上,那就没士气了。"

复盘的目的是为了更好的赢,或者明白我们为什么会输。复盘既不是为了证明自己是对的,也不能走过场,流于形式,更不能搞成批斗会、责任追究会。

但在具体的复盘过程中,我们有时候,会自觉或不自觉地偏离复盘的目的而不自知。

我说说本所在各种业务复盘中存在的个别现象,以更好地阐述上面提到的观点。

本所的 C 律师,每次业务复盘总会试图告诉大家,他的执行过程是正确的,导致这样的结果,是因为客户代表如何糟糕,或者客户代表并未按既定流程执行。每次 C 律师开口介绍项目情况时,都会遭到团队其他成员的反对:不要试图把责任推给客户代表,我们现在讨论的不是你做得如何正确,我们讨论的是出现这样的问题,我们应该如何寻找切实可行的措施解决问题。

实际上,C 律师并非我们团队里糟糕的伙伴,甚至在某些方面具有独一无二的优势。只是,在他的潜意识中,总会试图告诉大家,他是正确的,导致这样的结果,是因为客户的原因。所以说,在复盘会议中,如果解释过程,不是更好地为问题服务的话,那么这样的解释就显得苍白无力,因为偏离了复盘目的。有时候这样的解释甚至会演化为辩解,这就与复盘初衷相去甚远了。

本所 A 律师在参加 B 政府民政局一个 PPP 项目现场会时,项目业主代表问我们的 A 律师,本次会议需要研判的两个涉法文件,为何只研究了一个,另外一份文件没有消息。刚好这份文件也是 A 律师执行的,A 律师说:"我们是按去文的抬头理解与展开研究,文件抬头并未要求研判第二个文件,因而……"业主代表是民政局的一位中层领导，闻知被气得跳脚，提出严正反驳："你们怎么能这样？抬头没有要求的就不研判？完全不考虑我们的需求，用你们内部的规定来说事，我要和你们项目负责人对话……"电话接通后，噼里啪啦一顿狂批，我们的项目负责人只好道歉，并与A律师现场通话了解情况……会议结束后，A律师及时按要求补充研究了遗漏的该份涉法文件。项目负责人两天后偶尔与我提及该件事情，认为业主代表喜欢挑三拣四，对我们的现场服务律师不满意就投诉到所里，投诉到城区政府办、法制办，动不动就要求换律师，从无友好协商的余地，这样只能恶化双方的合作关系，项目负责人要求亲自跟一段现场会议，以建立相对稳定的信任关系。我很了解这家客户代表的实际情况，因为在签单谈判过程中我已有所领教。我并不认为项目负责人的这个建议能从根本上解决问题，所以未正面回应，只是告诉项目负责人，这个事情应认真复盘研究，如何解决我们的客户代表动辄投诉、动辄现场翻脸及各种指责的现状，并对A律师现场应变失误的行为进行复盘。随后我在复盘群里发了一条消息，建议对该事情查找原因，追根溯源，彻底研究出一套可行的服务措施，对的确失职的行为，如果有必要应考虑扣减绩效……A律师看了我发的短信，不干了，回了一条短信，"是我的责任，我不逃避，不是我的责任，我不背锅"，并进一步说明，"这个事情本来就妥善解决了，及时进行了弥补，客户也没说什么，现在又拿出来说事，要我背锅，我不干……"他的话马上引来轩然大波，参与该项目的团队成员集体炮轰，本来应该在周五复盘例会现场复盘的事，演变成了微信群专项复盘。长达半个小时的微信专项复盘，演变成了批斗大会，各位项目伙伴把A律师当月出现的数次失误或客户体验太差的执行事宜，全部抖出来，一条条论。实事求是的说，A律师的确在团队里属于时间管理较差、事务执行出问题较多的伙伴。但整个复盘已完全偏离甚至完全忘记或放弃复盘的目的与初衷，变成了批斗与追责。我认真看了一遍内容，发现该次复盘虽然指出了存在的问题，明确了争议核心，

第9章 律师谈判的复盘研究

但由于忽视了复盘目的,并未形成解决问题的措施,以及措施如何落地执行的具体步骤。最后,我只看到A律师一连串的抱歉与要哭的表情符号,炮轰的伙伴们出了气,舒爽了一阵,但问题并未获得根本解决。

所以,在业务复盘中,适当的情绪宣泄可以理解,但如果仅仅为了宣泄而宣泄,进而忘了复盘的根本目的与初衷,这样的复盘会议,效果不言而喻。

第2节 复盘的内容有哪些

一、复盘的步骤

1. 需要重新明确谈判目标

复盘前,应明确对应参照物,把最初的谈判目标或方案拿出来重新认识。最初的谈判目标与现在的谈判目标是否还保持一致,是否产生了新的变更或调整,最初的方案在实施过程中存在什么问题,需要如何优化与改变。所有这些,都需要我们客观地拿出来再研究一遍。这种研究应让整个谈判团队的成员都参与进来,一起回顾,一起研究,一起思考,进一步明确我们的谈判目标与谈判方案存在的不足与需要调整改变的地方,让目标与方案重新清晰起来。

2. 需要呈现谈判的阶段性结果

把整个谈判过程中的事实、证据、法律规范、需求变化、各种涉案数据以及每个环节参与各方的表现,最初设计的方案是否对应等,都以团队成员能够理解与明白的方式呈现在复盘会议中,让每个团队成员都清楚地知道,哪个环节出现了问题,为什么会出现这样的问题,这样的问题造成了什么样的消极影响或后果。

对谈判过程中获取的新的事实、新的需求、新的数据材料,要进行简单处理与总结,并分析这些新问题的出现,对我们的工作已经、正在或可能造成的影响是什么,我们应如何应对与调整,如何改变与预防等。

3. 需要深入分析谈判前后的预期差异

参与谈判的团队成员应深入分析与讨论出现这样结果的原因,明确最初的预期是什么,目前的局势对实现预期的利弊有哪些,这其中的差异应通过何种措施与手段予以缩小或弥补,并根据现有目标和结果的差异,提出相应假设。

比如:是否低估了对手的综合实力甚至预判严重错误?低估对手综合实力,很多时候是信息不对称,掌握的事实不全面或不准确所致。但导致预判错误,其中一个原因,可能是我们过于自信导致,之所以要把这个情形拎出来单独说,是因为在实践中,经常会因为盲目自信甚至自信演变为自负导致灾难性后果发生。自信可能涉及人的主观认识,可能涉及个人的性格特点,甚至可能涉及人性。实践中,如果我们在这方面没有强大的凝聚力与话语权的话,分歧就容易发生,并且很难达成一致。毕竟,涉及人性的东西,不可赌,更不可测试。

是不是在某个具体的谈判策略应用方面失当,或选择的策略不是一击必中却又当成了最佳或唯一的选择?

是不是我们的谈判方案出现偏差或严重错误,进而导致谈判偏离目标与需求,不但没有打动对手,反而引起对手的强烈对抗与反弹?

是不是我们的谈判流程不够科学合理,在具体操作环节不够顺畅,人为地设置了谈判障碍?

有了这些假设之后,就需要我们去论证与重新预演:

通过新的涉案事实、证据与新的、变化的需求,站在对方角度重新预演一次,看能否实现我们的预定目标。

拿出新的解决方案,形成正反对抗局面,互换角色,站在对方角度换位思考,如何更好地满足对方需求,且又是己方能够接受、愿意接受的方案、措施,并进而达成一致,实现谈判目标。

4. 导出复盘总结

一方面,不能让复盘总结出来的经验流于形式与表象;另一方面,应能抓住问题的本质,力争让相同的错误不再重复发生;最后一方面,我们的应对措施、谈判方案调整与优化,以能切实解决相应问题为出发点与初衷。

我们在复盘过程中,一定要敢于追问为什么,敢于直面问题的核心,敢于指出客观存在的短板或缺陷,敢于要求团队成员改正错误或纠正不可行的方案与措施。

在复盘总结形成团队成员都能接受或认可的经验后,要将能够改变的新的方案或应对措施罗列下来,并明确具体谈判的时间、步骤、不同环节、不同岗位的执行人及可以执行的对象,这是复盘最重要的成果输出。

二、复盘的基本要求

一方面,**谈判结束后,应在最短时间内召开复盘会议**,这样很多谈判细节与谈判中的得失,包括流程掌控、流程执行等细节和参与各方的表现都历历在目,复盘的准确性与可靠性就比较高。

另一方面,**参与复盘的团队成员应坦诚剖析,既不推卸责任,也不妄自菲薄**,尽可能呈现一个完整真实的谈判过程。每个参与者都有平等发言权,都能够真实地表达自己的想法。并且,复盘主持人应该要求参与复盘的伙伴跟随复盘要求与复盘内容一起思考、积极参与,不能做旁观者,或某个环节与己无关即不参与,不思考,不研究,这是不可取的坏习惯。我在主持律所综合事项复盘会的时候,就经常会出现这样的情况:不属于某个伙伴参与或执行的项目,他就不吭声,也不思考,只有涉及他本人参与或执行的事项时,才积极思考,积极发言互动。有一次我实在忍不住了：

"张律师，你什么意见？"

他把头从电脑屏幕前面抬起来，一脸茫然地看着我："我没意见……"

我说："那我现在重新描述下项目现状及存在的问题，请你提意见，如果实在没意见，那你现在可以离开会议室了，因为接下去的议题都是与你无关的……"

所以，在复盘会上，调动每个参与复盘的成员积极参与，积极思考，积极发言，甚为考验复盘主持人的情商。

最后一方面，**要有专人控制时间和记录要点，复盘会忌讳不着边际、没有掌握重点与核心，开得又臭又长**。控制每个环节的时间很重要。另外，复盘会议记录也是一种会议成果的输出，有利于把下一步行动和经验总结记录下来。因此记录要求准确、简洁、真实。

我们在业务复盘会议中，有时候会出现当天的复盘内容，过去了三四天时间，记录员仍没有发到各位参与人的邮箱，也没有上传办公系统提示大家查阅跟进；或者一次复盘会议，本来可以在两个小时解决所有问题，最后拖到晚上七点还没有结束，导致边吃盒饭边讨论；前面花的时间太久，到了讨论关键问题的时候，发现时间不够用，只能熬夜完成。这些都因为复盘时间控制不科学、不合理导致。

这实际上对我们复盘会议主持人的综合能力提出了要求，既要有综合控场能力，也要熟悉复盘内容的重点与需要解决的问题；既要善于调动参与复盘会议人员的积极性与主动性，又要懂得引导复盘方向或懂得适时切断偏离复盘目的与重心的啰唆言行，还要懂得现场精准总结复盘成果与提出复盘问题，设定复盘步骤与流程，按预期推动复盘会议的顺利进行。

在这方面，我们通常按项目负责人制来开展相关的复盘内容，即将涉法事务形成一个项目，设立项目负责人，项目负责人下面设置执行人、辅助人、法律秘书、行政秘书或项目助理,组成一个项目团队;由项目负责人就该项目设计工作流程与步骤,然后分到相关参与人名下;各参与人可根据自己的工作内容,再设计任务组;整个工作团队形成以项目负责人为中心的工作协作机制。这表明在任何一个涉法项目中,项目负责人都是该项目执行的主要负责人。当然,有时候项目负责人可能需要对主管或主任负责,但通常情况下,该项目的最终决策者就是项目负责人,因此,没有谁比项目负责人更了解该项目的实际情况,由项目负责人担任本项目的复盘主持人,是比较合适的。准确选定复盘会议主持人后,我们的复盘会议才能更高效、更专业、更务实,进而才能形成切实可行的措施,落地执行。

第3节 复盘后的重启与执行

一、复盘的重启

1. 回顾谈判目标

当初的目的或期望是什么,将手段当成目标是我们常见的错误。回顾目标时,需要将目标再次清晰,让团队所有的人达成认识,以防止参与复盘的人员中途偏离目标。在这个前提下,再次明确复盘目标,把谈判目标与复盘目标结合起来评价,找出其中的区别与差异,并形成方向与步骤上的一致性。唯有这样,我们才能让复盘目标为谈判目标服务,才能让谈判目标在复盘中更清晰与具体化。比如,我们的谈判目标是为了将涉案合同单方面解除,双方在解除合同的赔偿责任方面无法达成一致。几轮谈判下来,我们发现,在认定对方合同损失方面分歧太大,对方在损失计算方式、损失证据与价格认定方面均与法律规定相去甚远,谈判陷入僵局,我们就该问题展开业务复盘。那么,复盘的目标是为了重新寻找合适的方案与策略,以解决彼此对损失的差异,并在复盘中发现我们的不足或缺陷,进行优化与完善,为接下去开展谈判工作奠定基础。顺利实现复盘目标,最终也是为了更好地实现谈判目标——解除合同。

2. 评估谈判结果

和原定目标相比有哪些亮点和不足,结果对比的目的不是为了发现差距,而是为了发现问题。结果与目标之间,可能会产生四种情况:

(1) 完成预期目标。这是让人欣喜的事情,预定目标(可能是阶段性的,也可能是分类别的)已经顺利完成,复盘可能是为了更好地总结成功经验,形成知识管理成果,纳入律师事务所知识管理系统,为今后同样或类似业务提供经验参考。

(2) 比预期目标更好。同样是完成预期目标,但能做到比完成预期目标更好,成功的原因可能很多。其实,认真想来,这样的情形在工作中并不少见。我去 A 政府谈顾问合同,经过多方准备与努力后,终于得以和该政府主官当面沟通与表达我们的服务模式与服务理念。我的目标仅仅是说服县长,选择我们,是正确的,我们可能比别人做得更好。如果县长点头,认可我们的服务模式,并要求法制办对接后续签约工作,我就完成了本次谈判目标。可是面谈准备结束的时候,县长说:

"综合你刚才的介绍和我对你们多途径的了解,我比较认可这样的模式,能够为我们法治政府建设提供切实有效的法律服务。我们城投公司正在营运一个 PPP 项目,等下你就和城投公司对接下,安排团队为该项目提供涉法服务……"这就是我理解的:比预期目标更好。

(3) 比预期目标更差。在这个问题上,说多了都是泪。在几乎已经一锤定音的签约谈判中,半途杀出一个程咬金,导致签约谈判失败。已做好的政府涉法服务方案,与各职能部门都进行了友好愉快的沟通与交流,方案也在政府常务会的上会等候中,但在上会前的会议秘书例行询问中,由于我们自己的原因,导致被剔出上会议题。会议秘书会面无表情地告诉我们:对不起,这个议题准备不充分,暂时不能上,下次……这个下次就意味着还要拖一个月或者更久,甚至可能永远都没有上会机会。还有一种更糟糕的情形,基于我们在谈判中的严重失误,让之前的谈判成果或阶段性共识全部付诸流水,项目谈判可能永久性终结。这样悲惨的结局,实务中时有发生。应了那句话:自己选的路,含着泪也要走完。

(4)谈判中增加了新的变化与诉求。出现这样的情形,也许之前我们没有准备充分,没有合适的预案,甚至都不是谈判目标的构成部分。这要求我们针对这些新的变化与诉求,重新调整谈判目标,重新设计谈判方案,重新研究谈判流程,重新调整谈判团队……

3. 分析原因

项目谈判成功或失败的根本原因,包括主观和客观两方面。先介绍项目谈判的过程以及基本情况,参与执行的团队成员存在的问题,团队自我剖析,会议参与人根据项目情况的提问与假设论证。分析原因的时候越详细,越能为后续寻找解决问题的措施与办法提供参考依据。过程叙述的目的是让所有复盘参与人员都知道事件的过程,这样大家才有共同讨论的基础,不要浪费时间在信息层面。通过以上分析找到更有效、更符合本质规律的做法,比如,需要实施哪些新举措,需要继续哪些措施,需要调整与改变哪些工作方式与策略。

4. 自我剖析

自我剖析的时候要客观,要立足项目实际情况,要正视谈判中存在的问题,要能够对自己不留情面。自我剖析是为了分辨谈判流程中的可控因素,搞清楚到底是因为自己掌控的环节出了问题,还是自己掌控不了的环节出了问题。这些问题应怎么归类、总结、分析与解决。

5. 总结规律

对刚刚结束的谈判事务进行反省和思考,以避免下次犯错及迭代升级。俗话说："时间是检验规律正确与否的唯一标准。"复盘的结论是否有借鉴意义，可以通过一些原则和发问来评判，如结论落脚点是否发生在偶然事件上？当复盘的结论落脚在偶然因素上时，一定是错误的。复盘没有进到逻辑层面，没经过逻辑验证，没有经过证据梳理与证据总结，结果一定不可信。务必注意，复盘结论是指向人还是指向事？结论如果是指向人，则说明复盘没有到位。复盘是要总结规律与经验，哪怕是失败的经验，人是变量；指向事，则复盘的正确性、解决问题的可行性以及经验总结的可靠性更高。复盘的结论是从事物的本质去理解分析，这是验证复盘结论是否可靠的标准之一。

当以上步骤基本上都完成后，要对复盘得出的结论进行归档，将这些认识知识化、方便传播和查阅。好的经验总结转化成能力，可以让团队的人少走弯路，提高成功的概率。我们通常会将归档纳入知识管理部门，录入办公软件系统，通过系统识别进行分类与沉淀，其在实务中的使用价值与使用方法，办公软件系统会提供技术性帮助。关于知识管理，下节详细展开阐述，我们先通过下面例子，了解知识归档管理的情况。

例 9-1

2017 年 10 月 20 日关于业务流程优化的复盘归档

一、非诉业务总结

1. 非诉常规文件分派存在的问题

（1）问题：案件管理负责人将规范性文件合法性审查、请示类法律研判分配给法律秘书，法律秘书没有能力处理。

★解决：案件管理负责人将合同审改分给法律秘书处理，其他文件由案件管理负责人与非诉主管协商确定。

（2）问题：法律秘书在客户要求工作成果到期前一天或逾期后提出无法处理文件。

★解决：法律秘书应当在接到文件后立即看，无法完成文件提前2天提出，并转给主管重新协调分配。

2. 非诉常规文件执行存在的问题

★（1）根据复盘会议的要求，在法律研判意见后面附法律法规的，需要文件执行人按要求执行，文件审核人注意把关。

★（2）非诉常规业务执行人收到非诉文件后，不能理解文件意图或者客户要求的，自行对接联系客户沟通，确保准确理解客户需求，进而开展有针对性的工作。

★（3）案件管理负责人不再参与业务具体对接与沟通。客户联系案件管理负责人沟通案件具体内容的，案件管理负责人将执行律师的联系方式告知客户，请客户直接联系执行律师，或者将客户的联系方式告知执行律师，请执行律师直接联系客户。

★（4）非诉常规文件执行人，在文件中增加执行人姓名及联系电话，方便客户直接对接。表述为"本法律意见系根据材料所示的相关事实，从法律角度出具，因了解事实有限，认知出现偏差在所难免，以上意见供领导决策参考。本法律研判后续跟进与辅导请联系小陈（电话：185××××××××）"

二、诉讼业务总结

1. 关于诉讼业务请款问题

（1）仙葫诉讼案件请款，今后统一由张×作为固定联系人与客户对接。

（2）兴宁区政府诉讼案件请款，由赖李××作为固定联系人与客户对接。

（3）兴宁区住建局诉讼案件请款，由李××作为固定联系人与客户对接。

2. 关于项目负责人制落实情况及存在的问题

★（1）针对45个劳动仲裁案件发生的项目负责人缺位问题，提出解决办法：在系列案件中，确定两位项目负责人（一主一副）相互补位。

★（2）为保证庭前会议、庭后复盘落到实处，需要在项目文档中上传庭前会议记录、庭后复盘会议记录。

（3）加快薪酬2.0的升级优化，确定缺位后的事后惩罚机制。

3. 下周诉讼案件开庭情况

★下周45个劳动仲裁案件开庭。黄律师与满律师开庭。要求黄律师与满律师在开庭前向主任通报开庭思路，与主任进一步确定庭审思路与策略，准备好开庭提纲。

二、复盘后的执行

根据复盘结果，我们需要展开执行，或解决问题的措施需要落地推进，或根据各方需求重新设计、调整方案，或改变工作思路与方法，或调整团队成员搭配，重新开始阶段性工作……在对复盘结果展开执行的过程中，有几点需要关注。

1. 时间管理要科学合理

我们在同一时间段内只处理一件工作任务的时候，觉得管理时间没有问题，当我们在同一时间段内需要同时处理三件、五件甚至更多工作任务，且这些工作任务的难易程度不一样，重要程度各有区别与要求，工作时间成本不尽相同的时候，我们的时间管理就会出现障碍与挑战。所以，如果不能合理安排时间，如果不能科学管理时间，如果不能养成良好的工作习惯，我们在执行复盘内容的时候，时间管理就可能会出现问题。

2. 准确理解需要执行的复盘内容

造成理解错误的原因可能很多，或者复盘记录不完整甚至记录本身出现根本性错误；或者团队执行人员对复盘内容出现不同解读与误会。预防这类错误的其中一个方法,就是团队执行成员与项目负责人或主要谈判律师进行沟通确认,以确认一致的内容作为复盘后执行内容,开展相应执行工作。

我们在一个商事争议上诉代理业务中,对争议标的计算方法、证据搜集以及内容进行了业务复盘,要求设计三种金额计算方法与对方展开庭前沟通与谈判,如果无法达成一致,我们需要申请法院启动评估程序,并同步做好新证据的收集与补强,以便在庭审中扭转败局。我们的执行律师对计算方法、评估流程和证据搜集这三者之间的递进关系,在上诉审理中的策略理解错误。复盘会议结束后,直接赶去 H 市收集证据,认为将新证据收集完成后,再与对方谈金额计算与走评估程序。我认为,会议确定的复盘内容不能擅自调整或改变,何况这种单方面错误理解工作递进关系的行为,完全打乱了事前设计的和谈策略与逻辑递进关系所需要达到的目的,最终导致整个工作进度受到影响,这样的行为不能提倡,并且应该在团队化营运中承担相应责任。否则,复盘后的内容执行,将很难获得复盘时预定的结果。

3. 建立有效的沟通协调机制

这类有效协调沟通机制的建立,是指与业务执行的团队成员之间保持有效沟通。与业务执行的项目负责人、部门负责人甚至律所主任保持良好沟通,因为可能涉及顶层设计与所务支持。与项目参与相对方保持良好沟通,尤其是工作程序方面的沟通与对接。与委托人的代表或其职能部门领导保持良好沟通与协调。只有建立前述立体化、系统化的沟通协调机制后,我们才能在项目谈判与项目推进中建立高效、务实、可行的运转机制,为实现阶段性谈判目标提供保障与基础。

第4节 复盘后的知识管理

一、知识管理的本质

我们每个人几乎都会遇到这样的状况：接到一项新任务时，发现之前做过类似的案例，但是无从查找，也无从借鉴，只能按部就班重头做起。曾有一项研究显示，在工作中，我们有近30%左右的时间在查找信息，40%的时间是将此前已处理过的事务又重复工作。究其根源是知识的散乱、遗漏。

复盘，原是围棋术语，本意是对局结束之后，对弈者把对弈过程重新摆一遍，看看哪些地方下得好，哪些下的不好，哪些地方可以有不同甚至是更好的下法等。运用到谈判中，就是对谈判活动进行回顾，有效总结经验和教训。既然"复盘"是回顾式的对过程、经验、技能进行了总结，为什么还要强调知识管理呢？因为知识管理强调的是隐性知识显性化以及知识系统的构建，透过获得、记录、整合、创造、应用、更新信息和知识，形成不间断的再积累、再创造、再应用知识的过程，达到不断创新的最终目的，而不仅仅是单点、单项总结。复盘仅仅是知识管理过程的前端或一环，具体而言，这仅仅是知识获取或发现的过程，复盘之后，还需要进行知识转化与整合，进而实现知识的传播、共享、再利用与再创造。

管理，是指对组织所拥有的资源进行有效的计划、组织、领导和控制，以便达成既定的组织目标的过程。换而言之，知识管理，是指在组织中建构一个知识系统，透过获取、整合、记录、共享、利用、创造等过程，使我们在生产、经营活动中产生的各种信息和知识回馈到知识系统内，最终达到组织与组织成员的知识得以永不间断累积和创新的目的。因此，对于组织而言，知识管理的本质在于组织与组织成员的知识得以永不间断的累积、共享、利用和再创新，它并不仅仅是知识资源的沉淀和保存。从组织发展的角度而言，这将成为组织的智慧资本，能够使组织和个人具有更强的竞争实力。

在认识知识管理本质的基础上，我们认为，知识管理的关键在于以下几点：

（1）创建最佳实践的知识库。首先，知识库的建立通常需依附一定的平台；其次，需要根据组织的知识结构设计知识库的结构和体系。目前，有的组织会借助一定的工具或软件进行知识库的搭建，有的组织会使用第三方构建的专门企业知识库平台。关于可以用来搭建知识库的工具、软件或平台，现行网络上有大量的宣传和推荐，我们认为，知识库搭建的目的在于快速、便捷、准确、有效定位和调取信息和知识，因此，遵循这个目的，"适合自己的，就是最好的"。

（2）隐性知识显性化。我们在谈判活动或其他经营活动中形成、获取的知识，既有事实知识，如项目信息、交易对方的资信状况等，也包括经验性知识，例如报价技巧、妥协与让步策略，等等。从另一视角进行分类，我们通常将活动中产生的以文字等形式表述的信息或知识称为显性知识，例如工作记录、案件信息等；将在活动中所蕴含的未被表述或无法清晰表述的知识称为隐性知识，如诀窍、技能、分析能力等。在实践中，尤其是律师行业，显性知识只是整个知识海洋的冰山一角，绝大多数的知识是以隐性知识的形式存在的。对于个人而言，诀窍、技能等这些隐性知识的获得，通常需要具备一定的隐性知识储备量，具有较强的个体性和依附性；对于组织而言，隐性知识能否被获取和挖掘，既取决于组织中知识管理人员的组织能力，也取决于组织内部的激励环境。因而，正是这些通过经验累积起来的隐形知识才是价值支点，也决定了个体或组织的本质差异。这也不难解释，我们行业中也经常遇到这样的情况：当事人都愿意相信执业时间长的律师，因为执业时间长可能意味着在执业过程中积累的经验、诀窍、技能相对而言更丰富。

对于一个组织而言,尤其是像律师团队这样的组织而言,知识管理的目的就在于如何将个人的、隐性的知识转化为共同的、可表述和转移的知识。我们认为,隐形知识显性化的唯一方式就是"输出",至于输出的形式,可以根据意愿、能力采取不同的方法,例如可以通过线上线下交流、互动进行转化和传递;也可以以写文章的方式转化,比如办案手记、工作记录;还可以通过授课制度使个人的隐性知识转化为共同知识,等等。

(3) 建立正式的网络以保证在项目执行过程中所获得的显性和隐性知识能够传递给执行相似任务的成员,我们通常所说的"传帮带",也就是这个含义。

二、知识管理的步骤

近年来,我们对知识管理进行了一些探索,整理出知识管理的一般步骤:

1. 收集知识

包括对显性和隐性知识进行收集。在此过程中存在的主要挑战和困难是:一方面,由于隐性知识的属性,大量隐性知识被隐藏,因而难以被捕捉;另一方面,当缺乏贡献隐性知识的激励环境时,这些具有独占性、个体化的隐性知识也难以被收集。因此,首先需要建立激励成员参与知识共享的文化环境以及奖励制度;其次,设立知识管理部门和知识主管职位,负责知识的集中、转移及应用。

2. 整理知识

知识管理最浅层次的目的是为了有效获取我们所需要的信息和知识,因此,我们需要通过准确划分知识类别,实现快速定位和便捷获取的目的。在整理前期,我们需要根据设计知识系统的结构,而在整理的后期,我们就需要给收集的这些知识"分类、贴标签",然后分门别类。为了知识的系统性和相关性,我们按业务类型以及业务流程来构建知识系统的"种属科目纲门",例如,在股权收购业务中,以该业务类型为一个层级的知识体系,然后再在其中分类,加入法律依据、交易流程、实务要点、法律风险与防范、典型案例与评析、法律文书范本等。

在整理知识过程中,还应当注意一个问题,就是"知识的编码"。我们所理解的"知识的编码",是指对知识进行结构性分类整合。例如一份判决书或法律意见书,可能既包括事实阐述,也包括法律推理和论证,还包括问题分析及解决方案设计。当我们需要应用知识时,通常是按照遇到的问题搜索切合的部分进行引用,而不是整篇文件进行引用。因此,这就涉及我们要按照结构进行编排、整合。

3. 呈现知识

我们需要根据知识的形态、组织的环境、接受知识的程度等因素使知识最大化地外化和呈现。有时可能通过一篇工作记录或者一次交流会就可以完成工作中所有信息和思维、经验的展示,但是,有时候可能需要多种输出方式组合进行,比如一份办案手记,可能有90%的知识都能够以文字形式进行呈现和传递,但仍有一些信息是需要言传身教的。总而言之,需要寻找最好的路径来呈现知识。

4. 共享知识

个人或组织向其他人或组织完整地展示、转移知识的过程,就是知识的共享化。我们认为,当知识共享与知识创造能够得以实现时,知识管理才有意义,因为知识管理的目的在于知识的不断累积、共享、利用和再创新。知识并不会因为传播而减少,相反,将某个人的知识传播给团队中的其他人员,实现成员的知识共享和流动,能够快速提高整个团队的知识总量和集体智慧。若仅仅强调个人知识的管理和增长,无法将存在于个人头脑中的隐性知识转换为组织的知识资产并长久保留下来,也无法使团队的集体智慧和竞争优势达到最大化。

5. 知识的再利用与再创造

知识的获得、整合、应用、创造应当是永无止境、循环反复的。当每一个个体利用已有的知识、经验和方法去完成工作,并更新现存的知识,随着知识的不断转换和更新,个人和组织的知识都能够得到有效的利用和积极的发展。"从实践中来,到实践中去",因此,我们所管理的知识、总结的经验也需要通过反复实践,不断提炼、优化、发展。

想放弃时，
先问问自己当初为何要开始(代后记)

本书从签约重修再版到完稿，历时两年。真正动笔撰写，前后用了3个月，其他大部分时间都在拖，因为没有下笔的动力或紧迫感。写着写着，突然发现，改动的幅度过大。此次修订，不仅是对《赢在谈判——商务律师的成功法则》第一版的重新修改，更是对自己执业生涯的又一次总结。

从本书第一版出版，到这次对该书的修订，最后变成颠覆性的重新撰写，已是第8个年头。这最后一部分，我决定写点专业以外的思考，写写在这8年里，我想得最多的是什么，代为后记。

一、从前日色慢，对我而言，也无法快

那诗句是这样写的：从前的日色变得慢，车、马、邮件都慢，一生只够爱一个人……我对诗的理解与感悟，从来都很迟钝，但我能理解"慢"在当下尤其在律师行业特有的意义。

建华从不催稿，一则源于信任，二则我们形成了默契：要对书的内容与质量负责。直到我自己时不时告诉他，我还没动笔，到憋得不好意思了主动说：我开始利用晚上或早上时间开始写稿。在这一气呵成的3个月时间里，我的动力来自信任与托付。我想，他知道，不然，不会在某个有雪的冬夜，加完班后辗转来到我入住酒店附近的日本小酒馆与我兴致勃勃地谈人生与未来。那晚，北京的雪夜，的确很冷，零下10℃的样子。要知道，我生活的城市，冬天多数时候都只穿秋装。

作为具有14年法律图书编辑经验的他,对法律实务书籍内容的把控,以及对作者的挑剔与专业判断或对图书选题把握,均可圈可点。不然,8年前,他也不敢启用一个执业仅5年的新人,硬是赶鸭子上架,鼓励我完成了第一本新书出版;是他让我确切明白:在我们的人生经历中,能或不能,都成立。

他很少甚至不谈自己的工作,反倒是对我的律师业务,很有兴致。我大致谈了下这8年的不容易与坚持,说到艰难处,有些动容,我笑:抱歉,不能把自己搞得像个怨妇。

"360诉讼之后,你好像还在继续写专栏啊?……"

我哈哈大笑:"作为史上最贵的专栏作者,我能不写吗?"

"你与360最后和解了?"

"二审维持了一审判决且已生效,没有和解的前提与基础,或者说,当初打算和解的话,也就不会和他们走到二审程序,一审时360提出和解,我拒绝了……"

"10万元名誉侵权赔偿?"

我回:"是的,800多字,判决赔偿10万元侵权费,字字千金,另外,在相关报纸登报道歉,不过2年后的今天也未申请执行,判决生效之初,我曾主动给北京西城法院打电话,要求履行生效判决,被拒绝……"

他若有所思:"这场诉讼,似乎让你的个人影响力提高很快,不过,为何他们不申请执行呢?"

我严肃地说:"其实,我不需要用这种方式去提高我的影响力,这与我一贯的执业风格不匹配。这份判决,至今我都不认为是正确的,我认为我的观点代表了绝大多数法律人乃至普通人的观点。有人建议我启动再审程序,我婉拒,实在不想折腾。如果放在案件终身负责制的今天,也许不会是这样的判决结果。当然,我其实知道360为何不申请执行,但是不能告诉你,个中原因,只是我的揣测与直觉判断,没有证据,不便言说。"

话题突然变得沉重,我们不约而同地切换了交流频道。但我总是会在一些不经意的瞬间回忆起与360的那场诉讼。

2014年12月,我在《南方都市报》"法的精神·阮子文专栏"撰写了一篇评论奇虎360公司制毒、传毒、杀毒的评论文章,被360以侵害其企业名誉权为由,诉至北京西城法院,索赔100万元,并要求登报道歉。一、二审均以我败诉告终,法院认为侵权事由成立,判决赔偿10万元名誉侵权金,并登报道歉。判决生效后2年内,360未申请执行,这个诉讼在法律程序上就算彻底结束了。

这次诉讼,我作为案件被告,有几点深刻认识。

(1) 这份生效判决,在言论自由与评论自由方面界定模糊,且评论者根据媒体刊载的新闻事实发表评论,就相关新闻事实是否有核实义务,语焉不详,是一份失败的判决。

(2) 作为律师,我们是否能够深刻地、感同身受地理解我们的客户,换位思考我们当事人的担忧,我认为我们的同行在这方面还有很大成长空间。换句话说,我们作为律师,没有当过案件当事人,是否能从根本上去理解我们当事人的焦虑、苦恼乃至担忧,我认为是一个值得讨论的话题(但显然不可能每个律师都有机会或必要去当案件的当事人,进而亲身体验一回做当事人的酸甜苦辣)。至少对我而言,走完一、二审程序下来,彻底明白并理解了我的客户那种焦虑与担忧。所以,我在我的律师事务所倡导"服务到极致"并非一个空洞和单纯的口号,而是在与360诉讼中得到的最珍贵收获。

(3) 与360的诉讼中,我与台前幕后的团队启动了多套综合应对方案,这些方案在执行推动中有的受到好友强烈质疑与反对,有的措施在实施过程中导致我在当时的个人发展与规划中丧失很多机会,我一一承受与面对。至今我都不认为这些应对方案失当或错误。在这系列方案执行过程中,我重新认识了中国新闻媒体报道空间的逼仄或潜规则下的和谐,重新认识了类似360这样的企业文化与胸怀,重新认识了律师执业过程中综合方案的运用对解决客户诉求的重要性。

（4）感谢那些有担当的媒体前辈的仗义执言，尤其在事后我知道了某著名新闻前辈以匿名方式发表多篇评论文章或社论，那种温暖震撼人心。感谢我的两位二审代理人，上海的丁金坤律师和深圳的梅春来律师。我没参加二审庭审，但是我其实知道他们的专业表现与执业风格，毕竟，律师对律师执业风格、专业表现、综合能力的判断，只要能够近距离接触与交流，其实并不太难。二审庭审结束不久的某个夜晚，梅春来电话我，电话那头对庭审后的事态发展与媒体报道的措辞表达极其不满，火气十足，这与他温和的个性区别较大。我能感受电话那头的他，是真焦虑，真担心，真担当。不是装出来的，也不是想要炒作什么。我语气平静地安慰他，对他的建议，我口头真诚表示了认可与赞赏，但最终没有按他的思路执行，我的心态与策略在当时也不便告诉他。撂下电话，我第一次因为这个持续了一年多的案件热泪盈眶。不是害怕输，是作为律师，在自己成为案件当事人后，原来多么渴望自己的代理人能有那种责任感与担当精神，能有那种处处替你着想的服务意识与专业思考。我直接被这个姓梅的家伙感动到泪奔。而其实，这之前，我与他只有一面之缘，只不过，我对自己的直觉认知比较自信，他，值得信赖。

其实，我们很多案件中的当事人，真的很渴望、很需要类似梅春来这样的律师——做到发自内心的担当，极致的专业表现，感同身受的服务。但这并不容易，也不是每个当事人都能遇到这样的律师。

这个社会，能言善辩，言辞滔滔的人，比比皆是。但是，真要脚踏实地、尤其在没有利益诉求或利益诉求不高的前提下，发自内心地去言行一致，知行合一，真的比较稀缺。我们不是要求人人成为圣人或道德的楷模，只是，在职业框架下去讨论与研究知行合一，即便如此，也是一件比较困难的事情。可能，很多问题，都源于信仰缺乏甚至没有信仰吧。

那个北京冬天的雪夜,我和建华聊到凌晨一点,方握手告别。8年来,我们在各自的专业领域,都有了成长、收获、乃至教训。其实,我们都知道,人生没有多少个8年值得期待,在人与人的交往中,如果能纯粹地因为彼此欣赏与认可,有那么个8年乃至更长的情谊与交集,那一定是因为,在人生兜兜转转的缘分中,因果,是维系彼此来往的重要一环。

他在感叹与赞赏我对律师业务的执著与坚持的同时,可能不知道或不完全知道,我这个行业,其实,无法快。这个时代有很多事情或诉求可以速成,但唯有律师行业的很多东西,只能慢。律师行业纯粹技术的东西可以快,可以依靠人工智能辅助我们的专业表现与服务表现,可以通过一些合适的营销手段快速拓展业务与提升个人或组织影响力。但做律师最根本的一些东西,比如心态的调整,比如专业技能的实践与经验积累,比如对名望的追求与热爱,唯有慢,方能成。

近几年,律师行业发展比较快,大数据、法律AI模式、可视化、机器人,各种眼花缭乱的联盟与律所经营新模式,让我喜欢也让我忧愁,喜欢的是自己作为这个行业的一分子,感觉也有了更多机会与希望,忧愁的是,这些变化,自己真的能跟上吗?真的能在其中受益吗?真的适合自己目前的现状吗?冷静下来看这些现象,更多的是发现这个行业的骚动与不安,发现太多的狂热与一夜成名的躁动,发现在一味追求大、追求多、追求规模的过程中的那种浮躁与浮夸。

这也不是什么坏事,大浪淘沙,市场规律会调整一切。只是对我这样的小微所而言,很多时候,只能眼睁睁看着别人快,自己无能为力。

在律师这个行业,懂得在快慢之间切换与把握,是聪明,但更多时候,懂得慢、理解慢、接受慢,并随着慢去发展与适应,是智慧,是一种非常不容易的坚持。那种区别,正如从前,写一封情深意长的书信,放信封、贴邮票、投邮局,等拆收,盼回信一样,整个程序下来,酣畅淋漓,个中乐趣，非现在电脑打字发邮件所能比拟。

律师之工匠精神，在我看来，其中精髓之一，就是慢。

二、没有对比，就没有进步

我经常调侃我一些熟悉的客户说，律师提供服务好与坏，只有通过对比才能感知。没有对比，你不懂我的服务与别人的差异；没有对比，你不懂我专业表现经历了多少次的复盘与纠正；没有对比，就没有伤害。欢迎去对比，欢迎回来伤害我。他们听了，都讪讪而笑，有对比的，表示赞同与认可，没有对比的，源于最朴素的信任，也跟着我傻笑。

我的团队伙伴都知道我有一个缺点，他或她们在说哪个同行哪家律所如何优秀、如何懂得"搞事"的时候，我习惯性地一个不屑一顾的表情，然后脱口而出的话通常是："呵呵，管好你们自己，其他都当是癫的。"伙伴的理解都以为是我目空一切，自以为是，我从不辩解。

我的真实心态是：第一，别人的优秀，我们能否学得来，得看我们自己的基础与条件；第二，打铁自身不硬，别人如何懂得"搞事"，均与你无关，因为你学不来，或者学来了也得不到想要的效果；第三，任何时候，我基本能保持清醒：我们现在在什么位置，最需要什么，要到哪里去。

律师这个行业，无论是个人技能的学习与提高，还是律所的营运与管理，学习别人优秀经验的前提，是我们自己要具备基本的条件与基础。可惜，很多人看不明白这一点，在没有任何基础与条件的前提下，听了几节课，参观学习了别人的优秀经验后，回到自己的地盘，开始疯狂照搬，然后，碰得头破血流，筋疲力尽，结果，可想而知。

我很少参加同行、协会或其他法律培训机构举办的技能培训或管理论坛，更遑论各种没有多少含金量的行业评优与奖项评比与鸡汤式说教（有含金量的评比我们又够不着，呵呵）。这是因为，我知道我缺少什么，需要什么，何时需要。我一以贯之的观点是：在什么阶段学习什么内容,学习某种经验,需要具备什么样的基础与条件,务必搞清楚弄明白,然后开始有针对性地选择学习与交流的对象。就我的律师事务所而言,我知道,最开始,我们缺少业务,我得寻找到一种合适的业务拓展模式,养活自己,养活团队,让律所运转下去。然后,我们需要训练团队伙伴,告诉他们,我们为何这样做,这样做需要怎样的团队协作精神与品质,如何提高我们的专业表现与业务协作。再然后,我们发现,我们需要不断提升标准化与团队化,不断优化流程与服务程序,不断提高服务效率与服务品质。最后,我们发现,我们需要愿景一致,目标一致,核心理念一致的合伙人。于是,我们根据自己的需求,各方比较,全国奔走,多方学习,结合自身的实际情况,不断优化与调整。

在由谁参加某个知名培训机构主导的主任私董会的讨论时,我对伙伴说:"你和C律师去,我不去。"她坚持:"我觉得你应该去。"我提高声音:"我不去,最需要学习的是你们,不是我。"事后,她可能会明白我的初衷,很多经验或理念,我知道没有用,执行的人要知道,我传达没有用,执行的人需要自己去外面学习,亲身感受与体验,不断思考与纠正。

话又说回来,什么叫"私董会",我没有概念,只要能学到东西,我都不去嘲笑这类名称的创新甚至附庸风雅。我对这类舶来品在中国的变异实操,历来持保守态度。

8年来,我只参加了两次全国性活动,一次是在广州举行的薪酬模式论坛,创新的薪酬模式没有学回来,人家那种薪酬模式,根本不合适我这样的小微所,因为人家可以在收入分配中提留几百万元搞公益、搞培训、搞管理,甚至一个行政团队一年的预算都上百万元。而我们当时,一年的收入可能都没到一百万,怎么一起愉快的玩啊?当然现在我们已具备薪酬改革与创新的条件与基础,并且落地推行了科学合理的薪酬模式,这是那次会议几年后的后话了;另一次是参加刘桂明老师主导的第三届"桂客年会",还做了主题发言,十分钟的发言限制,上台时信誓旦旦不会超时，据说后来还是掰扯了二十来分钟。这次年会，我近距离感受了桂明老师的个人魅力与风采，也从"红圈八所"负责人的对话中，总结了符合本所发展需求的一些理念，回来后开始优化并落地实施，收获不小。

之所以说是"近距离"，那是因为 8 年前，刘桂明老师给本书第一版写序时，他并不认识我，也没见过我。8 年间，我也从未去主动找过他，从未想要去认识他。作为一位正局级媒体总编，法律界的公众人物，律师界共同的朋友，我似乎很难有合适的机会去当面认识他或感谢他，确切地说，我可能认为认识的机会还不成熟。这次，当我以演讲嘉宾的身份站在他的会场，他作为主持人调侃说，这个人，我第一次见，但是我给他的新书写过序言，这是有原因的……后来我接过他的话，竟然有些紧张，把想好的我认为最精彩的"台词"忘了。事实再次证明，真诚的感谢或感恩，是不能也不需要准备的，不然就会"忘台词"，就会缺乏真诚与真实的情感。

当然，参加他的"桂客年会"，若不是被"红圈八所"负责人集体出场的年会宣传震撼，并促成我下定决心，我估计与他见面的时间还会推迟。因为年会当天，是我大哥的儿子的婚礼，这个据说大学毕业很多年却仍未娶到老婆的侄儿，让在农村的大哥大嫂甚为费心，毕竟，农村家庭，很在意这个。婚礼头一晚，我陪着来参加婚礼的亲朋好友喝得天昏地暗，第二天一早就带着朦胧醉意，从老家驱车 300 公里赶往机场，飞往北京。

缘分，的确不能强求，所以等了 8 年，一切水到渠成。相见，那么自然与熟悉，还在这个年会活动中，从别人的分享中，为我的律所发展与规划，捋清了一直让我困惑的东西，并结合本所实际进行了优化与升级。其实，若是早两年，即便我听到红圈八所负责人同样的分享，我也不会有那样醍醐灌顶的感悟，因为，我还没有走到那一步，还不具备思考的条件与基础。

我在第二天的评论文章中这样写道:"桂明老师是律师界以外最懂得律师、了解律师、热爱律师的法律人,他比律师还懂得律师……"一般人看到这,可能会以为我是在公开吹捧,但了解我的人,了解桂明老师的人,就不会这样了。公开吹捧某个人,若无实锤,我其实也心虚。

没有对比,就没有进步,这个观点的前提是,我们得具备学习某样技能或经验的基础与条件。不然,学再多,多数会沦为叶公好龙的笑话。

三、把未来,过成自己想要的样子

本书的重新修订,我曾一度不想继续和坚持。让我动笔并顺利完成稿件的动力,一则源于建华编辑的鼓励,二则源于他无条件的信任与支持。要知道,信任,是这个世界上最昂贵的礼物,很多时候,我们不愿意坚持甚至想放弃,是因为忘了自己最初为何要开始。

2010年9月,我律师执业的第5个年头,机缘巧合,北京大学出版社陆建华编辑找到我,给了我《赢在谈判——商务律师的成功法则》的选题,我尝试写了第一章,他看后,鼓励我坚持写下去,并打消了我内心的胆怯与不自信。后来,图书出版发行并经过数次重印后的某一次见面,他告诉我:"当时,同行们普遍质疑,这位作者既没名气与影响力,也没有写书的经历,这类实务书籍卖点在哪里?但我就是认准了这个选题方向,并认为你写的内容对律师,特别是新律师有参考价值。"我还记得,他一再强调法律实务书籍的要求:一则内容需要有干货,读者看了你的书确实能有收获;二则文字表达要接地气,不要无病呻吟,空洞乏味。

彼时,我是真的很需要这样一次出书的机会与表现。2010年10月,我90岁的奶奶去世,父兄均无太多能力承担奶奶逝世后事的物质支出,有些支出,是农村习俗的必然要求,最后的责任基本只能我一个人去承担与承受。而 2010 年年初,我刚从广西的三线城市桂林独自来到广西的省会南宁这座陌生的城市,申请设立现在这家律师事务所,没有任何资源与人脉,没有任何投入与市场规划,因而,也不可能有任何业务与收入。其实,申请设立这家个人独资所(我们正在寻找与培养合伙人,很快就会升级为合伙制经营模式),前后耗时 4 个多月,申请文件上盖了好多密密麻麻的章(正常流程从启动到最后批准据说一个多月),终于在 2010 年 11 月 18 日获得最后批文。

10 月的南宁,气温仍然炎热,弄得人心很燥。我在租住的 14 楼的没有空调的书房里,汗如雨下地写着这本书,不知道明天会怎么样,也从未憧憬诗和远方,但很清楚地知道自己想要什么。多年后在某一次同行业务分享会上,一位同行问我为何要放弃桂林不错的业务和收入,单枪匹马跑到南宁来开这家律所,我沉吟良久,无法回答。当初,也没有刻意去规划,最单纯的想法就是:想自己拥有一枚律所公章,像村干部那样放在自己的公文包里,霸气地盖章,不需要看律所主任或合伙人的脸色。我们的很多初衷,是会随着时间与事物发展,不断优化与完善,不断想得更多或想要更多的。人生,只要过好了当下,的确不需要太多规划,因为,过好当下的每一天,就是对未来最好的规划。

后来,我的助理来来去去,行政人员进进出出,业务骨干打着灯笼也难找到。我曾经在某个夜晚,为客户第二天需要提交的一份证据,为一些页码错漏或文字错误,亲自往返文印店四次纠错修订。

我,也曾经和两位助理,围着一锅青菜萝卜和猪骨头的火锅,边吃边开年终总结会。开始的三年,团队训练与人才培养极其缓慢,或者没有经验与基础;或者难以找到情投意合的人;或者在炒别人与被别人炒的过程中互相质疑与伤害,这大概是很多带团队同行的痛点吧。我只能安慰自己:不要忘了自己为什么而开始。

即便这样,我也意识到,自己带团队,短板太多,影响很大。我既反对逻辑混乱的网络鸡汤,也喜欢自己熬鸡汤给团队伙伴,没有在艰难环境中带过团队的人,无法理解这种狂躁与分裂。这个行业,哪有什么感同身受,哪有什么诗和远方,只有负重前行。今天是我,明天可能是他,在团队化经营中,每个人,都必须去面对自己应该面对的困难和挫折,无人可代替。

我始终认为,没有蚀骨销魂的磨炼与敲打,很难具备独当一面的抗压能力,整天让团队伙伴在赞美与掌声中工作与成长,难成大器,因为那会让我们忽略甚至看不到危机。所以,8年来,我坚持推行"批评文化":没有受到批评的人或事,说明已经做到各方满意甚至优秀,这不需要再赞美与表扬,我们的会议与讨论,要对那些做不好的人或事,提出质疑与批评,迅速优化与调整,让各方都满意。若批评不自由,则赞美无意义。我知道,这其实也未必完全正确,但在当时的环境与实际情况下,除了批评,似乎再无他法。律所发展到今天,很多具体的管理工作,已不由我负责,我惊讶地发现,团队里有批评,也有表扬与赞美的具体措施与氛围。从这个意义上看,他们比我干得好,比我更合适带团队,或者说,团队的发展与成长,需要每个人都参与其中,并实实在在地付出时间与精力,付出代价与成本。

2018年的元旦和春节,中央领导在致辞中明确谈到,幸福都是努力出来的,幸福都是奋斗出来的。这番话,终于为我在工作中一贯坚持的"勤奋论"正了名。

只有努力与勤奋,才不会忘了我们当初为何要出发,才不会忘了当初开始的初衷。这是因为,我们每个人,都需要努力,把未来过成自己想要的模样。这是因为,每当我们想放弃的时候,要反思,当初,为何而开始。

阮子文

2018 戊戌年正月初六于曼谷